JIEGOU YUANLI CHAIZHUANG WEIXIU

DIANDONG QICHE

电动汽车

结构·原理
拆装·维修

王军 李伟 王鑫宇 主编

化学工业出版社

·北京·

内 容 简 介

本书按照当前电动汽车"三大电、六小电"设计理念，力求系统地阐述电动汽车技术和原理知识，涉及电动汽车的能源系统、驱动系统、辅助系统、控制系统等。具体内容包括电动汽车的构成，驱动电机的原理及特性，电动汽车冷却、空调、采暖、制动、电气、充电等各系统拆装。在理解理论的基础上对各车型的结构图、原理图、电路图进行了详细的讲解，同时配有故障案例及知识拓展，引导读者对各系统进行充分的学习。

本书适合高等院校汽车相关专业的学生阅读，符合高等院校车辆工程相关专业新能源汽车方向课程的教学需要，也可作新能源汽车相关领域从业人员的参考资料。

图书在版编目（CIP）数据

电动汽车结构·原理·拆装·维修/王军，李伟，王鑫宇主编. —北京：化学工业出版社，2022.2
ISBN 978-7-122-40239-4

Ⅰ. ①电… Ⅱ. ①王…②李…③王… Ⅲ. ①电动汽车-高等学校-教材 Ⅳ. ①U469.72

中国版本图书馆 CIP 数据核字（2021）第 229368 号

责任编辑：陈景薇　　　　　　　　　　　　　文字编辑：冯国庆
责任校对：边　涛　　　　　　　　　　　　　装帧设计：王晓宇

出版发行：化学工业出版社（北京市东城区青年湖南街 13 号　邮政编码 100011）
印　　装：三河市双峰印刷装订有限公司
787mm×1092mm　1/16　印张 18½　字数 461 千字　2022 年 7 月北京第 1 版第 1 次印刷

购书咨询：010-64518888　　　　　　　　　　售后服务：010-64518899
网　　址：http://www.cip.com.cn
凡购买本书，如有缺损质量问题，本社销售中心负责调换。

定　　价：98.00 元　　　　　　　　　　　　　版权所有　违者必究

前言

目前，我国自主品牌的新能源汽车在全球市场正迅猛发展，很多自主品牌，如北汽新能源、比亚迪等已经在新能源汽车市场取得很优秀的成绩，尤其是近年来在政府的支持下，个人购买电动汽车的数量急剧增加，新能源汽车行业前、后市场对技能人才的需求量不断增大。

本书选取北汽、江淮、比亚迪、吉利帝豪、荣威等目前市场上主流电动汽车为参考，以电动车的主流技术、故障检修、拆装、控制原理为出发点，按照汽车维修职业岗位应掌握的技能和知识，对电动汽车的维修知识进行全方位的讲解。

本书以纯电动车的"三大电、六小电"的理念，把电动汽车的基本原理与具体车型相结合，在讲述电动汽车共性技术的基础上，通过系统介绍各类电动汽车的结构原理，进一步讲述了各种类型电动汽车的特点和维修诊断问题。结合"电动汽车结构原理与故障分析"，力求全面、系统地讲解电动汽车维修技术。在章节安排上，先讲述基础和共性知识，再从简单到复杂，讲述各类典型车型，由浅入深，方便学习。本书的侧重点是电动汽车的应用技术，车型选取主要根据该类车型市场保有量和影响来确定。本书全面系统地介绍了电动汽车的基础知识和必备理论知识，对电动汽车的车型进行了详细的讲解。为方便学习，本书还配有学习课件，读者可发邮件到 1204107416@qq.com 获取资源。

本书共分十章，第一章至第三章由吉林工程技术师范学院汽车工程学院讲师王军编写，第四章至第七章由李伟编写，第八章至第十章由长春职业技术学院王鑫宇编写。参加本书编写的人员还有李春山、李微、马珍、刘强、吕春影等，在此深表感谢。

由于编者水平有限，书中不完善之处在所难免，恳请广大读者批评指正。

编者

目　录

第一章　电动汽车维修的基础操作与安全 …………………………………… 001

　第一节　电动汽车作业过程及防护设备 ……………………………………… 001
　　一、电动汽车作业过程 ………………………………………………………… 001
　　二、电动汽车作业防护设备 …………………………………………………… 003
　第二节　电动汽车高压系统检测及操作 ……………………………………… 004
　　一、高压系统绝缘性能检测 …………………………………………………… 004
　　二、高压系统断电操作 ………………………………………………………… 008
　　三、无压状态下切换高压系统 ………………………………………………… 009
　第三节　电动汽车日常操作 …………………………………………………… 010
　　一、电动汽车驾驶操作 ………………………………………………………… 010
　　二、电动汽车的充电方式 ……………………………………………………… 011
　　三、慢充和快充的区别 ………………………………………………………… 012
　　四、电动汽车的清洗 …………………………………………………………… 012

第二章　动力电池 ………………………………………………………………… 014

　第一节　动力电池的性能指标及类型 ………………………………………… 014
　　一、动力电池的主要性能指标 ………………………………………………… 014
　　二、动力电池的类型 …………………………………………………………… 016
　第二节　动力电池的结构 ……………………………………………………… 027
　　一、动力电池的组成 …………………………………………………………… 027
　　二、动力电池的连接方式 ……………………………………………………… 028
　第三节　动力电池系统 ………………………………………………………… 031
　　一、动力电池管理系统的组成及作用 ………………………………………… 031
　　二、动力电池管理系统的结构形式 …………………………………………… 035
　　三、动力电池管理系统的工作原理 …………………………………………… 035
　　四、动力电池系统的内部工作原理 …………………………………………… 036
　　五、动力电池主控盒 …………………………………………………………… 039
　　六、动力电池高压盒 …………………………………………………………… 040
　　七、动力电池从控盒 …………………………………………………………… 041
　第四节　动力电池供断电原理 ………………………………………………… 042
　　一、北汽动力电池供断电原理 ………………………………………………… 042
　　二、比亚迪高压供电充电原理 ………………………………………………… 046
　第五节　动力电池辅助元器件 ………………………………………………… 047
　　一、继电器 ……………………………………………………………………… 047
　　二、预充继电器与预充电阻 …………………………………………………… 047
　　三、加热继电器与保险 ………………………………………………………… 049
　　四、电流传感器 ………………………………………………………………… 051
　　五、动力电池维修开关 ………………………………………………………… 051

六、高压惯性开关 ······ 052

第六节 动力电池的检修 053

一、动力电池维修安全注意事项 ······ 053

二、动力电池母线绝缘故障检测 ······ 054

三、动力电池漏电情况检测 ······ 055

四、动力电池外部高压接插件的检查 ······ 056

五、动力电池主正与主负继电器性能的检查 ······ 057

六、电池模组连接状态的检查 ······ 058

第七节 动力电池的拆装 059

一、人员防护用具 ······ 059

二、操作工具 ······ 059

三、比亚迪 e5 液冷电池的拆卸 ······ 060

四、动力电池模块的拆卸 ······ 065

五、最小电池单体的拆卸 ······ 067

第八节 动力电池故障诊断 068

一、动力电池系统的常见故障 ······ 068

二、动力电池系统故障案例 ······ 071

第三章 驱动电机 ······ 074

第一节 驱动电机的结构与类型 074

一、驱动电机的结构 ······ 074

二、驱动电机的类型 ······ 076

第二节 驱动电机的工作原理 081

一、驱动电机系统的工作原理 ······ 081

二、驱动电机的工作过程 ······ 083

三、驱动电机系统的控制策略 ······ 086

第三节 驱动电机的传感器 088

一、温度传感器 ······ 088

二、旋变传感器 ······ 089

第四节 驱动电机的控制器 093

一、驱动电机控制器的结构及控制电路 ······ 093

二、驱动电机系统低压插件 ······ 095

三、驱动电机控制器的内部构造 ······ 097

四、驱动电机控制器的外部电路原理 ······ 099

第五节 驱动电机的拆装 100

一、驱动电机的拆卸 ······ 100

二、驱动电机的安装 ······ 102

三、驱动电机的分解与组装 ······ 102

第六节 驱动电机故障诊断 108

一、驱动电机的常见故障 ······ 108

二、驱动电机的故障检测 ······ 109

　　三、驱动电机控制器的故障排除 ·························· 114

第四章　高压控制盒及高压线束 ·························· 118

第一节　高压控制盒 ·························· 118
　　一、高压控制盒的作用及结构 ·························· 118
　　二、高压电控总成内部各系统的工作原理 ·························· 119
　　三、高压控制盒的外部控制原理 ·························· 122
　　四、高压互锁原理 ·························· 122
第二节　高压线束及插头 ·························· 125
　　一、高压线束 ·························· 125
　　二、整车高压线束分布 ·························· 126
第三节　高压控制盒及高压线束的拆装与检测 ·························· 128
　　一、PEU 的拆装 ·························· 128
　　二、动力电池高压线束的拆装 ·························· 130
　　三、高压控制盒及线束的绝缘检测 ·························· 131
第四节　高压控制盒故障诊断 ·························· 133
　　一、北汽电动汽车高压电路互锁故障排查 ·························· 133
　　二、北汽电动汽车绝缘故障排查 ·························· 133
　　三、江淮纯电动汽车高压预充继电器故障 ·························· 134
　　四、江淮高压负极继电器故障 ·························· 134
　　五、江淮高压正极继电器故障 ·························· 135

第五章　变频器 ·························· 137

第一节　变频器的定义与工作原理 ·························· 137
　　一、DC 与 AC 的含义 ·························· 137
　　二、DC/DC 转换器的功能与特点 ·························· 138
　　三、变频器的种类 ·························· 138
　　四、新能源汽车上 DC/DC 转换器的技术 ·························· 143
　　五、DC/DC 转换器工作原理 ·························· 145
　　六、DC/DC 转换器的电路控制原理 ·························· 145
第二节　DC/DC 转换器故障诊断 ·························· 147
　　一、比亚迪电动汽车 DC/DC 转换器全面诊断流程 ·························· 147
　　二、比亚迪电动汽车 DC/DC 转换器与空调驱动器故障模式下问题的判定 ·········· 147
　　三、比亚迪电动汽车 DC/DC 转换器故障处理方法 ·························· 151
　　四、江淮 A50 DC/DC 转换器故障 ·························· 152
　　五、吉利帝豪电动汽车电机控制器 DC/DC 转换器故障 ·························· 154
　　六、DC/DC 转换器的绝缘性能检测 ·························· 156
　　七、DC/DC 转换器连接线束的检查与维护 ·························· 157

第六章　充电系统 ·························· 158

第一节　快充系统 ·························· 158
　　一、快充系统的结构 ·························· 158
　　二、快充系统的工作原理 ·························· 163

三、快充系统的控制原理 ·· 167
四、比亚迪快充系统的工作原理及控制原理 ························· 167
五、快充系统的充电条件 ·· 170
第二节　慢充系统 ·· 171
一、慢充系统的结构 ··· 171
二、慢充系统的工作原理 ·· 174
三、慢充系统的控制原理 ·· 176
四、比亚迪慢充系统的工作原理及控制原理 ························· 177
五、慢充系统的充电条件 ·· 177
第三节　快充、慢充系统故障诊断 ····································· 179
一、北汽电动汽车快充桩与车辆无法通信故障 ····················· 179
二、北汽电动汽车快充桩与车辆通信正常但无充电电流故障 ····· 186
三、北汽电动汽车车载充电机与充电桩连接故障 ·················· 188
四、北汽电动汽车慢充充电唤醒信号故障检查 ····················· 191
五、快充系统常见故障 ·· 193
六、比亚迪纯电动汽车交流充电指示灯常亮的故障 ··············· 195
七、比亚迪电动汽车无法交流慢充电故障 ·························· 198

第七章　整车控制器与 CAN 网络 ······························· 201

第一节　整车控制器 ·· 201
一、整车控制器概述 ··· 201
二、整车控制系统的组成 ·· 201
三、整车控制器的功能 ·· 202
四、行车控制分级 ·· 204
五、整车控制的策略 ··· 204
第二节　整车控制器故障诊断 ··· 205
一、整车控制器的故障分级及处理方式 ····························· 205
二、整车控制器故障诊断及处理 ·· 207
第三节　CAN 网络 ·· 216
一、电动汽车整车网络拓扑 ·· 216
二、CAN 报文的组成 ·· 216
三、CAN 报文的解析 ·· 218
四、各子系统控制逻辑介绍 ·· 219
第四节　CAN 网络故障诊断 ·· 221
一、CAN 总线的常见故障 ·· 221
二、CAN 总线的检测 ·· 222

第八章　空调系统与采暖系统 ····································· 224

第一节　空调系统 ··· 224
一、空调系统的组成 ··· 224
二、空调制冷剂的循环过程 ·· 224
三、空调系统的主要部件 ·· 225
四、空调送风系统 ·· 227

　　五、风道总体布置 ·· 227

　　六、空调系统的控制原理 ·· 229

　　七、空调电动压缩机的控制电路 ·································· 230

　　八、空调控制面板的控制策略 ···································· 231

　　九、制冷剂充注 ·· 233

第二节　采暖系统 ·· 240

　　一、采暖 PTC 加热器结构 ·· 240

　　二、采暖的原理 ·· 241

　　三、采暖控制电路 ·· 241

第三节　空调系统与采暖系统的拆装 ·································· 243

　　一、空调压缩机的拆装 ·· 243

　　二、PTC 加热器的拆装 ·· 244

第四节　空调系统与采暖系统故障诊断 ································ 246

　　一、暖风系统的检查与维护 ·· 246

　　二、送风系统的检查与维护 ·· 247

　　三、电动压缩机的常见故障 ·· 249

　　四、PTC 加热器的常见故障 ·· 251

　　五、压缩机及控制器系统的常见故障 ································ 252

第九章　转向系统与制动系统 ·································· 256

第一节　转向系统 ·· 256

　　一、转向系统的部件 ·· 256

　　二、转向系统的控制策略 ·· 257

　　三、电子助力转向系统的故障处理流程 ······························ 258

　　四、电子助力转向系统的常见故障 ································· 260

　　五、电子助力转向系统故障码诊断 ································· 261

第二节　制动系统 ·· 263

　　一、制动系统的组成 ·· 263

　　二、电机制动馈能控制 ·· 266

　　三、制动系统的常见故障 ·· 270

　　四、电动真空泵及真空开关的检测 ································· 274

第十章　冷却系统 ·· 276

第一节　冷却系统的结构与工作原理 ·································· 276

　　一、冷却系统的结构 ·· 276

　　二、电动汽车冷却系统的工作原理 ································· 276

　　三、冷却系统的电路原理图 ·· 278

　　四、冷却系统的主要部件 ·· 278

第二节　冷却系统的拆装与故障检修 ·································· 280

　　一、电动水泵的拆装 ·· 280

　　二、冷却系统的常见故障 ·· 281

第一章

电动汽车维修的基础
操作与安全

第一节
电动汽车作业过程及防护设备

一、电动汽车作业过程

1. 作业前

（1）切断高压线路并检查逆变器放电系统　用标牌警示正在执行涉及高压电气的作业，如图1-1所示。对高压系统进行作业时，使用带有警示"正在进行高压作业，请勿触碰！"或类似内容的标牌，以警告其他维修人员。

图1-1　高压警示牌

（2）使用绝缘安全护具

① 为防止电击，对高压电路执行检查或保养时，戴上绝缘手套并穿上安全鞋等安全护具。

② 检查绝缘手套是否破裂、撕裂、磨损或潮湿，如图1-2所示。

③ 切断高压电路：对高压电路执行检查和保养时，断开维修塞；将维修塞存放在衣兜内，以防止其他维修人员插入维修塞；断开维修塞后，开始作业前，确保遵照规定的必要时间等待，以使高压电容器充分放电；由于放电时间因车型而异，务必查阅相应车型《修理手册》中规定的所需时间。

④ 检查逆变器放电系统：断开维修塞，经过规定时间后，通过检查电压确认电容器已放电；使用自动量程或手动1000V量程的检测仪，确保端子电压为0。

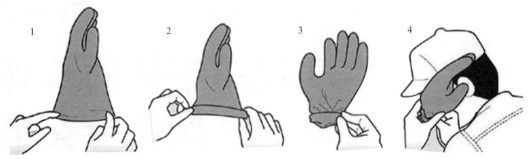

图 1-2　检查绝缘手套

1—侧位放置手套；2—卷起手套边缘，然后松开 2～3 次；3—折叠一半开口去封住手套；4—确认无泄漏

⑤ 检查个人物品，不要携带掉落时可能导致短路的物品，如金属自动铅笔或直尺。

2. 作业期间

（1）在拆下绝缘盖的情况下触碰高压端子（图 1-3）

① 戴上绝缘手套，触碰高压端子前使用检测仪，确保电压为 0。

② 在未戴绝缘手套的情况下，使用检测仪检查端子可能遭受电击。

（2）绝缘工具

① 拆下或安装螺栓和螺母前，务必将工具绝缘。

② 如果工具触碰到高压电路的正极或负极端子，则可能发生短路，这是非常危险的。

（3）将拆下的高压端子绝缘（图 1-4）。

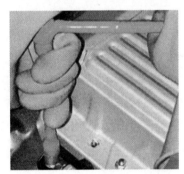

图 1-3　在拆下绝缘盖的情况下
触碰高压端子绝缘

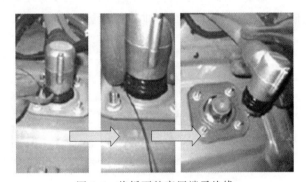

图 1-4　将拆下的高压端子绝缘

（4）在高压、大电流电路下紧固螺栓和螺母

① 在高压、大电流电路下紧固螺栓和螺母时，务必紧固至《修理手册》中规定的扭矩。过度紧固可能导致疲劳断裂，或因螺钉和螺母塑性变形而降低轴向力。这会导致接触电阻增大并产生热量，引起车辆失火。

② 务必在不可重复使用的零件上使用新螺母。例如高压蓄电池的锥形螺母在紧固至规定扭矩值后会变形，是不可重复使用的零件。紧固新螺母时，务必使用扭矩扳手。

③ 不要修理高压紧固件的螺纹部位，这样会产生热量并可能引起车辆失火。

（5）断开冷却液软管等操作

① 清除高压紧固件上的异物。

② 如果紧固件不干净，则高压端子之间短路会产生热量，从而导致车辆失火。

（6）确认工作细节　完成作业后，确保没有零件或工具遗落在作业区域内，高压端子已正确紧固，并检查连接器的连接情况。

二、电动汽车作业防护设备

带电作业或使用电气工具时，为防止工作人员触电，必须使用绝缘工具，如表 1-1 所示。

表 1-1　绝缘工具

图例	工具名称	用途描述
	警示牌	在地面或车辆附近明显位置放置
	绝缘手套(绝缘等级为 1000V/300A 以上)	拆除及安装高压部件时使用
	皮手套	拆除及安装高压部件时使用(保护绝缘手套)
	绝缘鞋	拆除及安装高压部件时使用
	防护眼镜	拆除及安装高压部件时使用
	绝缘帽	拆除及安装高压部件时使用
	绝缘万用表	测量高压部件绝缘阻值

图例	工具名称	用途描述
	绝缘工具	拆除及安装高压部件时使用
	绝缘胶布	覆盖所有的高压电线或端子。在维修塞被拔出后,包住维修塞槽

第二节
电动汽车高压系统检测及操作

一、高压系统绝缘性能检测

首先应保证测量者安全,测量者须穿戴好有一定安全等级、符合国家相关标准要求的防护用品(防护用品通常有使用年限要求),如安全帽、安全手套、绝缘鞋等。同时测量者不得佩戴金属饰物,如手表、戒指、项链等,工作服衣兜内不得有金属物件,如钥匙、金属壳笔、手机、硬币等。

检测前须保证电路线束已经不带电,最可靠的方法是测量前使用放电仪器(图1-5),并使用专用万用表进行验电操作,确认高压系统无电后再进行绝缘性能检测。兆欧表如图1-6所示。

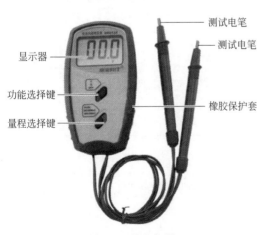

图1-5 放电仪器

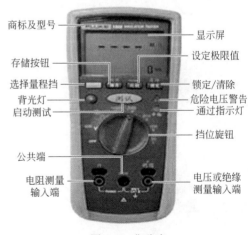

图1-6 兆欧表

高压部件绝缘性能检测具体步骤如下。

（1）动力电池端正、负极绝缘性检测　拔掉高压控制盒端动力电池输入线，将钥匙转到ON挡，将兆欧表黑表笔接于车身，红表笔逐个接触动力电池正、负极端子，测量动力电池输出插座正、负极的绝缘电阻，正极标准值≥1.4MΩ，负极标准值≥1.0MΩ，如图1-7所示。

（2）动力电池线束端正、负极输出绝缘性检测　将车辆电源关闭，打开高压控制盒输入插头，将绝缘表黑表笔接于车身，红表笔逐个测量输出插头正、负极的绝缘电阻，如图1-8所示。

正极母线标准值≥1.5MΩ，负极母线标准值≥1.0MΩ。

图1-7　动力电池端正、负极绝缘性检测　　图1-8　动力电池线束端正、负极输出绝缘性检测

（3）车载充电机正、负极绝缘性检测　断开低压蓄电池负极，拔掉高压控制盒高压附件线束插头，将兆欧表黑表笔接于车身，用红表笔逐个测量高压控制盒高压附件线束插头正极和负极的绝缘电阻，如图1-9所示。

图1-9　车载充电机正、负极绝缘性检测

标准：环境温度为（23±2）℃、相对湿度为45%～75%时，正极（E）、负极（F）输出与车身（外壳）之间的绝缘电阻≥1000MΩ。相对湿度为90%～95%时，绝缘电阻≥20MΩ。

（4）DC/DC转换器正、负极绝缘性检测　断开低压蓄电池负极，拔掉高压控制盒高压附件线束插头，将兆欧表黑表笔接于车身，用红表笔逐个测量高压控制盒高压附件线束插头正极和负极的绝缘电阻，如图1-10所示。

标准：环境温度为（23±2）℃、相对湿度为80%～90%时，正极（A）、负极（G）输出与车身（外壳）之间的绝缘电阻≥1000MΩ。环境温度为-20～65℃、相对湿度为5%～85%时，正极（A）、负极（G）输出与车身（外壳）之间的绝缘电阻≥20MΩ。

图 1-10 DC/DC 转换器正、负极绝缘性检测

（5）空调压缩电机正、负极绝缘性检测　断开低压蓄电池负极，拔掉高压控制盒高压附件线束插头，将兆欧表黑表笔接于车身，用红表笔逐个测量高压控制盒高压附件线束插头的正极 C 和负极 H 的绝缘电阻，如图 1-11 所示。

标准：向空调压缩机内充入（50±1）cm^3 的冷冻机油和（63±1）g 的 HFC-134a 制冷剂后，空调压缩机正、负极对车身的绝缘电阻≥5MΩ；清空冷冻机油后，对车身外壳的绝缘电阻≥50MΩ。

图 1-11　空调压缩电机正、负极绝缘性检测

（6）PTC 加热器正、负极绝缘性检测　断开低压蓄电池负极，拔掉高压控制盒高压附件线束插头，将兆欧表黑表笔接于车身，用红表笔逐个测量高压控制盒高压附件线束插头的正极 B、A 和负极 D、J 的绝缘阻值，如图 1-12 所示。

标准：PTC 加热器正、负极与车身绝缘电阻≥500MΩ。

图 1-12　PTC 加热器正、负极绝缘性检测

（7）电机控制器正、负极绝缘性检测　断开低压蓄电池负极，拔掉高压控制盒电机控制

器输入插头，将兆欧表黑表笔接于车身，用红表笔逐个测量正、负极端子的绝缘电阻，如图 1-13 所示。

电机控制器正、负极输入端子与车身（外壳）绝缘电阻值≥100MΩ。

图 1-13　电机控制器正、负极绝缘性检测

（8）高压控制盒正、负极绝缘阻值的测量　断开低压蓄电池负极，拔掉高压控制盒高压附加线束插头、动力电池输入插头及驱动电机控制器输出插头。将兆欧表黑表笔接于车身，用红表笔逐个测量高压控制盒端（动力电池输入，驱动电机控制器输出）的绝缘电阻，如图 1-14 所示。

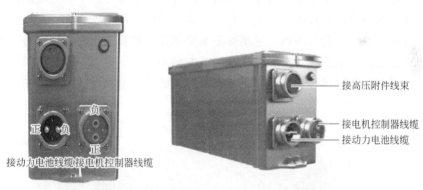

图 1-14　高压控制盒正、负极绝缘阻值的测量

高压控制盒端（动力电池输入，驱动电机控制器输出）与车身（外壳）绝缘阻值为无穷大。

（9）高压线束线芯与线壳绝缘阻值的测量　对所有高压（橙色）线缆，将兆欧表黑表笔接于线缆外壳，用红表笔测量高压线缆线芯的绝缘阻值，如图 1-15 所示。

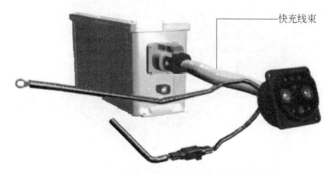

图 1-15　高压线束线芯与线壳绝缘阻值的测量

二、高压系统断电操作

① 作业前必须确认汽车附近已经放置了警示牌（车顶位置比较醒目），确认驻车制动处于拉紧位置，点火钥匙处于 OFF 挡，如图 1-16 所示。

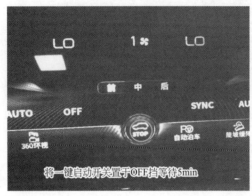
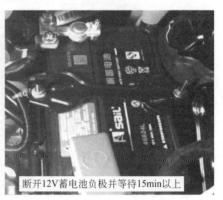

将一键启动开关置于OFF挡等待5min　　断开12V蓄电池负极并等待15min以上

图 1-16　断电作业

② 等待 15min 以后，首先将车辆高压系统的维修开关（MSD）拆卸，如图 1-17 所示，再用专用工具拆卸高压蓄电池负极母线。动力电池包总成上方连接了动力电池的一个正极和一个负极；在车辆维修时直接断开高压回路，可保证操作人员的安全。

注意：维修开关在正常状态时，手柄处于水平位置；需要拔出时，应先将手柄旋转至竖直状态，再向上拔出；需要插上时，应先沿竖直方向用力向下插入，再将手柄旋转至水平状态。拆卸后必须将负极电缆接头及负极极桩缠绕绝缘胶带，避免两者相互接触。

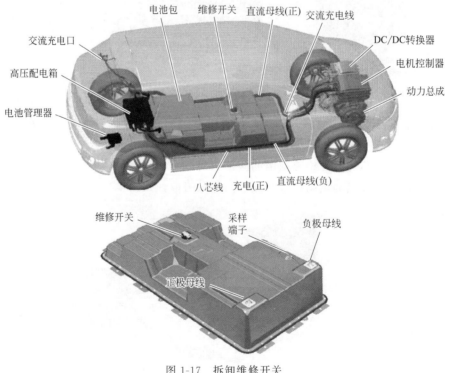

图 1-17　拆卸维修开关

③ 正确拆卸动力电池高压维修开关。

注意：拆卸后要封闭接口，以免杂物进入，且拆下的维修开关切勿随意摆放，要妥善保管。

④ 举升车辆，并做到"锁、稳、平"。

⑤ 正确规范地拆拔各高压部件线束连接器。拆拔高压部件线束连接器前首先将安全锁止机构解除，动力电池插接器有三道锁：第一道在最下部，是一个拨片，将其拔出，听到"咔"的响声为解锁成功；第二、三道锁在两侧和下部，用一只手按住两边锁扣，下方锁扣用另一只手的拇指或食指按住后，两只手一起用力向外拔即可。向外拔出时用力方向要垂直于接合面，可轻微摇动，但幅度不能过大。安装时，首先保证最后两道保险锁全部到位，必须能听到"咔"的响声，最后按上拨片，若拨片不能按到位，说明前两道锁没有锁到位。

⑥ 各高压部件及线束的绝缘性能检测。使用兆欧表测量各高压部件及线束的绝缘阻值时，首先使用放电器对正、负极端子进行放电（若无放电器，则需静置 10min 以上）。

三、无压状态下切换高压系统

1. 请务必遵循操作步骤

① 拔下可能已连接的高压充电电缆。

② 打开发动机舱盖。

③ 关闭点火开关。

④ 在脱开高压安全插头之前应确保车辆处于"休眠状态"。

2. 遵守再次试运转的操作步骤

① 如果已连接，则断开 12V 充电器。

② 移除挂锁或作业警示牌。

③ 连接高压安全开关。

④ 进行两次总线端切换（操作 4 次启动/停止按钮，每次间隔 1s）。

⑤ 无压状态下切换高压系统。

a. 高压安全插头不能完全脱开：将高压安全插头 1 解除联锁，并将其拔出，直至插头 2 和插座上的孔不再连接。在高压安全插头上能够看到"关闭"标记，如图 1-18 所示。

b. 防止高压系统再次连接：将挂锁 1 插入高压安全开关 2 的预留孔中并锁定，如图 1-19 所示。

注意：挂锁的钥匙应置于安全位置。

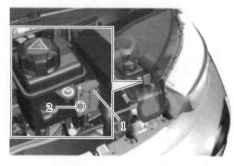

图 1-18　解除联锁

图 1-19　将挂锁插入高压安全开关

3. 确定无电压

在进行后续维修工作前务必要做到以下几点。

① 打开点火开关，检查组合仪表无电压。检查控制信息，必须显示"高电压系统已关闭"，如图 1-20 所示。

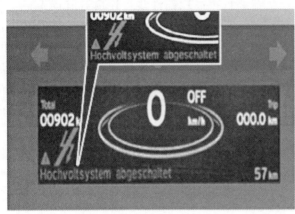

② 注意出现的高压警示（指示灯、检查控制信息等），找出原因并排除故障。

③ 只有当组合仪表中显示检查控制信息"高电压系统已关闭"时，才允许将 12V 蓄池断开。

注意：点火开关关闭且高压安全插头脱开时，依据标准检查控制信息将显示"高压系统故障"。只有点火开关打开时，才能显示无电压（高电压系统已关闭）。

图 1-20　高电压系统已关闭

如果未明确确定 KOMBI 组合仪表中无电压，则不允许开始工作，否则有生命危险！

在开始工作之前，必须由具备资质且经过认证的 1000V DC 电气专业人员，使用相应的测量仪/测量方法确定已断电。

第三节
电动汽车日常操作

一、电动汽车驾驶操作

当按下一键启动键时，至少要停 3～5s 使整车通电并完成自检。当车辆启动时，应踩制动踏板，转动钥匙至 START 挡。

电动汽车刚启动时会有"嗡嗡"的响声，这是水泵的声音，不影响正常使用。

变速杆处于驻车挡或空挡 P/N 位置才能启动汽车，当变速杆处于其他位置时无法启动。

电动汽车驾驶启动操作步骤如图 1-21 所示。

① 踩下制动踏板。

② 按下一键启动按钮，系统自检后 READY 灯点亮，表明车辆准备完毕，可以行驶。

③ 检查 SOC 电量表。电量表分为 10 个格，每格表示 10％的电量。蓝色代表放电，绿色代表充电。

④ 踩下制动踏板。

⑤ 将换挡旋钮旋至 D 挡位。

⑥ 松开脚刹（有的车是电子手刹或手刹）。

⑦ 缓抬制动踏板，车辆行驶。

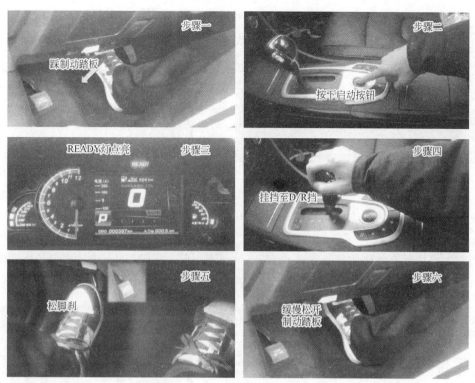

步骤一　踩制动踏板

步骤二　按下启动按钮

步骤三　READY灯点亮

步骤四　挂挡至D/R挡

步骤五　松脚刹

步骤六　缓慢松开制动踏板

图 1-21　电动汽车驾驶启动操作步骤

二、电动汽车的充电方式

使用充电桩充电有两种方式：充电卡和手机 APP。充电流程如图 1-22 所示。

注意：当停止充电时，必须先断开车身端充电枪，再断开充电桩端插头。

充电桩充电：当用充电线连接电动汽车车身和充电电桩后，汽车仪表上会显示充电电压、充电电流（电流为负值表示充电，为正值表示放电）以及充电信息，如图 1-23 所示。

充电次数对于动力电池寿命没有直接关系，锂电池本身没有记忆功能，及时充放电可保持动力电池较好的充放电能力。冬季当车辆使用完毕后电池仍然是热的，这时候充电，就可以减少给电池加热的时间，提高充电效率，有效缩短充电时间。

如果需要长期停放车辆，首先要断开蓄电池负极，动力电池电量最好在 $50\% \sim 80\%$ 时停放，同时每隔 $2 \sim 5$ 个月对动力电池进行一次充放电，避免长期停放造成电池性能下降。

雨天尽量不要给电动汽车充电，如果有必要，在小雨天气可以充电，但要注意在拔插充电枪时要有雨具遮挡，防止雨水进入充电口。充电枪插牢后具有防水功能。

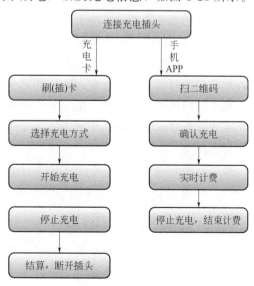

图 1-22　充电流程

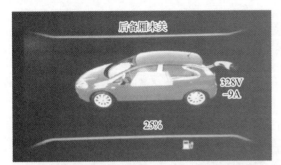

图 1-23　电动汽车仪表显示充电信息

三、慢充和快充的区别

充电系统是电动汽车主要的能源补给系统，充电方式分为常规充电（俗称慢充）和快速充电（俗称快充）两种，如图 1-24 所示。

1.慢充

慢充系统使用交流 220V 单相民用电，当用充电线连接电动汽车车身和充电桩后，通过车载充电机整流变换，将交流电通过车载充电机变换成高压直流电给动力电池充电。

车载充电机上有 POWER（电源指示灯）、RUN（充电指示灯）和 FAULT（报警指示灯，当充电机内部有故障时该指示灯点亮）三个指示灯，在正确的充电过程中，POWER 和 RUN 两个指示灯会亮，表明电动汽车可以正常充电，如图 1-25 所示。

图 1-24　两种充电方式的比较

图 1-25　车载充电机

2.快充

快充系统一般使用 380V 三相电，通过功率转换后，直接将高压大电流通过动力电池高压线快速给动力电池充电。快充顾名思义就是能够快速给电动汽车充满电的充电方法，使用非车载充电机、采用大电流直接给动力电池充电，短时间内就能将动力电池电量充到 80% 左右。快速充电的电流一般为 150～400A，充电电压为 200～750V，充电功率大于 50kW。比如特斯拉的超级充电站可在 40min 内将动力电池电量充至 80%。

快充的控制策略是当动力电池某个单体达到设定电压时即停止充电，没有末端恒压小电流充电和电量修正，所以在车辆多次连续快充时会出现充不满现象，可以在使用快充后再用慢充充满即可。

电动汽车有两个充电口，一个快充口和一个慢充口，如图 1-26 所示。快充是直流供电，半小时可充到 80%；慢充为交流供电，充电时间为 8～10h 充满。

四、电动汽车的清洗

清洗电动汽车时对车身表面、轮辋、轮胎的冲洗不会造成触电、漏电等安全问题，但是由于车辆快充口安装在前格栅处，因此在洗车时应尽量避免高压水枪直接对准前格栅冲刷。

为了防止前机舱内部进水，影响绝缘而无法上电，电动汽车各主要部件都已做过防水试

慢充口

快充口

图 1-26　充电口

验，满足 IP67（IP67 是指防护安全级别。IP 后面有两个数字，第一个是指固态防护等级，范围是 0～6；第二个是液态防护等级，范围是 0～8，数值越大，说明防护等级越高、越安全。电动汽车 IP67 的防护等级表明外界绝大多数灰尘无法进入整个动力电池箱体，在常温常压下，如果电动汽车涉水深度＜1m，时间＜30min，也不会对车辆造成影响）防水防电等级标准。

　　高压电池安装在车身底部，高压水流的冲击可能会造成水渗入电池箱影响绝缘，因此也应避免冲刷底盘。

　　冲洗电动汽车的顺序：车顶→车身前后及玻璃→后视镜→车轮挡泥板→轮胎→车门板下部和底盘。

　　进行机舱内的清洁时，应先关闭点火开关 10min 后再进行。机舱内布置了很多高压设备，如充电机、高压控制器、高压线束插头，禁止掀开机舱盖冲洗，否则会造成高压部件各接插件受潮，导致车辆出现绝缘故障，无法行驶，如图 1-27 所示。

　　注意：擦拭时不得使用潮湿的布接触高压部件，确实有必要清洁机舱时，尽量单手操作，同时不要手扶车身。如果检查线路插头部位，发现生锈，应使用专业清洗剂处理。

严禁开
舱清洗

图 1-27　机舱清洁

第二章

动力电池

第一节
动力电池的性能指标及类型

一、动力电池的主要性能指标

纯电动汽车的能量来源是动力电池组，其主要性能指标有电池容量、电池能量、放电率、比能量、比功率和端电压等，这些参数表达了动力电池性能的优劣及对车辆续航能力的影响。

（1）电池容量　表征电池储存能量的能力，单位是 A·h。电池容量的测量方法是在恒定的温度下，以恒定的放电速率对电池放电，当电池电压降到截止电压时，电池放出的电量。

（2）电池能量　电池能量是在按一定标准所规定的放电制度下，电池所输出的电能，单位为瓦时（W·h）或千瓦时（kW·h）。

（3）放电率　又称放电速率，表示放电快慢的一种量度。

（4）比能量　单位质量或单位体积的电池释放的能量，单位为 W·h/kg 或 W·h/L。比能量高的动力电池就像龟兔赛跑里的乌龟，耐力好，可以长时间工作，续驶里程长，如图 2-1 所示。

（5）比功率（功率密度）　单位质量或单位体积的蓄电池所具有的输出能量的速率，单位是 W/kg 或 W/L。比功率大的动力电池就像百米赛跑里的运动员，速度快，可以提供很大的瞬间电流，以保证汽车的加速性能。

（6）端电压　动力电池正极与负极之间的电位差，如图 2-2 所示。

图 2-1　比能量和比功率对比

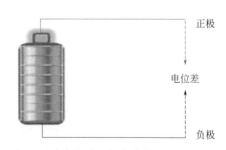

图 2-2　动力电池正极与负极之间的电位差

（7）开路电压　开路电压是没有负载情况下的端电压，如图2-3所示。

（8）负载电压　负载电压是接上负载后处于放电状态下的电压，所以负载电压又称为工作电压，如图2-4所示。

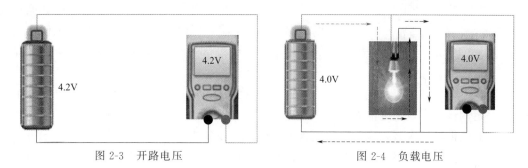

图2-3　开路电压　　　　　　　　　　图2-4　负载电压

（9）终止电压　电池充放电结束时的电压，分为充电终止电压和放电终止电压，如图2-5所示。

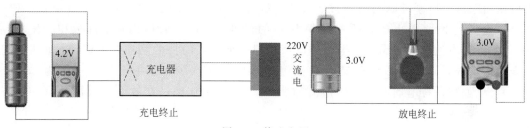

图2-5　终止电压

（10）容量　电池在一定的放电条件下所能放出的电量，用C表示，单位为A·h。

① 理论容量：所计算出的容量值，是电池容量的最大极限值。

② 额定容量：也称为标定容量，是验收电池质量的重要技术指标。

③ 实际容量：在动力电池实际工作中，释放出的电量。

注意：在环境温度为（25±3）℃条件下，充满电的电池以额定电流（或者额定功率）放电至终止电压所应提供的电量。

（11）内阻　电流流过电池内部受到的阻力，使电池电压降低，此阻力称为电池内阻。由于电池内阻作用，电池放电时端电压低于电动势和开路电压。充电时端电压高于电动势和开路电压。所以说电池的内阻不是常数，是一个变数，并且动力电池的内阻越小越好。通常容量型单体电池内阻为60mΩ左右，启动型单体电池内阻为20mΩ左右。电池内阻由两部分组成，即欧姆内阻和极化内阻。

（12）能量与能量密度　电池的能量是指在一定放电制度下，电池所能输出的电能，单位是W·h或kW·h。它影响电动汽车的行驶距离。

① 理论能量（W_0）：电池的理论容量与其电动势的乘积。

② 实际能量（W）：电池放电时实际输出的能量。

③ 能量密度：单位质量或单位体积的电池所输出的能量，也称为比能量，又分为质量比能量和体积比能量。

（13）荷电状态（SOC）　SOC是指电池的剩余电量。剩余容量与相同条件下额定容量的比值是相对量，一般用比例（％）表示，SOC取值为0～100％，如图2-6所示。

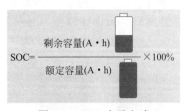

$$SOC=\frac{剩余容量(A \cdot h)}{额定容量(A \cdot h)}\times 100\%$$

图 2-6　SOC 表示方式

（14）放电深度（DOD）　DOD是放电容量与额定容量之比（％）。SOH是电池健康度，可以理解为电池当前的容量与出厂容量的比例（％）；自放电率是指电池在存放期间容量的下降率，即电池无负荷时自身放电使容量损失的速度，一般用单位时间（月/年）内电池容量下降的比例（％）表示。

（15）循环使用寿命　电池充电和放电一次为一个循环。按一定测试标准，当电池容量降到某一规定值（一般规定为额定值的80％）以前，电池经历充放电循环总次数，作为评价电池寿命性能的重要指标。

（16）额定容量　容量为50A·h的电池，如果以0.5C放电，则表示放电电流为25A（即0.5×50）。

（17）标称电量　标称电量≠可使用电量（安全冗余功能），标称电量根据国家公告试验测试的结果得出。电池总数据是电池在恒温环境下充满电、完全放电测得的，而实际上可使用电量是厂家考虑电池的安全（避免过度放电、过度充电）、电池使用寿命，对一部分电量进行预留得出的，所以车辆显示的SOC为0不等于电池全部放电，SOC为100％不等于电池充分充满电。电池供应商采用这种方式的目的是：上下端预留电量属于安全冗余功能，这样可以延长动力电池组的使用寿命（浅充浅放功能，一般为25％～75％）。比如特斯拉电动汽车上端预留10％、下端预留10％，在放电时数据显示SOC为0，实际上电池容量下端还剩余10％的容量；在充电时，充到数据显示SOC为100％，实际上上端还有10％的SOC空间。

二、动力电池的类型

1. 镍基蓄电池

镍基蓄电池是指用氢氧化亚镍作为正极活性物质的碱性蓄电池。所谓碱性蓄电池，是指以氢氧化钾（KOH）、氢氧化钠（NaOH）水溶液作为电解质的蓄电池。目前在电动汽车上使用的镍基蓄电池主要有镍镉（Ni-Cd）蓄电池、镍锌（Ni-Zn）蓄电池和镍氢（Ni-MH）蓄电池等。镍镉蓄电池和铅酸蓄电池相比，比能量能够达到55W·h/kg，比功率能够达到200W/kg，循环寿命可达到2000次，而且可以快速充电，虽说其价格为铅酸蓄电池的4～5倍，但由于其在比能量和使用寿命方面的优势，因此其长期的实际使用成本并不高。镍镉蓄电池含有重金属镉，在使用中不注意回收的话，就会造成环境污染，目前许多发达国家都已限制发展和使用镍镉蓄电池。而镍氢蓄电池则是一种绿色镍金属电池，它的正、负极分别为镍氢氧化物和储氢合金材料，不存在重金属污染问题，且其在工作过程中不会出现电解液增减现象，蓄电池可以实现密封设计。镍氢蓄电池在比能量、比功率及循环寿命等方面都比镍镉蓄电池有所提高，使用镍氢蓄电池的电动汽车一次充电后的续驶里程最长达到过600km，目前在欧洲及美国已实现了批量生产和使用。

镍氢（Ni-MH）蓄电池是在镍镉（Ni-Cd）蓄电池的基础上发展的，是目前人们看好的第二代蓄电池之一，是取代镍镉蓄电池的产品，当然也是取代铅酸蓄电池的产品。镍氢动力蓄电池刚刚进入成熟期，是目前电动汽车所用动力电池体系中唯一被实际验证并被商业化、规模化的动力电池体系，全球已经批量生产的混合动力汽车一般采用镍氢动力蓄电池体系。

（1）镍氢（Ni-MH）蓄电池的结构和类型　镍氢（Ni-MH）蓄电池可以分为方形（图 2-7）和圆形（图 2-8）两种。镍氢蓄电池主要由正极、负极、极板、隔板、电解液等组成。隔板采用多孔维尼纶无纺布或尼龙无纺布等。为了防止充电过程后期蓄电池内压过高，蓄电池中装有防爆装置。

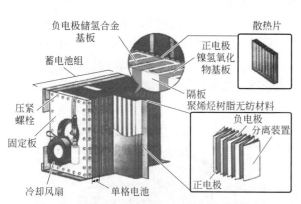

图 2-7　方形镍氢（Ni-MH）蓄电池及其结构

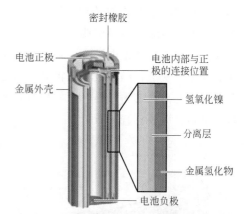

图 2-8　圆形镍氢（Ni-MH）蓄电池及其结构

（2）镍氢（Ni-MH）蓄电池工作原理　镍氢蓄电池正极活性物质采用氢氧化亚镍，负极活性物质为储氢合金，电解液为氢氧化钾溶液，电池充电时，正极的氢进入负极储氢合金中，放电时过程正好相反。充电时，负极析出氢气，储存在容器中，正极由氢氧化亚镍变成羟基氧化镍（NiOOH）和 H_2O；放电时氢气在负极上被消耗掉，正极由羟基氧化镍变成氢氧化亚镍。

蓄电池过量充电时，正极板析出氧气，负极板析出氢气。由于有催化剂的氢电极面积大，而且氢气能够随时扩散到氢电极表面，因此氢气和氧气能够很容易在蓄电池内部再化合生成水，使容器内的气体压力保持不变，这种再化合的速率很快，可以有效控制蓄电池内部氢气的浓度。

镍氢蓄电池的反应与镍镉蓄电池相似，只是负极充放电过程中生成物不同，镍氢蓄电池也可以做成密封型结构。镍氢蓄电池的电解液多采用 KOH 水溶液，并加入少量的 LiOH。镍氢（Ni-MH）蓄电池的化学反应为

$$\underset{\text{正极}}{2NiOOH} + \underset{}{KOH} + \underset{\text{负极}}{H_2} \underset{\text{充电}}{\overset{\text{放电}}{\rightleftharpoons}} \underset{\text{正极}}{Ni(OH)_2} + KOH + \underset{\text{负极}}{Ni(OH)_2}$$

2. 锂离子电池

锂离子电池是指电化学体系中含有锂（包括金属锂、锂合金和锂离子、锂聚合物）的电池。无论是方形锂离子电池还是圆柱形锂离子电池，基本都由正极、负极、电解液及隔膜组成，如图 2-9 所示。

正极：采用锂化合物 Li_xCoO_2（钴酸锂）、Li_xNiO_2（镍酸锂）、$LiFePO_4$（磷酸铁锂）和 Li_xMnO_2（锰酸锂）以及三元材料镍、钴、锰酸锂。

负极：采用锂-碳层间化合物 LiC_6。

电解质：一般采用溶解有锂盐的有机制剂，根据所用电解质的状态可分为液态锂离子电池、聚合物锂离子电池、全固态锂离子电池。

隔膜只允许锂离子（Li$^+$）往返通过，阻止电子（e）通过，在正负极之间起到绝缘作用。

三元锂离子电池是指正极材料使用镍钴锰酸锂［Li(NiCOMn)O$_2$］的锂电池，是以镍盐、钴盐、锰盐为原料，其中镍、钴、锰的比例可以根据实际需要调整。由此可以看出是以锂离子电池的正极对其进行更细的分类与命名。

（1）锂离子电池的结构（图2-10）　锂离子电池主要由正极、负极、电解质、隔膜或隔层、正极引线、负极引线、中心端子、绝缘材料、安全阀、密封垫圈、PTC加热器（正温度控制端子）和蓄电池壳（或盖板）组成。负极与蓄电池壳接触，并且将负极镍带点焊在蓄电池壳内壁上；隔膜处于正极和负极之间，起隔离作用；正极片被包在内层，正极极耳将正极与蓄电池壳连为一体，正极极耳缠有高温胶纸；电解质分布于极片、隔膜纸及蓄电池内部，电芯底部缠有普通胶纸。

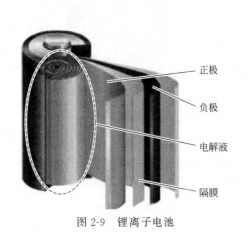

图2-9　锂离子电池

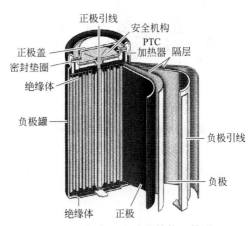

图2-10　锂离子电池的结构（筒形）

（2）锂离子电池的工作原理　如图2-11所示，充电时正电极（阴极）发生氧化反应，向外电路释放出电子和向内电路释放出锂离子。电子经过外电路和充电机被输送到负电极，与此同时，锂离子则经过内电路中的电解质并穿过隔膜纸，进入负电极的晶体结构。因此，正电极中的锂离子数量逐渐减少。但是，电解质中的锂离子数量没有改变。隔膜纸是电子的绝缘体，而离子可穿过隔膜纸。负电极（阳极）发生还原反应，同时吸收电子和锂离子。电子和锂离子在负电极的晶体结构中形成电池中性。

如图2-12所示，放电时正电极（阴极）发生还原反应，从外电路获得电子和从内电路吸取锂离子。电子经过外电路和用电器被输送到正电极，与此同时，锂离子则经过内电路中的电解液并穿过隔膜纸，回到正电极的晶体结构。因此，负电极中的锂离子数量逐渐减少，而正电极中的锂离子数量逐渐增多。但是，电解液中的锂离子数量没有改变。负电极（阳极）发生氧化反应，同时释放出电子和锂离子。电子和锂离子经过内外电路，回到正电极的晶体结构中形成电池中性。

（3）磷酸铁锂电池　磷酸铁锂电池是指用磷酸铁锂作为正极材料的锂离子电池，电池负极是石墨，中间是由聚乙烯或聚丙烯材料制成的隔膜板，电池中部的上下端间装有有机电解质，锂离子的电解质由有机溶剂和锂盐组成，对人体组织具有腐蚀性，可燃外壳由金属材料密封，如图2-13所示。

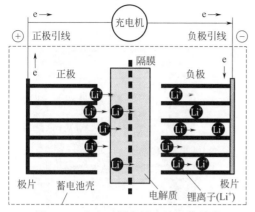

图 2-11　充电时锂离子电池工作示意

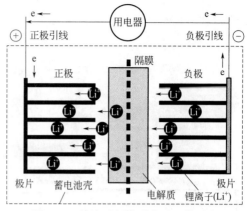

图 2-12　放电时锂离子电池工作示意

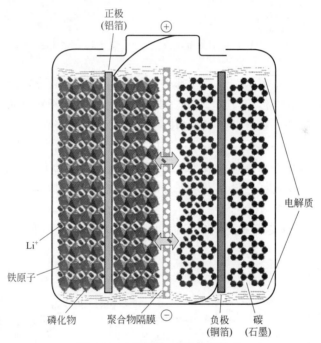

图 2-13　$LiFePO_4$ 电池内部结构

① 比亚迪 e5 动力电池系统最重要的外部特征是：高电压导线或高电压接口和 12V 车载网络接口布置在整车地板下面，电量为 47.5kW·h。

注意：1kW·h 的电量能使汽车行驶 5～6km。

动力电池组的密封盖一般通过几十个螺栓加密封胶以机械方式与托盘连接在一起。在动力电池组的密封盖上一般粘贴有几个提示牌，如一个型号铭牌和两个警告提示牌。型号铭牌提供逻辑信息（例如电池参数标签和电池编号）和最重要的技术数据（例如额定电压）。两个警告提示牌提醒注意动力电池组采用锂离子技术且电压较高以及可能存在的相关危险。如图 2-14 所示为比亚迪 e5 动力电池组密封盖上的提示牌。

在动力电池组上带有一个 2 芯高电压接口，动力电池组通过该接口与高电压车载网络连接，如图 2-15 所示。围绕高电压导线的两个电气触点还各有一个屏蔽触点，这样可使高压电缆屏蔽层（每根导线各有一个屏蔽层）一直沿续到动力电池组密封盖内，从而有助于确保电磁兼容性（EMC）。

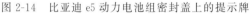

图 2-14 比亚迪 e5 动力电池组密封盖上的提示牌　　　图 2-15 比亚迪 e5 动力电池组高电压接口

电动汽车基本都会在整车的关键连接部件上使用低压互锁电路，如图 2-16 所示为比亚迪 e5 主要部件内的互锁电路。互锁电路是一种低压电路，在被断路时向控制模块发出信号，或者当动力电池组的维修开关被部分或完全拆下时主动断开电路。然而，维修开关上的互锁电路通常并不是汽车上唯一的互锁电路，比如在高压电缆连接插头处或保护盖上也有互锁电路。这样做的目的是确保在高压系统某部分被断开或暴露的情况下，车辆高压系统能够立刻断开。有些车辆还会采用这样的设计：只有互锁电路断开，同时车辆以小于每小时几千米的速度行驶或者停车时，汽车才会断电。

12V 车载网络接口为集成式控制单元提供电压、总线信号、传感器信号和监控信号，如图 2-17 所示。

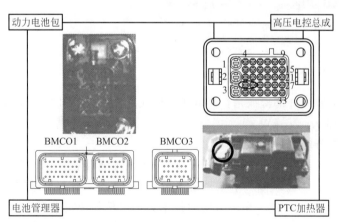

图 2-16 比亚迪 e5 主要部件内　　　　　图 2-17 比亚迪 e5 动力电池组
　　　　的互锁电路　　　　　　　　　　　　低电压接口

直流高压电缆组件由两根绝缘的高压电缆组成，用于连接混合动力汽车或纯电动汽车的动力电池组和汽车的变频器。由于大部分高压电缆都位于汽车底盘上（夹在动力电池组和底盘之间），因此它能受到很好的保护，避免碰撞到路面带来的损坏。而纯电动汽车和一些插电式车辆安装的电池组要大得多，往往几乎要延长到车辆前部的位置，所以其高压电缆通常也会相对混合动力汽车中的短一些。比亚迪 e5 电池高压电缆从电池端输出，从高压电控总成端输入，如图 2-18 所示。

② 比亚迪 e5 电池组内部结构由电池模组、动力连接片、连接电缆、电池采集器、采集线束、电池组固定压条、密封条等组成，如图 2-19 所示。

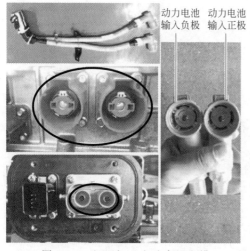

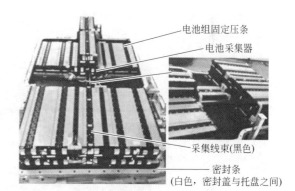

图 2-18　比亚迪 e5 电池高压电缆　　　　图 2-19　比亚迪 e5 电池组内部结构

磷酸铁锂电池的单体电池标称电压是 3.2V，充电终止时的最高电压为 3.6V，最大放电电压为 2.0V。如图 2-20 所示，比亚迪 e5 由 13 个模组串联组成，总电压为 633.6V，容量为 75A·h；电池组高压接口在 1 号模组的电池负极、13 号模组的电池正极。13 号模组在 1 号的上层，12 号模组在 11 号的上层，6～8 号模组分别在 5、4、9 号的上层。

比亚迪 e5 使用电池信息采集器（BIC）监控电池组传感器测量的数据和电池性能。通常情况下，数据被报告给电池管理系统（BMS），然后 BMS 根据工作条件和驾驶员的需求命令，使电池进行相应的充电或放电。

如果出现单体电池、电池模组或部分电路的电压变得不平衡，部分带充电系统的电压还可以用 BIC 来帮助进行电池电压均衡。比亚迪 e5 电池模组 BIC 如图 2-21 所示，其主要是进行电压、温度和通信信号的采集。

比亚迪 e5 动力电池组内部含有 4 个接触器（影响电池组是否可以串联）和 2 个保险：2 个分压接触器和 2 个保险（6 号和 10 号模组内部各一个），1 个正极接触器（13 号模组内部），1 个负极接触器（1 号模组内部），如图 2-22 所示。分压接触器在电池模组内部无法单独拆卸，只能通过插头施加电压进行间接判断。

3. 氢燃料电池

氢燃料电池车更像是一种增程式电动车。氢燃料电池指的是氢通过与氧的化学反应而产生电能的装置。氢燃料电池车的驱动力来自车上的电动机，就像纯电动车一样，因此氢燃料电池车可以理解为一辆"自带氢燃料发电机的电动车"，其理念与增程式电动车类似，只不过电能的来源由一台内燃机变成了氢燃料动力单元。

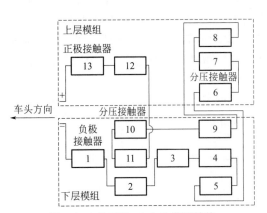

图 2-20　比亚迪 e5 电池模组结构

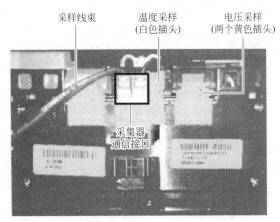

图 2-21　比亚迪 e5 电池模组 BIC

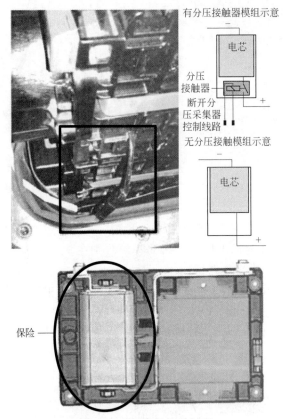

图 2-22　比亚迪 e5 接触器

（1）氢燃料电池车的基本结构　到目前为止，各个车企的氢燃料电池车的基本原理较为一致，只是细节设计上有所区别。下面仅以丰田汽车公司刚刚发布的氢燃料电池车 Mirai 为例来说明氢燃料电池车的结构和工作原理。

如图 2-23 所示，Mirai 氢燃料电池车主要由高压储氢罐、燃料电池堆栈、燃料电池升压器、动力蓄电池组、驱动电机和动力控制单元等组成。高压储氢罐内存储燃料用氢气，压力大约为 70MPa；燃料电池堆栈为丰田汽车公司第一种量产的燃料电池，体积能量密度为 3.1kW/L，输出功率为 114kW；燃料电池升压器采用紧凑高效的大容量升压器，能够将电压升高到 650V；动力蓄电池组采用镍锰蓄电池，用以回收制动能量，在加速时辅助燃料电池供电；驱动电机由燃料电池和动力蓄电池组供电，最大功率为 113kW，最大转矩为 335N·m；动力控制单元用于在不同的行驶工况下分别控制动力蓄电池组的充放电策略。

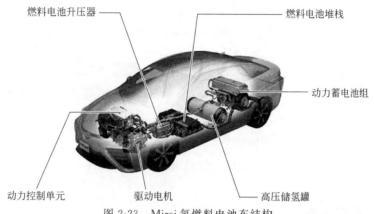

图 2-23　Mirai 氢燃料电池车结构

Mirai 氢燃料电池车的动力系统被称作 TFSC，即丰田燃料电池堆栈，是以燃料电池堆栈为核心组件的混合动力系统。TFSC 没有传统的汽油发动机，也没有变速器，发动机舱内部是电机和电机的控制单元。在驾驶舱底部布置着的燃料电池堆栈，是整套系统的核心；在车身后桥部分放置着一个镍氢动力电池组和前后 2 个高压储氢罐，没有油箱和大面积的锂离子电池，Mirai 氢燃料电池车唯一需要消耗的"燃料"就是氢气，不用加油也不用充电，加满 5kg 氢气可行驶 640km。

直接驱动 Mirai 氢燃料电池车车轮的电机功率为 113kW，峰值转矩为 335N·m，基本相当于一辆 2.0L 自然吸气发动机的动力水平。除燃料电池堆栈发电之外，Mirai 车后轴上方布置了一个 1.6kW·h 的镍氢电池组，起到动力电池＋储能电池的作用。该电池组基本上与凯美瑞混合动力车的电池一样，在整车负载低时可单独用其供电带动车辆前进，与此同时燃料电池堆栈发出来的电可以给电池组充电，用镍氢电池充当一个"缓存"。当车辆有更大的动力需求时，镍氢电池组的电会很快耗光，此时燃料电池堆栈就直接向电机输电，与镍氢电池组实现双重供电以满足车辆需求；当车辆减速行驶时，电机作为发电机来回收动能，电量直接输送到镍氢电池组内储存起来。Mirai 氢燃料电池车的工作原理如图 2-24 所示。

（2）燃料电池堆栈的构成和工作原理　Mirai 氢燃料电池车搭载的燃料电池堆栈的构成如图 2-25 所示，它是由 370 片薄片燃料电池组成的，因此被称为"堆栈"，一共可以输出 114kW 的电功率。虽然氢燃料电池名字里面有"燃料"，同时氢气也能够与氧气在一起剧烈燃烧，但氢燃料电池却不是利用燃烧来获取能量的，而是利用氢气与氧气化学反应过程中的电荷转移来形成电流的，这一过程最关键的技术就是利用特殊的"质子交换薄膜"将氢气拆分，质子交换薄膜也是燃料电池领域最难被攻克的技术壁垒。如图 2-26 所示，在燃料电池堆栈里，进行着氢与氧相结合的反应，其过程中存在电荷转移，从而产生电流。与此同时，氢气与氧气发生化学反应后正好生成 H_2O，即水。

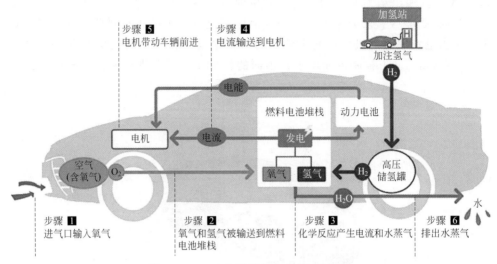

步骤 5
电机带动车辆前进

步骤 4
电流输送到电机

加氢站

加注氢气

图 2-24　Mirai 氢燃料电池车的工作原理

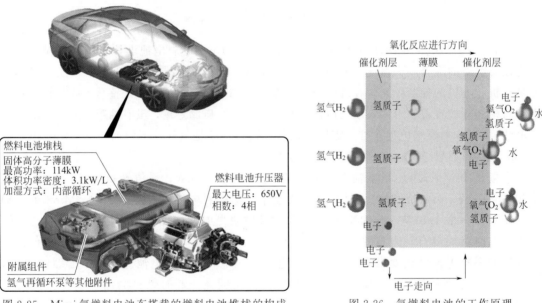

图 2-25　Mirai 氢燃料电池车搭载的燃料电池堆栈的构成

图 2-26　氢燃料电池的工作原理

　　燃料电池堆栈作为一个化学反应池，其最为关键的技术核心在于"质子交换薄膜"。在这层薄膜的两侧紧贴着催化剂层，将氢气分解为带电离子状态，因为氢分子体积小，携带电子的氢可以透过薄膜的微小孔洞游离到对面去，但是在携带电子的氢穿越这层薄膜孔洞的过程中，电子从分子上被剥离，只留下带正电的氢质子通过薄膜到达另一端。氢质子被吸引到薄膜另一侧的电极与氧分子结合。薄膜两侧的电极板将氢分子拆分成氢离子（正电）和电子，将氧分子拆分成氧原子以捕获电子变为氧离子（负电），电子在电极板之间形成电流，2个氢离子和1个氧离子结合成水，水成为该反应过程中的唯一"废料"。从本质来讲，整个运行过程就是发电过程。随着氧化反应的进行，电子不断发生转移，就形成了驱动汽车所需的电流。如果说，氢燃料电池车的技术突破是在发明一种汽车，倒不如说是在发明一种全新的"发电机"，然后整合进一辆车里。在燃料电池堆栈中，排布了诸多薄膜，可以产生大量的电子转移，形成供车辆行驶所需的电流。因此 Mirai 氢燃料电池车是纯电动车，燃料电池堆栈代替的就是厚重且充电效率低下的锂离子电池组。一般情况下，燃料电池堆栈所产生的整体电压为 300V 左右，不足以带动一台车用大功率电机，因此 Mirai 氢燃料电池车还装备了燃料电池升压器，将电压升至 600V 以上，从而顺利驱动电机。

　　丰田的燃料电池堆栈经历了 10 多年的技术优化，形成了自己的特色结构。丰田汽车公司 2008 年采用的燃料电池技术，如图 2-27 所示，由于通路宽度过大，氢氧化学反应产生的副产品水会在通路内堆积，阻碍氧向催化剂层扩散，降低发电效率。Mirai 氢燃料电池车采用新型高性能燃料电池，阴极采用了 3D 立体精微流道技术，如图 2-28 所示。氢氧化学反应中产生的水可以通过 3D 立体精微流道迅速排出，防止堆积的水对氧气的进一步进入产生阻碍，使空气可以充分通过微流道流动与催化剂层（采用铂钴合金催化剂，活性提升 1.8 倍）接触；正极的质子交换薄膜被做得更薄（厚度减小 1/3，导电性提高 3 倍），气体在扩散层（采用低密度材料）的扩散性得到提升，催化剂层处于"超激活"状态，显著提升了电极的响应性能，有效地改善了发电效率，因此整个燃料电池堆栈的发电效率达到了 3.1kW/L，是 2008 年丰田燃料电池的 2.2 倍，如图 2-29 所示。

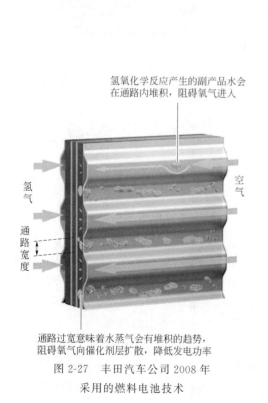

图 2-27　丰田汽车公司 2008 年
采用的燃料电池技术

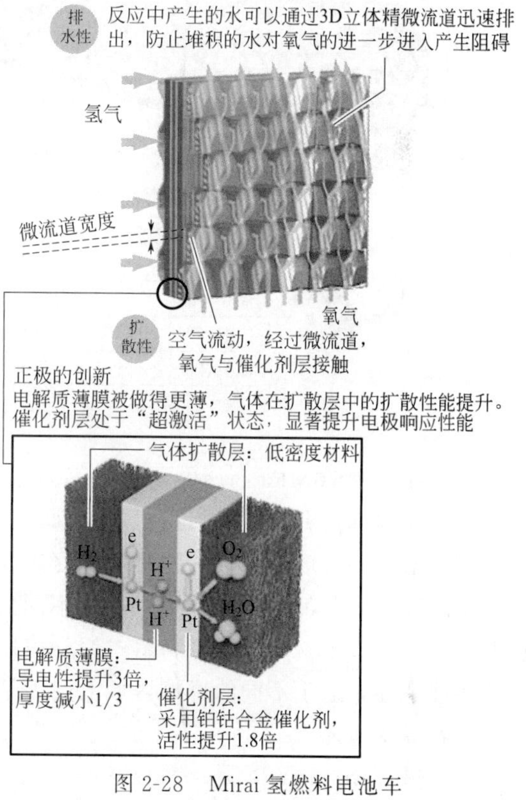

图 2-28　Mirai 氢燃料电池车
采用的燃料电池技术

　　（3）高压储气罐　氢气和汽油不同，常温下氢气是气体，密度非常低，并且非常难液化，常温下更是无法液化，因此氢气要安全储存和运输并不容易，所以氢气无法像汽油那样直接注入普通油箱里。丰田公司设计了一大一小 2 个储氢罐，通过高压的方式尽可能多地充

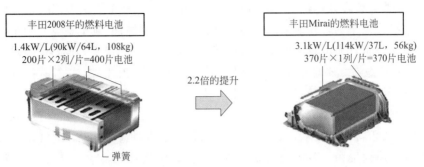

图 2-29　新旧丰田燃料电池技术

入氢气。以目前的主流储存技术，丰田公司选用了 70MPa 的高压储气罐，如图 2-30 所示。2 个储氢罐总的容量是 122.4L，采用 70MPa 的高压，也只能容纳约 5kg 的氢气，因此实际上燃料的质量并不大，反而储氢罐显得特别笨重。

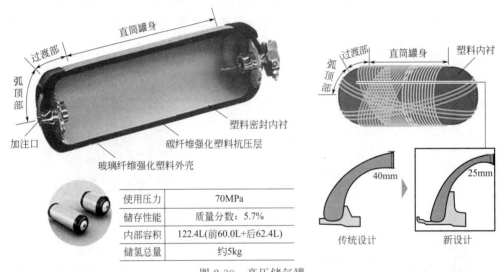

使用压力	70MPa
储存性能	质量分数：5.7%
内部容积	122.4L(前60.0L+后62.4L)
储氢总量	约5kg

图 2-30　高压储气罐

为了在承受 70MPa 高压的前提下仍旧保持行驶安全性，储氢罐被设计成 4 层结构，铝合金的罐体内部衬有塑料密封内衬，外面包裹一层碳纤维强化塑料（CFRP）抗压层，抗压层外侧再增加一层玻璃纤维强化塑料外壳，起到减振保护作用，并实现外壳的轻量化，而且每一层的纤维纹路都根据所处罐身位置不同做了额外的优化，使纤维顺着压力分布的方向，提升保护层的效果。多重纤维材料的组合应用及不同的纤维编织形式，能够有效发挥各种纤维的物理特性，适于不同的罐体区域的受力情况，可以减少 40% 的纤维用量。

4. 石墨烯电池

石墨烯（Graphene）是一种由碳原子以 sp2 杂化轨道组成，碳原子紧密堆积成单层二维蜂窝状晶格结构的薄膜。其厚度只有 0.335nm，仅为头发直径的 20 万分之一，被认为是构建其他维数碳质材料（如零维富勒烯、一维纳米碳管、三维石墨）的基本单元，具有极好的结晶性、力学性能和电学性能。

石墨烯锂电池是利用锂离子在石墨烯表面和电极之间快速大量穿梭运动的特性而开发出的一种新能源电池，其原理如图 2-31 所示。

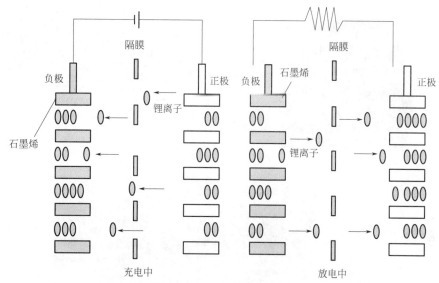

图 2-31　石墨烯锂电池原理

石墨烯用作锂电池负极材料具有以下优势。

① 具有超大比表面积，可降低电池极化，从而减少因极化造成的损失。

② 具有良好的导电和导热性能。

③ 片层尺度小，缩短了 Li^+ 在石墨烯片层之间的扩散路径；有利于提高电池功率性能。

④ 石墨烯基锂离子电池产品性能优良，可在 $-30 \sim 80℃$ 环境下工作，电池循环寿命高达 3500 次左右，充电效率是普通充电产品的 24 倍。石墨烯是世界上最薄、最硬的纳米材料。

第二节
动力电池的结构

一、动力电池的组成

（1）动力电池箱　普莱德电池箱体与 SK 动力电池箱体的防护等级、安装方式和拧紧力矩一致，但在制作材料上有区别，如 SK 电池箱体的上盖板为玻璃钢，玻璃钢是优良的绝缘材料，而下盖板为了增加硬度和耐磨性，材料为钢。

（2）动力电池模组　如图 2-32 所示的 SK 电池，其连接方式为 3P91S。3P91S 表示（3 个电芯并联成 1 个独立单体电池，再由 91 个独立单体电池串联）动力电池总成。

（3）辅助元器件　它是将主正继电器、主负继电器、预充继电器和预充电阻进行集成。

（4）电池管理系统（BMS）　普莱德电池管理系统由主控盒和绝缘检测单元等组成，SK 电池的 BMS 采用了高压控制盒、从控盒和主控盒集成的方式。普莱德动力电池的正极继电器由 BMS 中的高压控制盒控制，负极继电器由 VCU 控制；SK 动力电池的正极继电器由 VCU 控制，负极继电器由 BMS 控制。

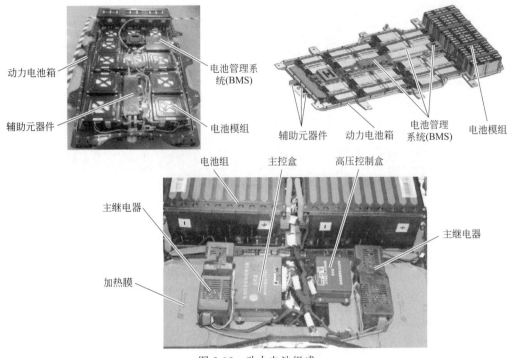

图 2-32　动力电池组成

二、动力电池的连接方式

为了提升电池容量，需要把单个电芯进行并联，通常把几个容量、性能参数一致的电芯用激光焊接并联组成基础模块，例如 3 个软包电芯并联［3P(Parallel)］，当然也可以把更多的电芯并联，如 5P，甚至 16P 等。

为了提升电池电压，需要把电芯再进行串联，因此再把几个基础模组用激光焊接串联成模块，例如 2 个 3P 基础模块串联为 3P2S（Series）或者 3 个 3P 基础模块串联为 3P3S 电池模块，如图 2-33 所示。同时，为了在动力电池内布置方便，模块的组合方式有多种选择：可以单用 1 个 3P2S 模块，电池上面可以布置其他电气元件；也可以把 2 个 3P2S 叠放串联成 3P4S；还可以把 1 个 3P2S 和 1 个 3P3S 叠放组成 3P5S。多种组合方式错落有致地固定在动力电池底板上，方便总体布局。

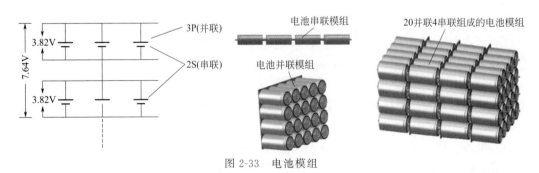

图 2-33　电池模组

例如，1P100S 表示 100 块电池单体串联，共分为 9 个模组，如图 2-34 所示；3P91S 表示 3 个单体并联组成一个模块，再由 91 个模块组成若干个模组串联成动力电池总成。

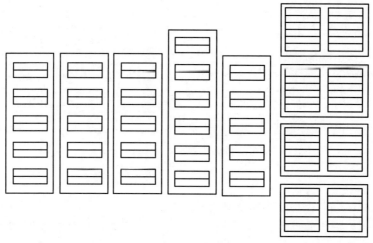

图 2-34 电池内部布置

例如，特斯拉 Roadster 纯电动汽车的电池组由 6831 节 18650（电池直径为 18mm，高为 65mm，0 表示圆柱形）型锂离子电池组成，其中每 69 节并联为一组，再将 9 组串联为一层，最后串联堆叠 11 层构成，如图 2-35 所示。

图 2-35 特斯拉电池组

📚知识拓展

① 电池单体：构成动力电池模块的最小单元（3.2V）。

② 电池模块：一组并联的电池单体的组合。

③ 电池模组：由一个或多个电池单体并联再串联成一个组合，称电池模组。如图 2-36 所示，动力电池模组采用两个电池单体并联，8 组串联，动力电池模块总成由 16 个电池单体组成，额定电压 29.36V，模组内部集成温度传感器、电压传感器。

④ 动力电池总成：把每个电池模组串联起来形成动力电池总成。

动力电池通常由 90～100 个电池串联组成，直流电压高达 380V（有些车达到 600V）。对外供电安全的措施必须可靠。

第二章 动力电池 029

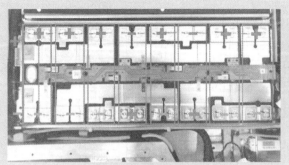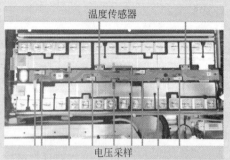

图 2-36　电池模组内部结构

　　电池模组用多层铜皮制成的成型母线带，通过螺栓可靠连接。母线带柔软，可避免因车辆振动导致母线带与螺栓连接根部产生裂纹。母线带外部用绝缘材料做了耐压绝缘处理。通常在串联的高压回路中，设置维修开关、正负母线带继电器、预充继电器、预充电阻和熔断器，如图 2-37 所示。维修开关设置在串联回路的中间，同时维修开关内部还有一个熔断器，如图 2-38 所示，假如回路电流过大，熔断器断开，当维修开关拔出时，高压回路呈开路状态。正极和负极母线对外部负载输出端分别接了继电器，只有正负极母线继电器都接通，才能对外供电或对电池充电。在高压母线上还设置了电流检测器件，目前有串联在母线上的无感分流器方式和套装在母线外部的霍尔传感器方式，如图 2-39 所示。两种传感器都是把检测到的母线电流送到主控盒，用于控制母线输出不能过流，充电和能量回收时电流不能过大。

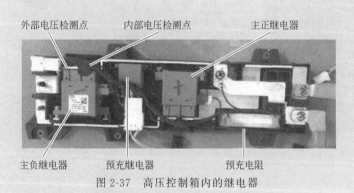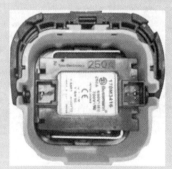

图 2-37　高压控制箱内的继电器　　　　　图 2-38　维修开关内的熔断器

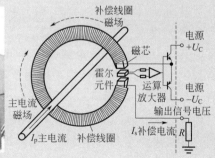

图 2-39　霍尔电流传感器

第三节
动力电池系统

一、动力电池管理系统的组成及作用

1. 动力电池管理系统的组成

动力电池管理系统（Battery Management System，BMS）通过检测电池组中各单体电池的状态来确定整个电池系统的状态，并根据它们的状态对动力电池系统进行对应的控制调整和策略实施，实现对动力电池系统及各单体的充放电管理，以保证动力电池系统安全的稳定运行。如图2-40所示为动力电池管理系统，主要分为主控模块和从控模块两大块，通过采用内部CAN总线技术实现各模块之间及外部设备之间的数据信息通信。基于各个模块的功能，BMS能实时检测动力电池的电压、电流、温度等参数，实现对动力电池进行热管理、均衡管理、高压及绝缘检测等，并且能够计算动力电池剩余容量、充放电功率以及SOC和SOH状态。

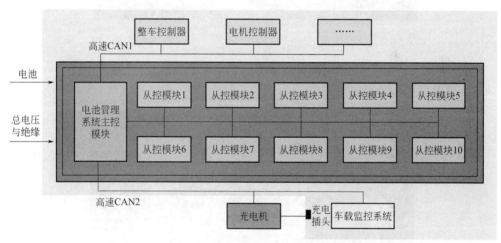

图2-40　动力电池管理系统（BMS）

（1）BMS的组成　按性质可分为硬件和软件；按功能分为数据采集单元和控制单元。

（2）BMS的硬件　主控盒、从控盒及高压控制盒，还包括采集电压、电流、温度等数据的电子器件。

（3）BMS的软件　监测电池的电压、电流、SOC值、绝缘电阻值、温度值，通过与整车控制器（VCU）、充电机的通信，来控制动力电池系统的充放电，如图2-41所示。

普莱德动力电池管理系统由主控盒和高压控制盒等组成，如图2-42所示。SK电池的BMS采用了高压控制盒、从控盒和主控盒集成的方式，如图2-43~图2-45所示。

高压控制盒监控动力电池的总电压、电流、绝缘性能。从控盒是电池低压管理系统，监控动力电池的单体电压、电池组的温度，主要功能为：监控每个单体电压并反馈给主控盒；监控每个电池组的温度并反馈给主控盒；监测SOC值；将以上项目监控到的数据反馈给主控盒。

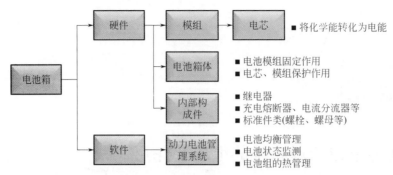

图 2-41　动力电池箱系统组成

图 2-42　普莱德动力电池管理系统

图 2-43　SK 动力电池系统

图 2-44　高压控制盒

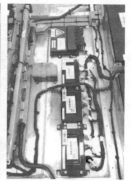

图 2-45　从控盒

主控盒（图 2-46）是一个连接外部通信和内部通信的平台，主要功能为：接收从控盒反馈的实时温度和单体电压（并计算最大值和最小值）；接收高压控制盒反馈的总电压和电流情况；与整车控制器（VCU）的通信；控制主正继电器；控制电池加热；控制充/放电电流。

图 2-46　主控盒

2. 动力电池管理系统的作用

动力电池管理系统（BMS）的作用为数据采集、状态分析、均衡控制、热管理和安全保护等。

（1）数据采集　作为 BMS 中其他功能的基础与前提，数据采集的精度和速度能够反映 BMS 的优劣。动力电池管理系统的其他功能比如 SOC 状态分析、均衡管理、热管理功能等都是以采集获取的数据为基础进行分析及处理的。数据采集的对象一般为电压、电流和温度。在实际使用过程中，电池在不同温度下的电化学性能不同，导致电池所放出的能量是不同的。锂离子动力电池对电压和温度比较敏感，因此在对电池的 SOC 进行评估时必须考虑温度的影响。

（2）状态分析　对电池状态的分析主要是电池剩余电量及电池老化程度这两个方面，即 SOC 评估和 SOH 评估。SOC 能够让驾驶人获得直接的信息，了解剩余的电量对续航里程的影响。现阶段的研究很多都集中在对 SOC 分析上，不断加强其精确度。SOC 的分析会受到 SOH 的影响，电池的 SOH 在使用过程中受到温度和电流等持续影响而需要不断进行分析，以确保 SOC 分析的准确性。目前在对 SOC 的分析上，主要有电荷计量法、断路电压法、卡尔曼滤波法、人工神经网络算法和模糊逻辑法等。

（3）均衡控制　由于生产制造和工作环境的影响会造成电池单体的不一致性，在电压、容量和内阻等性质上出现差别，导致每个单体电池在实际使用过程中的有效容量和充放电量是不一样的，因此为保证电池系统的整体性能和延长使用寿命，为减少单体电池之间的差异性，对电池进行均衡管理是十分必要的。

均衡管理有助于电池容量的保持和放电深度的控制。如果没对电池进行均衡管理，由于BMS的保护功能设置，就会出现某个电池单体充满电时，其他电池单体没有充满，或者某个最小电量的单体电池放电截止时，其他电池还没有达到放电截止限制的现象。一旦电池出现过充或者过放，电池内部则会发生一些不可逆的化学反应，导致电池的性质受到影响，从而影响电池的使用寿命。BMS均衡管理分类见表2-1和表2-2。

表 2-1 BMS 均衡管理分类（一）

按均衡管理电路结构分类	定义	优缺点
集中式均衡	电池组内所有的电池单体共用一个均衡器进行均衡管理	通信简单直接，进行均衡速度快；但电池单体与均衡器之间的线束排布复杂，不适合单体数量多的电池系统
分布式均衡	一个或若干个电池单体专用一个均衡器	能够解决前者线束方面的问题；缺点是成本高

表 2-2 BMS 均衡管理分类（二）

按均衡管理控制方式分类	定义	优缺点
主动均衡	又称为非耗散型均衡，形象地说就是进行电池单体之间的能量转移。将能量高的电池单体中的能量转移到能量低的电池单体上，以达到能量均衡目的	主动式均衡效率高，能量转移而不是被消耗；但结构复杂，成本高
被动均衡	又称为耗散型均衡，利用并联电阻等方式将能量高的电池单体中的能量消耗至与其他电池单体均衡的状态，就是通过放电均衡的办法让电池组内的电池电压趋于一致	成本低，容易实现；但能量浪费

（4）热管理　BMS在不同运行工况下由于其自身有一定的内阻，在输出功率、电能的同时产生一定的热量，产生的热量累积使电池温度升高，空间布置的不同使得各处电池温度并不一致。当电池温度超出其正常工作温度区间时，必须限功率工作，否则会影响电池的寿命。为了保证电池系统的电性能和寿命，动力电池系统一般具有热管理系统。电池热管理系统是用于确保电池系统工作在适宜温度范围内的一套管理系统，主要由电池箱、传热介质、监测设备等部件构成。BMS在热管理上的主要功能是对电池温度进行准确的测量和监控，在电池组温度过高时进行有效散热和通风，以保证电池组温度均匀分布。在低温的条件下，能够进行快速加热使电池组达到正常工作的环境。

（5）安全保护　安全保护作为整个BMS最重要的功能，是基于前面4个功能而进行的，主要包括过电流保护、过充过放保护、过温保护和绝缘监测。

① 过电流保护：由于电池都具有一定的内阻，当电池在工作时若电流过大，会造成电池内部发热，热量积累增加，造成电池温度上升，从而导致电池的热稳定性下降。对于锂离子电池来说，正负极材料的脱嵌锂离子能力是一定的，当充放电电流大于其脱嵌能力时，将导致电池的极化电压增加，使电池的实际容量减少，影响电池的使用寿命，严重时会影响电池的安全

性。BMS会判断电流值是否超过安全范围，一旦超过则会采取相应的安全保护措施。

② 过充过放保护：在充电过程中，充电电压超过电池充电截止电压时，将会引起正极晶格结构被破坏，导致电池容量变少，并且电压过高会造成正负极短路而引发爆炸。过充是被严格禁止的。BMS会检测系统中单体电池的电压，当电压超过充电限制电压时，BMS会断开充电回路从而保护电池系统。

在放电过程中，放电电压低于电池放电截止电压时，电池负极上的金属集流体将被溶解，给电池造成不可逆的损害。给过度放电的电池充电时会有内部短路或者漏液的可能。当电压超过放电限制电压时，BMS会断开放电回路从而保护电池系统。

③ 过温保护：对于过温保护，需要结合上面的热管理功能进行。电池活性在不同温度下有所不同。长时间处在高温环境下，电池材料的结构稳定性会变差，从而缩短电池的使用寿命。低温下电池活性受限会造成可用容量减少，尤其是充电容量将变得很低，同时可能产生安全隐患。BMS能够在电池温度超过高温限制值或是低于低温限制值时，禁止进行充放电。

④ 绝缘监测：绝缘监测功能也是保证电池系统安全的重要功能之一。电池系统电压通常有几百伏，一旦出现漏电将会对人员形成危险，所以绝缘监测功能就显得相当重要。BMS会实时监测主正和主负继电器对车身搭铁的绝缘阻值，如果出现绝缘阻值低于安全范围，则会上报故障并断开高压电。

二、动力电池管理系统的结构形式

根据电池类型和布置不同，动力电池管理系统（BMS）的结构分为分布式结构和集成式结构，如图 2-47 和图 2-48 所示。

（1）分布式结构优缺点　配置灵活、信号采集速度快、线束少，但成本较高。

（2）集中式结构优缺点　成本低、结构简单，但灵活性差，线束过长，增加辐射干扰。

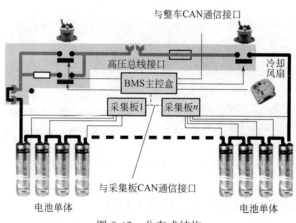

图 2-47　分布式结构

三、动力电池管理系统的工作原理

电动汽车的动力电池模组放置在一个密封并且屏蔽的动力电池箱里面，动力电池系统使用可靠的高压接插件与高压控制盒相连，如图 2-49 所示，动力电池输出的直流电由电机控制器转变为三相交流高压电，驱动电机工作。

系统内的 BMS 实时采集各电芯的电压、各温度传感器的温度值、电池系统的总电压值

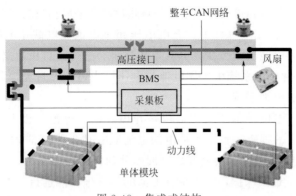

图 2-48 集成式结构

图 2-49 高压接插件与高压控制盒

和总电流值等数据，实时监控动力电池的工作状态，并通过低压接插件连接 CAN 总线与 VCU 或充电机之间进行通信，如图 2-50 所示，对动力电池系统充放电等进行综合管理。

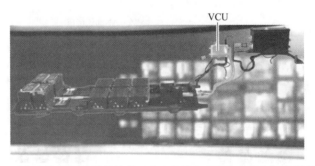

图 2-50 动力电池低压接插件连接 CAN 总线与 VCU 或充电机之间进行通信

四、动力电池系统的内部工作原理

以普莱德动力电池系统为例说明动力电池系统内部的工作原理，主要从电池系统内部充电、电池系统内部放电和绝缘监测三个方面讲解。

1. 动力电池系统内部充电原理

（1）充电之前加热　在充电初期，从控盒中的电池管理系统监测每个电池组的温度，并反馈给主控盒。主控盒接收来自从控盒反馈的实时温度，并计算出最大值与最小值，当监测到电芯温度低于设定值时，主控盒控制加热继电器闭合，通过加热元件、加热熔断器接通电路进行加热。

① 慢充时途经路线：充电桩→车载充电机→高压接插件→加热继电器→加热元件→加热熔断器→高压接插件→车载充电机→充电桩，构成充电回路，进行加热，如图2-51中的箭头所示。

② 快充时途经路线：非车载充电机→高压接插件→加热继电器→加热元件→加热熔断器，构成充电回路，进行加热。

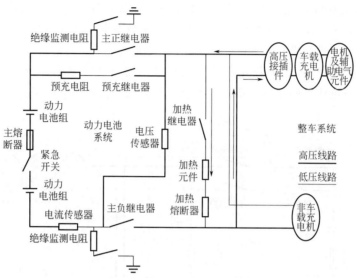

图 2-51　动力电池系统充电前加热

（2）充电初期预充电　在充电初期，整车控制器唤醒BMS，BMS进行自检和初始化，完成后上报给整车控制器。整车控制器控制主负继电器闭合，BMS控制预充继电器闭合，对各单体电池进行预充电，确定单体电池无短路后，BMS将断开预充继电器，预充完成。

① 慢充时途经路线：充电桩→车载充电机→高压接插件→预充继电器→预充电阻→动力电池组→主熔断器→紧急开关→动力电池组→电流传感器→主负继电器→高压接插件→车载充电机→充电桩，构成回路，进行预充，如图2-52中的箭头所示。

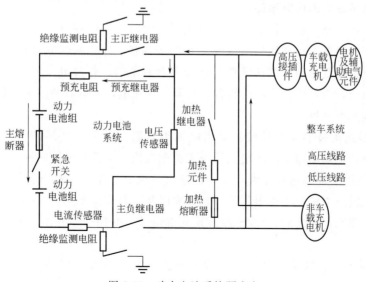

图 2-52　动力电池系统预充电

②快充时途经路线：非车载充电机→预充继电器→预充电阻→动力电池组→主熔断器→紧急开关→动力电池组→电流传感器→主负继电器→非车载充电机，构成回路，进行预充。

（3）充电　预充电完成之后，BMS断开预充继电器，闭合主正继电器，对动力电池组进行充电。

①慢充时途经路线：充电桩→车载充电机→高压接插件→主正继电器→动力电池组→主熔断器→紧急开关→动力电池组→电流传感器→主负继电器→高压接插件→车载充电机→充电桩，构成回路，进行慢充，如图2-53中的箭头所示。

②快充时途经路线：非车载充电机→主正继电器→动力电池组→主熔断器→紧急开关→动力电池组→电流传感器→主负继电器→非车载充电机，构成回路，进行快充。

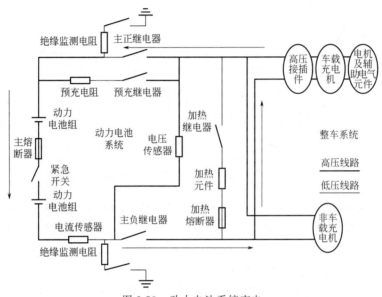

图 2-53　动力电池系统充电

2. 动力电池系统内部放电原理

（1）放电初期预充　整车控制器唤醒BMS，BMS进行自检和初始化，完成后上报给整车控制器。整车控制器发出高压供电指令，BMS开始按顺序控制继电器的闭合和断开。

因电路中电机控制器和空调压缩机控制器等含有电容，在放电模式初期，BMS控制预充继电器进行闭合，需低压、小电流给各控制器电容充电，当电容两端电压接近动力电池总电压时，断开预充继电器。

①动力电池组正极端途经路线：动力电池组→紧急开关→主熔断器→动力电池组正极→预充电阻→预充继电器→高压接插件→车载充电机→电机及辅助电气元件。

②动力电池组负极端途经路线：动力电池组负极→电流传感器→主负继电器→高压接插件→车载充电机→电机及辅助电气元件，构成回路，完成预充。

（2）放电　预充完成之后，BMS断开预充继电器，并闭合主正继电器，动力电池组进行放电。

①动力电池组正极端途经路线：动力电池组→紧急开关→主熔断器→动力电池组正极→主正继电器→高压接插件→车载充电机→电机及辅助电气元件。

② 动力电池组负极端途经路线：动力电池组负极→电流传感器→主负继电器→高压接插件→车载充电机→电机及辅助电气元件，构成回路，完成放电。

3. 绝缘监测

BMS 具有高压回路绝缘监测功能，监测电池组与箱体、车身等路线；绝缘监测回路如图 2-54 所示：电池组正极端-绝缘监测电阻-绝缘继电器-接地；电池组负极端-绝缘监测电阻-绝缘继电器-接地。

五、动力电池主控盒

动力电池主控盒是动力电池的管理核心，如图 2-55 所示，是一个连接外部通信和内部通信的平台，主要功能如下。

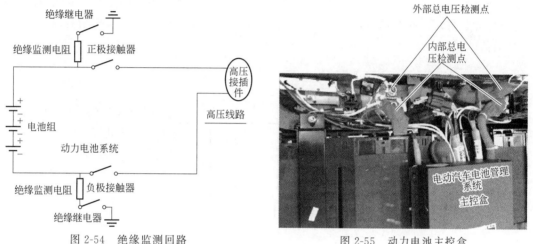

图 2-54 绝缘监测回路　　　　　　　图 2-55 动力电池主控盒

① 接收 BMS 反馈的实时温度和单体电压（并计算最大值和最小值）。

② 接收高压绝缘盒反馈的绝缘、总电压和电流情况。

③ 与整车控制器的通信。

④ 与充电机或快充桩通信。

⑤ 控制主继电器。

⑥ 控制电池加热。

⑦ 启动钥匙在 ON 挡时，对来自整车控制器的唤醒以及充电时来自整车控制器的唤醒做出应答。

⑧ 控制充/放电电流。

⑨ 预充电控制。

⑩ 电池组 SOC 的测量与估算。

⑪ 整车电池数据的故障分析、判断及在线报警。

⑫ 通过内部 CAN 总线统计电池箱的电池数据及参数信息。

⑬ 通过 CAN1 与整车控制器通信，发送电池状态及报警信息。

⑭ 通过 CAN2 将电池数据发送至仪表和充电机。

⑮ 计算电池组最大允许充电电流，通过 CAN2 传送给充电机，实现充电过程闭环控制。

⑯ 当监测到电池出现过热（参数由电池生产厂家决定，可修改）的时候，BMS 能启动

图 2-56 加热垫

安装在电池箱的冷却风机，实施强制风冷让电池组降温，从而提高电池运行的稳定性并延长电池的使用寿命。

⑰ 充电时若电芯温度低于设定值，则BMS控制加热继电器闭合，通过加热熔丝接通加热膜（垫），如图 2-56 所示，其控制电路如图 2-57 所示。

动力电池控制盒将从控盒、高压盒、主控盒集成在一起，整个动力电池系统内只有一个控制盒，完成全部管理功能。左侧电路板下部是电池电压主采样电阻群，左上部有绝缘检测和继电器触点开闭检测电路，右上部是计算、处理、执行部分，输出对三个继电器的控制指令以及与整车控制器、充电机的CAN通信。

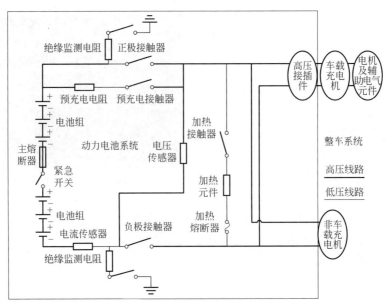

图 2-57　动力电池低温充电加热电路

动力电池模块组放置在一个密封并且电磁屏蔽的动力电池箱里面。动力电池系统使用可靠的高低压接插件与整车进行连接。动力电池箱体的防护等级为 IP67，用螺栓紧固在车身地板下方，力矩为 80～150N·m。整车维护时需要观察电池箱体螺栓是否松动，电池箱是否有破损变形，密封胶是否完整。

六、动力电池高压盒

高压盒的任务：一是高压回路绝缘检测；二是母线继电器触点开闭监测。如图 2-58 所示，高压绝缘检测的检测点设置在动力电池内高压回路上，当动力电池没有对外供电时，检测盒对电池内部高压回路做绝缘检测，当正负母线继电器接通负载后，检测盒对全部回路的绝缘进行检测，检测点放在正负母线继电器主触点上，检测线连接到高压绝缘盒内部。

从预充继电器、正极母线继电器及负极母线继电器的触点处，分别引出检测线连接高压

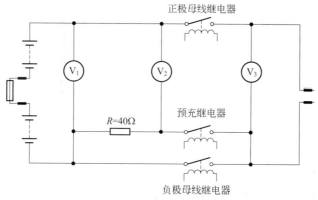

图 2-58　绝缘检测与主触点开闭检测原理

控制盒。各继电器触点开闭状态可以从各自继电器内外两触点的电位是否相同做出判断，通过主触点两端电位状况与触点控制信号目标比较，做出触点工作是否正确的判断，并报送上一级控制器。接到高压正负母线继电器供电指令后，立即开始对高压回路进行绝缘监测。无论电池内部，还是外部负载端，只要高压回路绝缘电阻值不合格、超过阈值，则立即停止高压供电，并在仪表板上报出高压绝缘故障文字提示。同时，对各个继电器触点开闭状态进行检测，判断主正继电器、主负继电器、预充继电器的触点是否按照控制策略正常开闭。通过相应监测点的电压检测，分析判断各个继电器触点开闭状况，报告动力电池的主控盒。

七、动力电池从控盒

布置电芯电压，温度采集点与采集线束涉及的电压都不高，一般不会到 5V，属于低压直流，但是和车身不能搭铁，是绝缘的。每个电芯的采集线实际是把每个电池基础模块的正负极分别引出导线，连同温度传感器信号线，通过低压线束汇集到从控盒，其控制电路如图 2-59 所示。

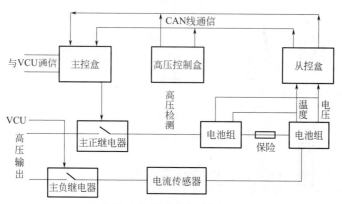

图 2-59　从控盒控制电路

从控盒中每一个采样电阻对应一组电池电压采样线，从采样电阻上可以采集到各个串联电池的电压数据。从控盒对各个并联模块（或单独大电芯）的电压进行巡检采集、计算与处理。从监测数据中需要找出最高电压电芯、最低电压电芯，计算电芯电压最高与最低的差值，差值应小于 0.03V。充电时有一节电芯电压达到充电截止电压，即停止充电；放电时有一节电芯电压降到放电截止电压，即停止放电。温度采集单元用于采集监控动力电池的单体或电池组的温度，防止超温导致热失控，造成重大损失。在低温充电时，温度采集单元会给出信号指令，首先对电池进行加热，达到一定温度时再开始充电。

第四节
动力电池供断电原理

一、北汽动力电池供断电原理

1. 动力电池低压供电原理

整车上下电包括低压供电与断电、唤醒与取消唤醒、高压上电与下电，其控制功能涉及整车所有控制单元，包括整车控制器（VCU）、电机控制器（INV/MCU）、动力电池内的高压板（BCU）、空调（A/C）、DC/DC 转换器、组合仪表（ICM）、数据采集终端（RMS）、充电机（CHG）等。

电动汽车低压供电控制器的原理如图 2-60 所示。

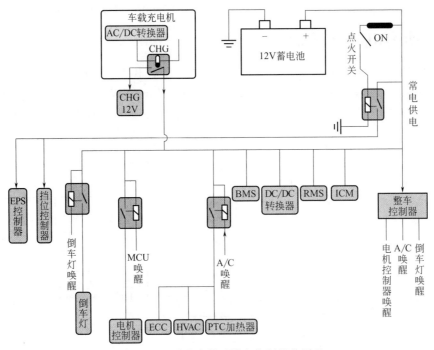

图 2-60　电动汽车低压供电控制器的原理

① 由蓄电池直接供电，主要有整车控制器（VCU）、组合仪表（ICM）、数据采集终端（RMS）、DC/DC 转换器和动力电池管理系统（BMS）。

② 由 ON 挡（IG1）继电器供电，当点火钥匙转到 ON 挡后，ON 挡继电器线圈被接通，从而将 12V 蓄电池电压送到挡位控制器和电动助力转向系统（EPS）控制器，给其

供电。

③ 由 VCU 控制低压继电器供电，当 VCU 有蓄电池直接供电电压后，内部部分电路工作，从而控制空调（A/C）继电器、电机控制器（MCU）继电器和倒车灯继电器接通供电的控制器。

2. 非充电模式下控制器唤醒原理

电动汽车非充电模式下控制器唤醒主要有 ON 挡继电器唤醒和 VCU 唤醒，其原理如图 2-61 所示。

① 由 ON 挡（IG1）继电器唤醒的控制器有：整车控制器（VCU）、组合仪表（ICM）和数据采集终端（RMS）。

② 当 VCU 被唤醒后将发送唤醒信号电压给 BMS 和 DC/DC 转换器。

3. 慢充电模式下控制器唤醒原理

慢充电模式下控制器唤醒主要有慢充 CHG 唤醒和 VCU 唤醒，其原理如图 2-62 所示。

① 慢充（CHG 12V）唤醒信号是当充电桩与车载充电机建立充电关系后，车载充电机控制内部继电器接通后送出，分别送给整车控制器（VCU）和数据采集终端（RMS）。

② 当 VCU 被唤醒后将发送唤醒信号电压给 BMS 和 DC/DC 转换器。

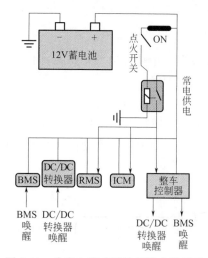 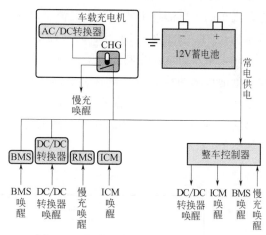

图 2-61 非充电模式下控制器唤醒原理　　　　图 2-62 慢充电模式下控制器唤醒原理

4. 快充电模式下各控制器唤醒原理

快充电模式下控制器唤醒主要有快充唤醒（直流充电桩直接输出）和 VCU 唤醒，如图 2-63 所示。

① 快充唤醒信号：当快充桩与车辆建立充电关系后，快充桩发送快充唤醒信号给 VCU 和 RMS。

② 由 VCU 唤醒：当 VCU 被唤醒后将发送唤醒信号电压给 BMS 和 DC/DC 转换器。

5. 远程模式下各控制器唤醒原理

远程模式下控制器唤醒主要有远程 APP 唤醒、远程唤醒和 VCU 唤醒，其原理如图 2-64 所示。

① 远程 APP 唤醒信号送给数据采集终端（RMS）。

② 数据采集终端被唤醒后将发送唤醒信号唤醒 VCU。

③ VCU 发送信号唤醒 ICM、DC/DC 转换器、BMS。

注意：远程慢充模式下，CHG 通过 BMS 向总线发送报文的形式进行唤醒。

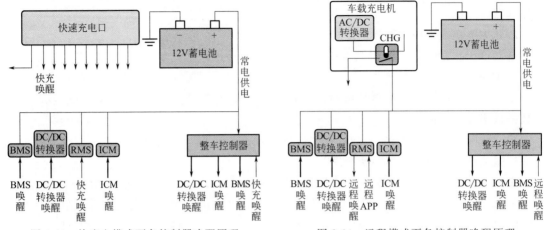

图 2-63 快充电模式下各控制器唤醒原理　　　　图 2-64 远程模式下各控制器唤醒原理

6.动力电池高压供电原理

电动汽车的高压部件主要有动力电池、高压控制盒、电机及电机控制器、车载充电机、空调压缩机、PTC 加热器、DC/DC 转换器等，这些高压部件中动力电池是供电部件，其他是用电部件，由动力电池为其提供工作电压。

动力电池内部的控制系统包含多个高压检测点（V_1、V_2、V_3）、预充电电路、负极继电器、正极继电器、电流传感器、手动维修开关、MSD 熔断器和绝缘检测电路等，如图 2-65 所示。高压检测点检测的作用、预充电电路的作用及动力电池内的高压接触器的控制顺序如下。

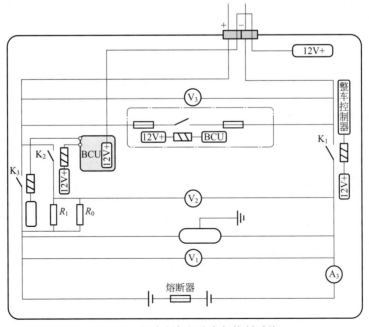

图 2-65 电动汽车电池内部控制系统

（1）高压检测点的作用

① 高压检测点 V_1 位于高压正极、负极继电器内侧，测量动力电池包总电压，用于判定 MSD（维修开关）是否断路。

② 高压检测点 V_2 位于负极继电器外侧，另一点位于预充电阻和预充继电器之间，用于判定预充继电器是否粘连，负极继电器是否断路，预充电阻是否断路，预充继电器是否断路。

③ 高压检测点 V_3 位于电池直流母线输出两端，用于判定正极继电器是否粘连。

（2）预充电电路模块的作用 防止在高压接触器闭合瞬间形成的强电流和高电压对动力电机驱动系统高压器件形成冲击，导致接通高压电路瞬间造成器件损毁。预充电电路模块通过 VCU 在上电过程中控制相应高压接触器通断时序，达到高压系统安全上电的目的。

（3）高压接触器的控制顺序 首先是整车控制器（VCU）控制负极接触器接通后，再由 BMS 控制预充接触器闭合；当预充结束后，再由 BMS 控制正极接触器闭合，同时预充接触器断开，这样完成动力电池高压供电。

7. 整车供断电流程

以点火开关唤醒整车控制器的方式来介绍整车供断电流程，如图 2-66 所示。当点火开关旋转至 START 挡，松开后回到 ON 挡，且挡位处于 N 挡时，整车开始高压供电检测。在进行初始化时，整车控制器会进行整车模式判断，如果此时充电口上连接了充电枪，则整车模式被判定为充电模式，此时将不会进入行车模式，继续后面的供电逻辑，整车控制器初始化不能完成。当整车模式被判定为运行模式后，整车控制器进行初始化并完成自检；之后整车控制器闭合电机控制器（INV/MCU）、低压继电器及空调控制面板、PTC 加热器低压继电器并唤醒 BMS，低压供电开始后，进行低压自检，在这个过程中 BMS 和电机控制器完成初始化和自检，完成后自检计数器由"0"置于"1"并发给整车控制器；自检完成后，整车控制器闭合动力电池包内的负极继电器，否则进行高压掉电检测；负极继电器闭合后 BMS 完成动力电池高压自检，通过后自检计数器置于"2"并发给整车控制器，否则整车控制器断开电池负极继电器，各高压控制器检测高压，零功率输出；BMS 完成预充电并闭合动力电池内

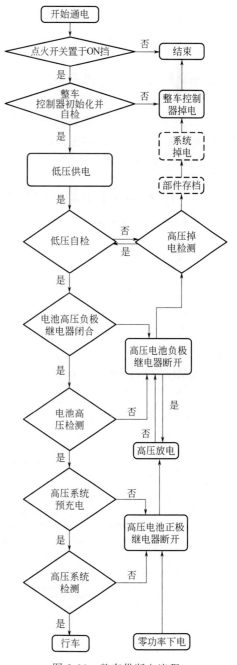

图 2-66 整车供断电流程

的正极继电器，完成电池高压分步检测，检测成功后自检计数器置于"3"并发给整车控制器，否则 BMS 断开电池正极继电器，自检计数器置于"2"并发给整车控制器；预充电完成后，INV、ECC（空调控制器）、HVAC（空调面板系统）及 PTC 加热器（暖风）进行高压检测，检测通过后将高压检测完成标志位发给整车控制器，该状态下开始判断高压故障，否则断开动力电池正极继电器；高压检测通过后整车供电完成，处于待行车状态，绿色 READY 指示灯点亮。当系统检测到高压总电流小于 5A 且持续 600ms 以上时，整车控制器进行断电流程，BMS 断开电池正极继电器，自检计数器置于"2"并发给整车控制器，各高压电器检测高压，不判断故障，零功率输出；正极继电器断开后，BMS 进行正极继电器粘连检测，各高压电器零功率输出，进行高压回路放电，当电机控制器检测到高压回路电压低于 36V 后，将放电完成标志位发给整车控制器，整车控制器断开电池负极继电器，各高压控制器检测高压，零功率输出；BMS 进行高压掉电检测，完成后 BMS 自检计数器置于"1"并发给整车控制器；当部件存档时，BMS 及各高压电气数据写入 EEPROM（电可擦除只读存储器），BMS 自检计数器置于"0"并发给整车控制器，电机控制器数据写入 EEPROM 完成标志位；当存档完成后，整车控制器依次给 BMS、电机控制器、HVAC、PTC 加热器进行新能源系统掉电，散热系统延时掉电；整车控制器数据写入 EEPROM，整车控制器掉电，从而整车断电完成。

二、比亚迪高压供电充电原理

1. 高压上电控制原理

① 制动信号与一键启动信号同时传递给车身控制模块（BCM），同时需要防盗模块正常。

② BCM 接收到以上信号后，发出 IG3 继电器的吸合信号。

③ IG3 继电器给 BMC（Battery Management Control，电池管理控制）及整车控制器提供一个电源，同时 BMC 与 BIC（采集电池电压、温度等信息）进行通信，保证电池包内部无故障。

④ BMC 发出指令，使预充接触器吸合，预充完成后吸合主正接触器，断开预充接触器。

⑤ 最终电能从电池包进入充配电总成后，再进入电机控制器，经转换后驱动电机运转，如图 2-67 所示。

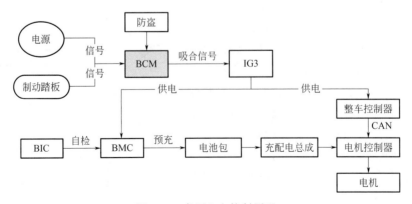

图 2-67 高压上电控制原理

2. 车辆充电控制原理

① 插上充电枪后，车辆接收到 CC 及 CP 信号，充配电总成发出充电感应信号后至 BCM。

② BCM 控制仪表配电的继电器吸合，发出一个充电指示灯的信号至仪表，同时使 IG3 继电器吸合，使 BMC 得到 IG3 双路电。

③ BMS 自检，确认电池包内无故障。

④ 接着 BMC 发出指令，使预充接触器吸合。

⑤ 充完成后，主正接触器吸合，断开预充接触器，如图 2-68 所示。

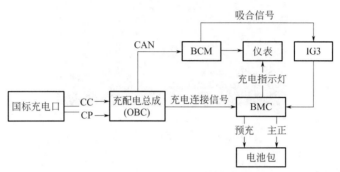

图 2-68　车辆充电控制原理

> **知识拓展**
>
> ① 当车辆停放 7 天以上时，应保证车辆的剩余电量大于 50%。
>
> ② 车辆停放超过 3 个月应该做一次充放电循环（将车辆行驶放电至电量低于 30% 以下，使用慢充将动力电池充电至 100% 后，再将车辆行驶放电至 50%～80% 后继续停放）。
>
> ③ 当车辆停放时，动力电池也将发生一定的放电，当电量低于 30% 时，需要及时充电，防止动力电池过度放电，对动力电池性能产生不良影响。

第五节
动力电池辅助元器件

动力电池内的辅助元器件主要包括动力电池系统内部的电子电气元件，如熔断器、继电器、分流器、接插件、紧急开关、烟雾传感器等，维修开关以及电子电气元件以外的辅助元器件，如密封条、绝缘材料等，如图 2-69 所示。

一、继电器

继电器主要包含主正继电器和主负继电器，主正继电器如图 2-70 所示，在普莱德电池中，主正继电器由 BMS 控制，主负继电器由 VCU 控制。继电器的作用是控制回路的通断。

二、预充继电器与预充电阻

预充继电器与预充电阻及控制电路如图 2-71 所示。

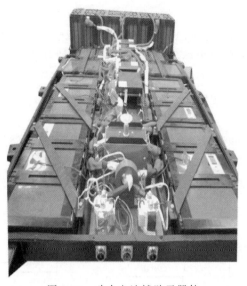

图 2-69　动力电池辅助元器件

主正继电器

主负继电器

电池模组

电池信息采集器

采集线束

负极接触器

正极接触器

图 2-70　主正继电器

　　新能源汽车的动力电池负载是电机，例如驱动电机、空调电机。这些电机的控制器内部都有电容，另外车载充电机、DC/DC 转换器等内部也有电容器。车辆断电时，电容会放电到零，此时的电容对直流电来讲是短路状态。如果直接把 370V 左右的直流电压加到电容上，瞬时的浪涌电流会烧毁母线，烧蚀继电器主触点，击穿电容器。为了避免此类事故发生，需要设置预充电阻和预充继电器。

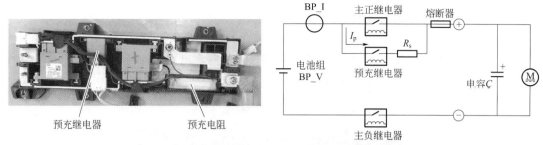

图 2-71　预充继电器与预充电阻及控制电路

　　预充继电器与预充电阻串联后，并联在正极母线继电器的两个主触点之间。动力电池初始上电阶段，不允许同时接通正、负极母线继电器，一般是先由整车控制器接通负极母线继电器，BMS 对高压母线绝缘检测合格、各个电池电压合格后，接通预充继电器，电流从正极母线经过预充电阻对负载中的电容器件先进行充电。当检测到电容的两端电压接近母线电压后，正极母线继电器再闭合，随后断开预充继电器，动力电池对外正式供电。

　　"预充流程"在充、放电初期闭合预充继电器进行预充电，预充完成后断开预充继电器。由 BMS 控制预充继电器闭合或断开。在充电模式给各单体电芯进行预充电，确定单体电芯无短路后闭合主正继电器。例如充电初期需要给各单体电芯进行预充电，确定单体电芯无短路；放电初期需要低电压、小电流给各控制器电容充电，当电容两端电压接近电池总电压时，闭合主正继电器。

知识拓展

　　设有预充电回路是因电路中电机控制器和空调压缩机控制器等含有电容，若没有预充电回路时，主正、主负继电器直接与电容 C 闭合，电池组为高压 300V 左右，电容 C 两端电压接近 0，相当于瞬间短路，负载电阻仅仅是导线及继电器触点电阻，主正、主负继电器很容易损坏。

　　加入预充继电器及预充电阻 R_s（R_s 取 100Ω），供电时，BMS 首先控制主负继电器、预充继电器闭合，主正继电器断开，接通瞬间，经 R_s 流入电容 C 的电流在预充继电器、主负继电器的容量范围内，回路安全；待电容 C 充电达到目标需求后，此时电容两端已存在较高电压（接近蓄电池电压），继电器两端压差也就较低，此时结合就没有大电流冲击，BMS 控制预充继电器断开，接合主正继电器，高压接入。

　　有些电机控制器厂家在控制器内部设有缓冲单元，即缓冲电阻，这和上述的预充继电器回路是一个原理，即供电瞬间先接入一个缓冲（预充）电阻，待负载电容充电到目标需求时，断开缓冲（预充）电阻，接通主正回路。

三、加热继电器与保险

　　加热继电器与保险如图 2-72 所示。加热继电器充电过程中，当电芯温度低于设定值时，BMS 控制加热继电器闭合，通过保险接通加热膜电路。

　　慢充时低于 0℃ 的温度点，启动加热模式：闭合加热片，待所有电芯温度点高于 5℃ 时，停止加热，启动充电程序，过程中出现电芯温度差高于 20℃ 时，则间歇停止加热，待加热片温度差低于 15℃ 时，则重启加热片。

① 加热过程中，正常情况下充电桩电流显示为4～6A。

② 充电过程中充电桩电流显示为12～13A。

③ 如果单体压差大于300mV，则停止充电，报充电故障。

④ 快充时小于等于5℃的温度点，启动加热模式：电芯温度数据与慢充相同；如果充电过程中最低温度小于等于5℃，则停止充电模式，也不重新启动加热模式。

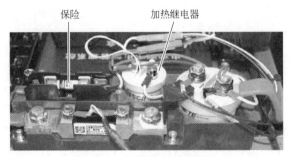

图 2-72　加热继电器与保险

知识拓展

加热过程只在充电时相应温度条件下工作，其他时间不工作；保险与加热膜串联在一起。

电芯的温度范围为0～55℃时才可以充电，当有温度点高于55℃或低于0℃时，BMS将自动切断充电回路，此时将无法充电。

充电前检测箱体内部温度，若有低于0℃的温度点，则启动加热模式：闭合加热片，进行加热内循环，待所有电芯温度点高于5℃时，停止加热，启动充电程序，在加热过程中出现加热片温度差高于20℃时，则间歇停止加热，待加热片温度差低于15℃时，则重启加热片。

由于磷酸铁锂的额定电压为3.2～3.3V，具有很高的安全性能及良好的循环寿命，因此其高温性能较好，低温充放电性能较差。在低温时充电对磷酸铁锂电池寿命有极大的影响，在低温时放电其放电容量及放电功率也有所下降，冬季低温时整车会出现续航里程低及动力性下降的现象。由于磷酸铁锂电池的特性，所以增加了加热继电器、加热电阻和加热片。表2-3所示为磷酸铁锂不同电芯温度下的充电性能。

表 2-3　磷酸铁锂不同电芯温度下的充电性能

电芯温度/℃	标准充电	快速充电	猛烈充电
<0	不允许充电	不允许充电	不允许充电
0～5	0.1C充电	不允许充电	不允许充电
5～10	0.1C充电	0.2C充电	不允许充电
10～25	0.2C充电	0.3C充电	不允许充电
25～45	0.5C充电	0.75C充电	允许电压低于3.65V时1.0C充电
45～50	0.1C充电		
>50	不允许充电		

四、电流传感器

高压母线还设置了电流检测器件，目前有串联在母线上的无感分流器和套装在母线外部的霍尔传感器，如图 2-73 所示。两种传感器都是把检测到的母线电流送到主控盒，用于控制母线输出不能过流，充电和能量回收时电流不能过大。

(a) 无感分流器   (b) 霍尔电流传感器

图 2-73 电流传感器

无感分流器在电阻的两端形成毫伏级的电压信号，作为监测总电流（型号：300A，75mV）。

注意：霍尔器元件是一种采用半导体材料制成的磁电转换器件。如果在输入端通入控制电流 I_c，当有磁场穿过该器件感磁面时，则在输出端出现霍尔电动势 U_H。

霍尔电动势 U_H 的大小与控制电流 I_c 和磁通密度 B 的乘积成正比，霍尔电流传感器是按照安培定律原理制成的，即在载流导体周围产生一个正比于该电流的磁场，而霍尔器件用于测量这个磁场。因此，电流的非接触测量成为可能。

通过测量霍尔电势的大小，间接测量载流导体电流的大小。因此，电流传感器经过了电-磁-电的绝缘隔离转换。

知识拓展

分流器用于测量直流电流的大小。它实际就是一个阻值很小的电阻，它是利用当直流电流通过电阻时在电阻两端产生电压的原理制成的，分流器广泛用于扩大仪表测量电流范围。无感分流器是指分流器的电感非常小，在特定频率范围内可以忽略。无感分流器主要利用构造上的特点，将电流产生的磁场互相抵消，减小分流器的电感值。

五、动力电池维修开关

维修开关设置在串联回路的中间，同时维修开关内部还有一个熔断器，如图 2-74 所示。假如回路电流过大，熔断器断开，当维修开关拔出时，高压回路呈开路状态。正极和负极母线对外部负载输出端分别接了继电器，只有正负极母线继电器都接通，才能对外供电或对电池充电。

在出现紧急情况、进行高压系统维修保养或进行电池维护安装时，能够及时断开手动维修开关，将电池包的电流断开，有效避免因为维修人员操作不当而引发的电击情况，保护维修人员安全。内部装有 250A 熔断器，保护高压系统安全。

注意：因涉及高压安全，故紧急维修开关的规范操作是非常重要的，不规范的操作不仅可能造成车辆故障，还有可能引起高压拉弧等危险。

（1）紧急维修开关操作规程

① 紧急维修开关是在特殊情况下才使用的，如车辆维修、漏电报警等情况。在非特殊

情况下不允许对紧急维修开关进行操作。

图 2-74　维修开关及安装位置

② 紧急维修开关的操作应由专业人员进行，操作人员应该进行过相关培训。

③ 操作时，操作人员必须穿戴必要的劳保用品，如绝缘手套、绝缘胶鞋等，其电压等级必须大于电池组的最高电压，用前需检查是否完好无损，确保安全。

④ 拔下紧急维修开关手柄后，必须妥善保管，直至检修完毕，避免错误操作。

⑤ 当拆开紧急维修开关后，必须等待至少10min方能进行维修操作，以确保高压线路的余电已释放，如果条件允许，建议等待时间为30min。

（2）维修开关操作步骤

① 拔下点火钥匙，必须将钥匙移到智能充电钥匙系统的探测范围外。

② 断开低压蓄电池负极端子。

③ 确认绝缘手套不漏气，并佩戴。

④ 断开紧急维修开关。

⑤ 将维修开关保存在自己的衣兜里。

⑥ 等待10min或更长时间，以便高压部件总成内部电容放电。

⑦ 进行维修操作。

六、高压惯性开关

1. 荣威电动汽车高压惯性开关

如果发生碰撞或突然冲击，其撞击加速度达到一定值时，会触发高压惯性开关打开，自动切除高压供电系统。组合仪表显示动力系统切断警告，此时车辆无法正常启动。

经过排除故障，确认安全后才可以进行复位操作。高压惯性开关位于手套箱右后方，固定于右侧A柱车身上。

高压惯性开关垂直安装，在其顶面上有一个重置按钮。在拆卸下手套箱后，可以用手触摸到。按下高压惯性开关顶部（图2-75中箭头）可使惯性开关重新复位。高压惯性开关控制电路如图2-76所示。

惯性开关动作现象：危险警告灯闪烁，室内灯点亮，动力系统故障警告灯点亮，高压电池包切断警告灯点亮，车辆准备就绪灯"READY"熄灭，门锁解锁。

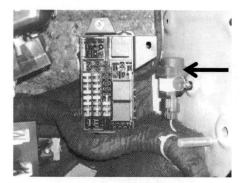

图 2-75　高压惯性开关

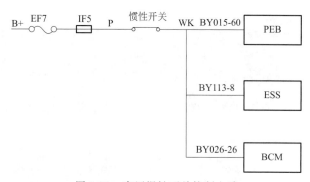

图 2-76　高压惯性开关控制电路

ESS—动力电池；BCM—车身控制模块；PEB—电力电子箱

2. 广汽传祺电动汽车高压惯性开关

惯性开关安装在后备厢左侧，在车辆发生碰撞时用于切断高压系统的供电，如图 2-77 所示。

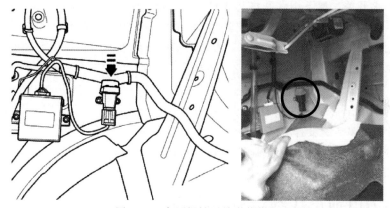

图 2-77　高压惯性开关安装位置

惯性开关由钢球、磁座、开关组成，正常情况下钢球被吸附在磁座上。当发生严重的碰撞时，钢球克服磁座的磁力，滚到一个锥形的滑道上并撞中目标盘，这样就打开了开关的电气接头。整车控制器检测到惯性开关电压变化后，将切断高压系统的供电。

注意：要使车辆恢复高压系统功能，必须手动将惯性开关复原。

第六节
动力电池的检修

一、动力电池维修安全注意事项

应特别重视维修动力电池的安全事项，首先应在保证人身安全的前提下，切断动力电池的高压电，必须遵循下列程序，如图 2-78 所示。

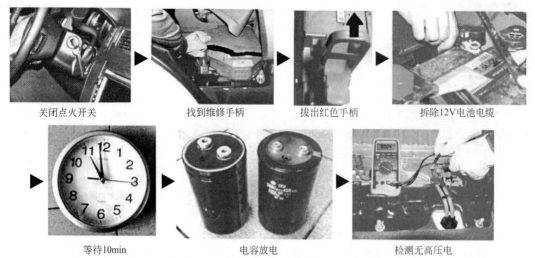

| 关闭点火开关 | 找到维修手柄 | 拔出红色手柄 | 拆除12V电池电缆 |
| 等待10min | 电容放电 | 检测无高压电 | |

图 2-78 维修动力电池组前的安全断电程序

① 关闭点火开关，取下钥匙并将其放置妥当，以避免意外启动。

② 打开后备厢，戴绝缘手套，拔出红色动力电池组的维修手柄。一般打开电动轿车后备厢盖后，就能发现很醒目的红色手柄，依要求按压维修手柄锁扣，用力拔出此维修手柄。

③ 切断车辆12V低压蓄电池的线路，拆除其负极端电缆，保证车上没有低压电，这时可听到动力电池高压继电器的释放声音。

④ 等待约10min后，让变频器中的高压电容自动放完电，再用万用表电压挡检测证明，动力电池组高压线端确实没有电压。

⑤ 再次分别检查动力电池的正负端，对地无电压或电压小于3V，这时方可进行动力电池组的相关检测和修理。

二、动力电池母线绝缘故障检测

1. 高压系统绝缘检测

当仪表报高压绝缘故障后，要做高压系统绝缘检测。

(1) 区分是动力电池的绝缘故障还是负载侧绝缘故障 钥匙置 OFF 挡，断开 12V 蓄电池负极，举升车辆，拔下动力电池低压控制插件，拔下动力母线接插件，对动力电池输出端以及负载端进行验电、放电再验电。然后，用绝缘检测仪检测负载端绝缘状况。

(2) 电池内部绝缘检测 负载端断开状况下，插上动力电池低压控制插件，蓄电池负极接通 12V 供电，启动钥匙置于 ON 挡，整车控制器（VCU）控制接通动力电池负极。对动力电池内部动力母线进行绝缘检测，如有故障，会上报整车控制器（VCU）并在仪表板上显示出来。这时仪表板上显示的是排除负载端之后，动力电池内部的绝缘情况。如报绝缘故障，则需要进一步检查电池内部高压路径。由于负载端断开，动力电池主控盒不会闭合正极母线继电器，对外不能供电。这时用绝缘检测仪检测负极母线绝缘状况，检测正极输出口到母线继电器的绝缘状况。

2. 直流母线电压故障检查步骤

(1) 检查直流高压接插件 断开维修开关，拔下高压接插件，用万用表测量控制器上高压接插件正极、负极对控制器外壳的阻值，一般大于 20MΩ。若正常，则进行下一步检查；

若异常，则检查高压电缆。

（2）检查高压输入信号　用万用表检查高压输入端，看是否在 480～500V 范围内。若在正常范围内，则驱动电机控制器故障；若小于 480V，则为外部输入异常，应检查电池系统和预充系统。

（3）高压配电箱故障判断

① 接触器异常检测：先判断接触器低压端是否同时满足吸合时所需的电压，即外围信号是否正常。若正常，判断为接触器异常；否则，需检查外围信号。

② 霍尔异常检测：车辆上电，测试霍尔电流传感器是否有 "＋15V" "－15V" 的电源，若电源正常，则测试霍尔信号（"1V" 对应 100A）并与电源管理器的当前电流进行对比，从而判断霍尔电流传感器正常与否。

③ 配电箱内高压保险的异常检测：在检查高压模块是否有高压输入时，先检查高压保险是否烧毁。保险的好坏，用万用表的通断挡进行检测。若导通，则保险正常；若不导通，则保险烧毁。需检查其负载是否正常，若不正常则进行更换。

三、动力电池漏电情况检测

1. 常见电池包漏电的故障诊断方法

一般故障表现形式：仪表 OK 灯不亮，仪表提示请检查动力系统，高压系统漏电故障。断开电池包与车身所有连接（正负极引出、采样线接口），闭合维修开关，万用表测试电池包各项步骤如下。

① 闭合高压维修开关。

② 使用万用表测量动力电池总电压 U。

③ 使用万用表测量正极与车身电压 U_1，如图 2-79 所示。

a. 将万用表选择直流 1000V 挡位，必须戴上绝缘手套检测。

b. 红表笔接电池正极端子，黑表笔接动力电池外壳搭铁位置。

④ 使用万用表测量负极与车身电压 U_2，如图 2-80 所示。

a. 将万用表选择直流 1000V 挡位，必须戴上绝缘手套检测。

b. 红表笔接动力电池负极端子，黑表笔接动力电池外壳搭铁位置。

图 2-79　用万用表测量正极与车身电压

图 2-80　用万用表测量负极与车身电压

⑤ 万用表笔更换为并联定值电阻表笔。

a. 将万用表挡位拨至电阻挡，测量一个定值电阻值 R。

b. 将红、黑表笔之间并联一个电阻，大约 100kΩ。

⑥ 将万用表挡位拨回直流电压挡，测量并联电阻后检测正极与车身 U_1 和 U_2 的电压，如图 2-81 所示。

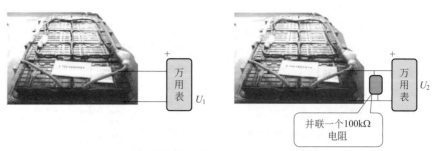

图 2-81　测量并联电阻后检测正极与车身 U_1 和 U_2 的电压

⑦ 测量并联电阻后，检测负极与车身电压 U_2。

⑧ 测量结束后必须断开维修开关，确保维修安全及高压保护。

⑨ 动力电池漏电的测量如图 2-82 所示。

(a) 正极对地266.4V

(b) 电阻值150kΩ

(c) 并联绝缘电阻正极对地133.5V

图 2-82　动力电池漏电的测量

2. 电池漏电测量

① 测量出正极对地电压为 266.4V。

② 测量出定值电阻为 150kΩ。

③ 测量出并联绝缘电阻正极对地电压为 133.5V。

④ 动力电池漏电的计算为

$$\frac{\dfrac{U_1-U_2}{U_2}R}{动力电池当前总电压}\geqslant 500\Omega/V \quad 不漏电$$

$$\frac{\dfrac{U_1-U_2}{U_2}R}{动力电池当前总电压}\leqslant 500\Omega/V \quad 漏电$$

$(266.4-133.5)\div133.5\times150000\div330\approx452.5(\Omega/V)<500(\Omega/V)(漏电)$

注意：长期存放不使用车辆时，请务必先充电至 100%；每隔 1 个月定期对动力电池进行充电，否则可能会引起动力电池过放，降低动力电池性能。

四、动力电池外部高压接插件的检查

（1）目的　为了保证动力电池高压接插件主正、主负继电器与高压控制盒连接可靠。

（2）要求　检查线束及接插件连接紧固状态，无松动、破损、腐蚀等问题。

（3）方式　目测、紧固。

（4）方法　检查动力电池外部高压接插件有无变形、松脱、过热、损坏的情况，如

图 2-83 所示。

① 检查用电器插件与线束插件是否对插，并检查是否对插到位。

② 检查线束与插针是否连接牢固，插针是否出现退针、弯曲等异常现象。

③ 根据电路图针脚定义检查插件线束位置是否正确，如发现问题应予以修理或更换。

图 2-83　检查动力电池外部高压接插件

五、动力电池主正与主负继电器性能的检查

动力电池主正与主负继电器如图 2-84 所示。

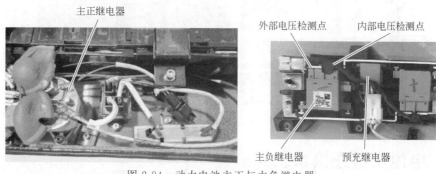

图 2-84　动力电池主正与主负继电器

（1）目的　防止继电器损坏，确保车辆正常上电。

（2）要求　用监控软件启动和关闭检查主正、主负继电器性能，保证高压正常上电。

（3）工具　万用表、笔记本、CAN 卡。

（4）方法　用监控软件启动和关闭主正、主负继电器。

① 将诊断线插到诊断接口上，然后转动车钥匙置于 ON 挡。

② 开启车辆诊断测试仪，按照屏幕上的显示进行操作，以启动所需功能。

（5）检测动力电池内部熔断器　用万用表二极管挡或电阻挡测量熔断器是否导通，如图 2-85所示。

（6）检测主正和主负继电器线圈电阻　用万用表检测主正和主负继电器的线圈电阻，如

图 2-85　测量熔断器是否导通

图 2-86 所示。

图 2-86 检测主正与主负继电器线圈电阻

（7）检测动力电池预充电加热电阻 用万用表欧姆挡检测加热电阻是否正常，如图 2-87 所示。

图 2-87 检测动力电池预充电加热电阻

六、电池模组连接状态的检查

（1）目的 防止电池模组螺栓松动。

（2）要求 确保电池模组电路连接可靠。

（3）工具 绝缘套筒及扭力扳手。

（4）方法 使用绝缘套筒扭力扳手紧固模组连接螺栓，检查完成后做好极柱绝缘，如图 2-88 所示。

图 2-88 检查电池模组连接状态

第七节
动力电池的拆装

一、人员防护用具

人员防护用具如表 2-4 所示。

表 2-4　人员防护用具

图片	名称	要求	用途
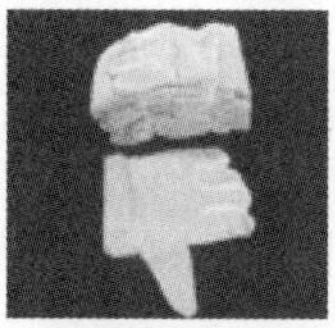	手套	帆布手套	拆卸螺钉等以及搬运物品过程中的手部防护
	绝缘鞋	耐压 1000V 以上	拆卸或解除高压部件时的脚部防护
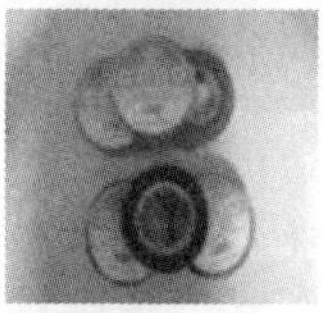	绝缘胶布	普通电工绝缘胶布	动力电池引出、维修开关、信号线接口处的防护
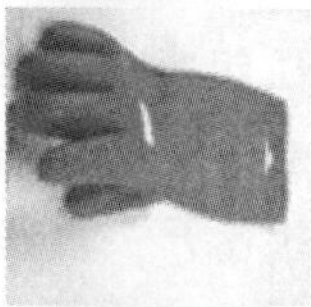	绝缘手套	耐压 1000V 以上	操作高压部件时的手、臂部的防护
	防护面罩	耐酸碱液腐蚀	拆卸有泄漏的动力电池时的面部防护

二、操作工具

操作工具如表 2-5 所示。

表 2-5　操作工具

图片	名称	要求	用途
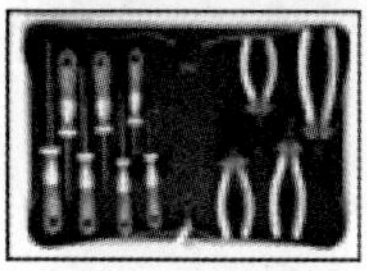	高压绝缘工具组件	耐压 1000V 以上	拆卸螺钉等

图片	名称	要求	用途
	举升机	汽修举升机	抬高车辆
	简易支架车	高度 1.2～1.4m,承重 1000kg	托住动力电池
	套筒扳手组件	常用的汽修工具	拆卸车辆零部件
	升降平台车	台面尺寸为 1800mm×800mm,抬升高度不低于 1.4m,承重 1000kg 以上	托住动力电池
	动力叉车	承重 300kg 以上,提升高度 1.5m 以上	移动动力电池

三、比亚迪 e5 液冷电池的拆卸

1. 拆卸动力电池包操作步骤

① 断开 12V 蓄电池电源负极。

② 拆开中台储物盒上盖,戴上绝缘手套,拔出维修开关,如图 2-89 所示。

注意:手动维修开关内部安装有高压电路的主熔丝和互锁的舌簧开关。拉起手动维修开关上的卡子锁止器可断开互锁,从而切断动力电池正负极继电器。为确保安全,务必将启动开关置于"OFF"位置,断开蓄电池负极接线柱,等待 10min 后再拆下手动维修开关。在执行任何检查或维护前,应先拆下手动维修开关,使高压电路在动力电池的中间位置切断,以确保维护期间的安全。

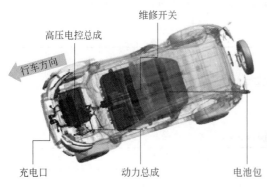

图 2-89 维修开关位置

③ 将车辆举升到合适的高度,使用专门的支撑支架托着电池包。

④ 拆除电池包前端底盘副车架上的加强杆，如图 2-90 所示。

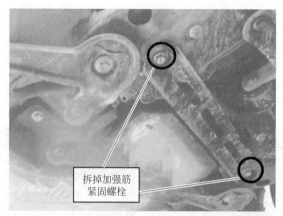

拆掉加强筋
紧固螺栓

图 2-90　拆除电池包前端底盘副车架上的加强杆

⑤ 拔掉动力电池包进出水口液冷管路接头，如图 2-91 所示。

(a) 拔掉液冷管路出口接头　　　　　　　　(b) 拔掉液冷管路进口接头

图 2-91　拔掉动力电池包进出水口液冷管路接头

⑥ 戴上绝缘手套，拔掉动力电池包端的低压接插件和高压接插件，如图 2-92 所示。

低压接插件　　　　　　　　高压接插件

图 2-92　拔掉动力电池包端的低压接插件和高压接插件

⑦ 使用 M18 套筒将电池包周边的 10 个紧固件拆掉，拆下动力电池包。

⑧ 使用举升设备将动力电池包托住；使用电池承托架的，将车辆举升后再将电池推出。

⑨ 将拆卸下来的动力电池包给销售部进行返修。

2. 安装动力电池包操作步骤

① 断开低压 12V 蓄电池负极。

② 拔掉维修开关，如图 2-93 所示。

③ 将电池包放到举升设备或是支撑托架上。

④ 使用导向杆使电池包安装点与车身对齐。

⑤ 安装电池包固定螺栓（10 个），螺栓力矩为 135N·m，要求拧完之后划上漆标，如图 2-94 所示。

图 2-93 拔掉维修开关

图 2-94 安装电池包固定螺栓

⑥ 安装动力电池包端低压线束接插件和高压接插件。

⑦ 接上液冷管路进出水口接插件，并划上漆标。

⑧ 从中台位置安装上维修开关，如图 2-95 所示。

图 2-95 安装上维修开关

⑨ 接上 12V 蓄电池负极。

⑩ 加注电池冷却液。

⑪ 重新标定 SOC，如图 2-96 所示。

注意：更换完电池管理器后一定要进行容量标定；若不记得原电池的 SOC，则标定成 50%，然后进行充电至满电跳枪为止。

⑫ 上电确认，车辆无故障则返修完毕。

⑬ 入库车辆要求 SOC≥30%，如 SOC＜30% 则需要进行充电。

3. 电池冷却系统维修保养售后排气说明

在拆装电池冷却系统回路中的动力电池包、电池热管理电动水泵，更换电池冷却管路等零部件后，需对电池热管理系统加注适量的、规定的冷却介质，且需按照如下步骤进行系统排气。

① 整车上 OK 挡电，接上 VDS，进入电池热管理控制器主动测试界面，将电池热管理电动水泵设置为"开启"。

② 打开前舱盖，观察前舱左后电池包液罐的口中是否有连续的水流喷出：若喷出的水流为间断的，则继续排气，直至喷出的水流为连续状态，且在排气口水流喷射连续状态下持续排气 3～5min 后结束系统排气；若无水流喷出，查看壶里面是否有冷却液，若没有则适量加注一些规定的冷却液待观察，若有则将电池热管理电动水泵按"工作 3min""停止工作 1min"的周期进行排气，直至有水流喷出。

(a) 点击控制单元

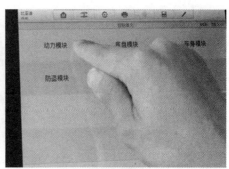

(b) 选择动力模块

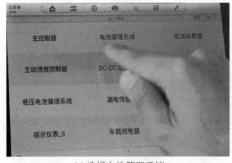

(c) 选择电池管理系统

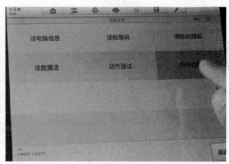

(d) 选择特殊功能

(e) 选择动力电池的SOC

(f) 选择容量并选择确定，标定完成

图 2-96　动力电池标定

③ 在排气过程中或排气完成后，检查电池冷却系统是否漏液。

④ 排气完成后，观察壶内的液位，若液位低于 max 线，则需要进行补液，让电池冷却介质液位接近 max 线。

> **知识拓展**
>
> **北汽 EU260/300/400 车型快换锁及快换提示原理**
>
> 北汽 EU260/300/400 车型快换装置控制系统结构如图 2-97 所示。
>
> ① 确保快换锁电池包与快换锁支架安装可靠，若快换锁未锁到位，则整车控制器发出下电指令，禁止车辆启动行驶。
>
> ② 当在执行快换电池时，整车控制器强制动力电池下电，确保零负荷换电。
>
> ③ 有两个霍尔传感器串联在一起监控快换锁的状态，当 VCU 监测到高电位时切断动力电池高压输出，其原理如图 2-98 所示。

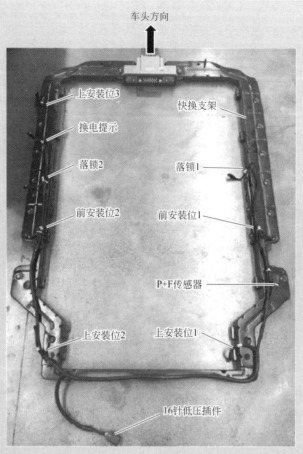

车头方向

上安装位3
换电提示
落锁2
前安装位2
上安装位2

快换支架
落锁1
前安装位1
P+F传感器
上安装位1

16针低压插件

图 2-97　北汽 EU260/300/400 车型快换装置控制系统结构

④ 在车辆底盘左侧快换支架上有一个快换提示传感器，当有磁体接近快换提示传感器时，传感器输出 0V 信号， VCU 监测到 0V 信号后立即发出指令, 切断动力电池主继电器，强制下电，其原理如图 2-99 所示。

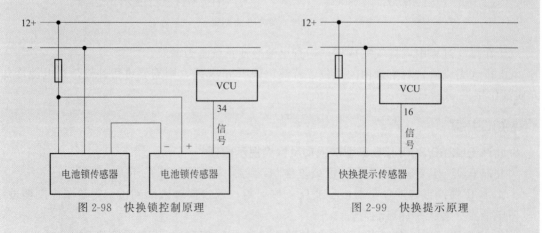

图 2-98　快换锁控制原理

图 2-99　快换提示原理

⑤ 快换接口是动力电池与高压系统的便捷连接器，车身端接口的针脚带有弹性，保证与电池端良好连接，如图 2-100 所示。快换接口端子含义见表 2-6。

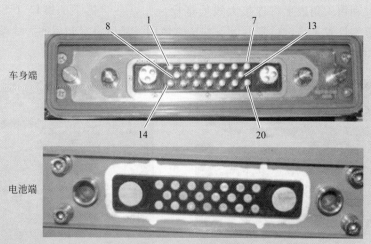

图 2-100　快换接口

表 2-6　快换接口端子含义

针脚编号	功能	备注	CATL 连接器编号
5	VCU 继电器控制信号	VCU 发送给 BMS	5
1	BMS 供电正	常电	1
2	BMS 供电负	常电	2
3	继电器供电正	如有风机,可用于风机供电,常电	3
4	继电器供电负		4
6	VCU 唤醒信号	VCU 唤醒 BMS	6
9	CAN1_SHIELD		
10	CAN1_H	EVNUS	10
11	CAN1_L		11
14	CAN2_H	FCBUS	14
15	CAN2_L		15
12	CAN3_H	INBUS	12
13	CAN3_L		13
16	CAN2_SHIELD		

四、动力电池模块的拆卸

① 根据电池检测仪器显示的故障电芯采样点，对应电芯位置示意图确定故障电芯位置及需要拆卸的电池模块。

② 用斜口钳子将电池模块连接大线端部固定护套的扎带剪断，如图 2-101 所示，并置于指定位置内，利用六角扳手将连接大线处螺栓旋出，并将拆下的螺栓（图 2-102）、平弹垫、端部护套等零件置于指定位置，以备安装时使用。最后将拆卸后的大线端部用绝缘胶带进行防护，如图 2-103 所示。

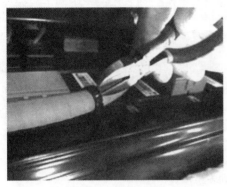
图 2-101　剪断扎带

图 2-102　拆卸螺栓

③ 拆卸故障电芯所在模块上的采集单元及连接线束，并将拆卸后的采集单元螺栓、紧固辅料等零件置于指定位置，如图 2-104 所示。最后用绝缘胶带将线束固定到原来操作区域的位置，以免操作时对线束造成意外损坏。

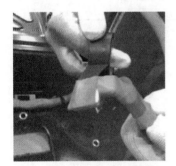
图 2-103　进行绝缘保护

图 2-104　拆卸采集单元

④ 如图 2-105 所示拆卸电池模块压板，如图 2-106 所示利用拆装工具将固定螺栓旋出，并置于指定容器。将电池模块移出箱体，置于指定操作位置。

图 2-105　拆卸电池模块压板

五、最小电池单体的拆卸

① 将故障电池处上盖拆下，然后利用十字螺丝刀将采样线固定螺栓拆下，并将其置于指定位置，如图 2-107 所示。

② 利用工具将故障电芯连接排紧固件旋出，拆下连接排，将连接排、平垫、弹垫置于指定位置，如图 2-108 所示。

③ 依次将故障电芯的上护套和下护套拆下，如图 2-109 所示。拔出连接片，如图 2-110 所示。如果连接片折断在护套安装孔内，需用斜口钳子对上下护套安装口进行清洁。

④ 记录故障电芯条码、故障现象、更换时间等信息后，将其置于容器内，以备返厂维修。

图 2-106 利用拆装工具将固定螺栓旋出

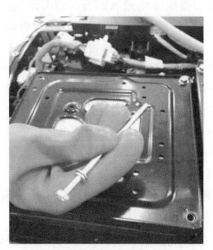

图 2-107 拆卸动力电池盖

图 2-108 拆卸连接固件

图 2-109 拆卸上护套和下护套

图 2-110 拔出连接片

第八节
动力电池故障诊断

一、动力电池系统的常见故障

1. 动力电池系统的故障等级及故障显示

（1）动力电池系统的故障等级

① 一级故障（非常严重）：动力电池上报该故障一段时间后会造成整车出现安全事故，如起火、爆炸、触电等，动力电池正常工作时不会上报该故障，BMS 一旦上报该故障则表明动力电池处于严重故障状态。例如电池内部短路、温度过高；请求其他控制器立即（1s 内）停止充电或放电。

② 二级故障（严重）：动力电池上报该故障会造成整车进入跛行、暂时停止能量回馈、停止充电，动力电池正常工作时不会上报该故障，BMS 一旦上报该故障则表明动力电池某些硬件出现故障或动力电池处于非正常工作的条件下。例如 BMS 内部通信故障、绝缘电阻过低；请求其他控制器在一定的延时时间内停止充电或者放电。

③ 三级故障（轻微）：动力电池上报该故障对整车无影响或不同程度地造成整车进入限功率行驶状态，动力电池正常工作状态可能上报该故障，BMS 一旦上报该故障则表明动力电池处于极限环境温度下或单体动力电池一致性出现一定劣化等。动力电池性能下降，动力电池管理系统降低最大允许充放电电流，例如单体电压欠电压，温度不均衡。

（2）故障显示　纯电动汽车故障灯大多数都是与普通汽车故障灯一样的，分为指示灯、警告灯、指示/警告灯三类。纯电动汽车故障灯同样用颜色代表故障程度：红色表示危险/重要提醒，黄色表示警告/故障，绿色/蓝色/白色表示指示/确认启用。

⬚：动力电池断开指示灯。它表示动力电池不能提供动力来源，动力已经切断，需要及时维修。

⬚：动力电池故障指示灯。它表示动力电池可能存在故障，此时需要慢速行驶，及时维修，如果感觉到明显的故障，最好不要行车，申请救援。

⬚：动力电池绝缘故障指示灯。它表示动力电池出现绝缘性能降低情况，需要及时维修。

2. BMS 故障分析方法

（1）观察法　当系统发生通信中断或控制异常时，观察系统各个模块是否有报警，显示屏上是否有报警图标，再针对得出的现象一一排查。

（2）故障复现法　车辆在不同条件下出现的故障是不同的，在条件允许的情况下，尽可能在相同条件下让故障复现，对问题点进行确认。

（3）排除法　当系统发生类似干扰现象时，应逐个去除系统中的各个部件，来判断是哪个部分对系统造成的影响。

（4）替换法　当某个模块出现温度、电压、控制等异常时，调换相同的模块，来诊断是模块问题或线束问题。

（5）环境检查法　当系统出现故障时，如系统无法显示，先不要急于进行深入的考虑，因为往往会忽略一些细节问题。首先应该看看那些显而易见的现象：如有没有接通电源？开关是否已打开？是不是所有的接线都连接上了？或许问题的根源就在其中。

（6）程序升级法　当新的程序烧录后出现不明故障，导致系统控制异常，可与烧录前一版程序进行比对，来进行故障的分析处理。

（7）数据分析法　当 BMS 发生控制或控制相关故障时，可对 BMS 存储数据进行分析，对 CAN 总线中的报文内容进行分析。

3. BMS 常见故障分析

（1）系统供电后整个系统不工作

① 可能原因：供电异常，线束短路或是断路，DC/DC 转换器无电压输出。

② 故障排除：检查外部电源给管理系统供电是否正常，是否能达到管理系统要求的最低工作电压，看外部电源是否有限流设置，导致给管理系统的供电功率不足；可以调整外部电源，使其满足管理系统的用电要求；检查管理系统的线束是否有短路或是断路，对线束进行调整，使其工作正常；外部供电和线束都正常，则查看管理系统中给整个系统供电的 DC/DC 转换器是否有电压输出；如有异常则可更换坏的 DC/DC 转换器。

（2）BMS 不能与 ECU 通信

① 可能原因：BMU（主控模块）未工作，CAN 信号线断线。

② 故障排除：检查 BMU 的电源 12V/24V 是否正常；检查 CAN 信号传输线是否退针或插头未插；监控 CAN 端口数据，是否能够收到 BMS 或者 ECU 数据包。

（3）BMS 与 ECU 通信不稳定

① 可能原因：外部 CAN 总线匹配不良，总线分支过长。

② 故障排除：检测总线匹配电阻是否正确；匹配位置是否正确，分支是否过长。

（4）BMS 内部通信不稳定

① 可能原因：通信线插头松动，CAN 走线不规范，BIC 地址有重复。

② 故障排除：检测接线是否松动；检测总线匹配电阻是否正确，匹配位置是否正确，分支是否过长；检查 BIC 地址是否重复。

（5）绝缘检测报警

① 可能原因：电池或驱动器漏电，绝缘模块检测线接错。

② 故障排除：使用 BDU 显示模块查看绝缘检测数据，查看电池母线电压、负母线对地电压是否正常；使用绝缘电阻表分别测量母线和驱动器对地绝缘电阻。

（6）上电后主继电器不吸合

① 可能原因：负载检测线未接，预充继电器开路，预充电阻开路。

② 故障排除：使用 BDU 显示模块查看母线电压数据，查看电池母线电压、负载母线电压是否正常；检查预充过程中负载母线电压是否上升。

（7）采集模块数据为 0

① 可能原因：采集模块采集线断开，采集模块损坏。

② 故障排除：重新拔插模块接线，在采集线插头处测量电池电压是否正常，在温度传感器线插头处测量阻值是否正常。

（8）电池电流数据错误

① 可能原因：霍尔信号线插头松动，霍尔传感器损坏，采集模块损坏。

② 故障排除：重新拔插电流霍尔传感器信号线；检查霍尔传感器电源是否正常，信号输出是否正常；更换采集模块。

（9）电池温差过大

① 可能原因：散热风扇插头松动，散热风扇故障。

② 故障排除：重新拔插风扇插头线；给风扇单独供电，检查风扇是否正常。

（10）电池温度过高或过低

① 可能原因：散热风扇插头松动，散热风扇故障，温度探头损坏。

② 故障排除：重新拔插风扇插头线；给风扇单独供电，检查风扇是否正常；检查电池实际温度是否过高或过低；测量温度探头内阻。

（11）继电器动作后系统报错

① 可能原因：继电器辅助触点断线，继电器触点粘连。

② 故障排除：重新拔插线束；用万用表测量辅助触点通断状态是否正确。

（12）不能使用充电机充电

① 可能原因：充电机与 BMS 通信不正常。

② 故障排除：更换一台充电机或 BMS，以确认是 BMS 故障还是充电机故障；检查 BMS 充电端口的匹配电阻是否正常。

（13）车载仪表无 BMS 数据显示

① 可能原因：主控模块线束连接异常。

② 故障排除：检查主控模块线束是否连接完备，是否有正常的低工作电压，该模块是否工作正常。

（14）部分电池箱的检测数据丢失

① 可能原因：整车部分接插件可能接触不良，或者 BMS 从控模块不能正常工作。

② 故障排除：检查接插件接触情况，或更换 BMS 模块。

（15）SOC 异常

① 现象：SOC 在系统工作过程中变化幅度很大，或者在几个数值之间反复跳变；在系统充放电过程中，SOC 有较大偏差；SOC 一直显示固定数值不变。

② 可能原因：电流不校准；电流传感器型号与主机程序不匹配；电池长期未深度充放电；数据采集模块采集跳变，导致 SOC 进行自动校准。

SOC 校准的两个条件：达到过充保护；平均电压达到××V 以上。电池一致性较差，过充时，第二个条件无法达到。通过显示查看电池的剩余容量和总容量；电流传感器未正确连接。

③ 故障排除：在触摸屏配置页面里校准电流；更改主机程序或者更换电流传感器。对电池进行一次深度充放电；更换数据采集模块，对系统 SOC 进行手动校准，建议客户每周做一次深度充放电；修改主机程序，根据客户实际情况调整"平均电压达到××V 以上"这个条件中的××V。设置正确的电池总容量和剩余容量；正确连接电流传感器，使其工作正常。

（16）BIC 电压采集不准

① 可能原因：电池组 PACK 后没有校准。

② 故障排除：重新校准，误差较大时检测线束是否有接触不良情况。

二、动力电池系统故障案例

1. 比亚迪电动汽车行驶中电量不下降、充电不上升故障

（1）故障现象　比亚迪电动汽车偶发性出现行驶中电量不下降且充电时电量不上涨。

（2）原因分析

① BMS故障。

② 高压电控（霍尔电流传感器）故障。

③ 电流传感器线路故障。

（3）维修过程

① 怀疑BMS故障，更换BMS后故障依旧存在。

② 行驶中电量不下降，充电时电量不上涨，观察BMS当前总电流数据几乎一直为0，于是怀疑霍尔电流传感器或线束故障，初步查看线束未发现异常。

③ 更换高压电控总成，故障依旧。

④ 只能再从线束上下手，仔细检查从高压电控至BMS之间线路，发现高压电控33Pin接插件的第18号、第33号针脚退针，检修处理后故障排除，如图2-111和图2-112所示。

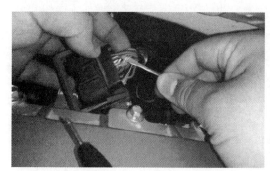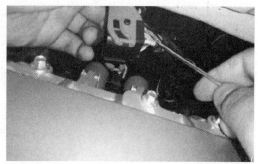

图2-111　检修故障处

（4）维修小结　处理此类故障，必须清楚SOC变化原理：BMS监测电池包电量是根据电流霍尔传感器检测到的电流变化信号，在BMS内部按照特定的计算方法折算成SOC值的变化，BMS和仪表进行通信，将SOC值显示在仪表上。使用原理图进行分析能帮助更快地找到故障点。

2. 比亚迪电动汽车行驶中仪表提示"请检查动力系统"故障

（1）故障现象　比亚迪电动汽车行驶中仪表提示请检查动力系统，OK灯亮，车辆可以行驶。

（2）原因分析

① 高压系统故障。

② 线束故障。

③ BMS故障。

（3）维修过程

① 利用诊断仪器读取车辆故障码，BMS报一般漏电，故障码无法清除，如图2-113所示。

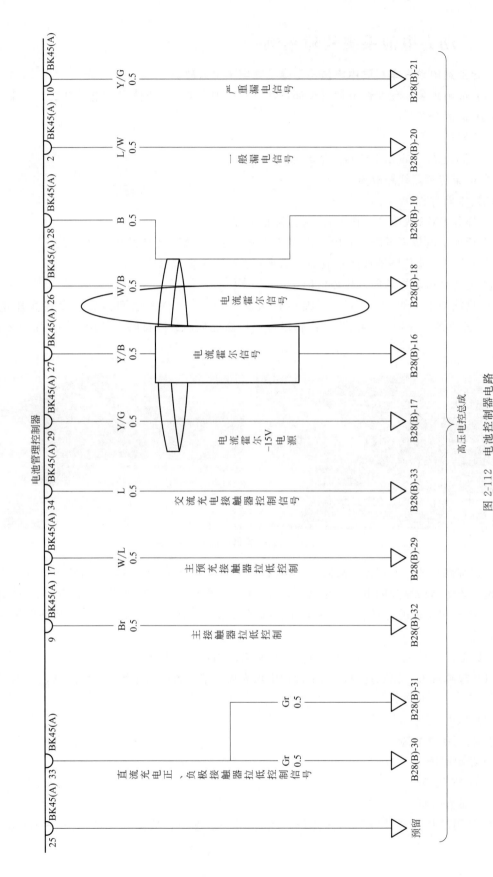

图 2-112　电池控制器电路

图 2-113　读取车辆故障码

② 检查各个高压系统，断开 PTC 加热器加热模块高压插头（图 2-114），短接 PTC 加热器高压互锁端子后，车辆可以上电，系统不再报漏电故障，仪表无故障信息提示。

图 2-114　断开 PTC 加热器加热模块高压插头

③ 更换 PTC 加热器加热模块，故障排除。

（4）维修小结

① BMS 报一般漏电，车辆可以行驶；报严重漏电，车辆无法行驶。

② 判定一个高压模块或高压线束漏电时，尽量再将高压模块或线束插头插上去，确认故障是否再现，避免对零部件误判。

③ PTC 加热器正极或负极对地绝缘阻值一般为 1MΩ 以上。

第三章
驱动电机

第一节
驱动电机的结构与类型

一、驱动电机的结构

驱动电机系统是纯电动汽车三大核心部件之一,是车辆行驶的主要执行机构,其特性决定了车辆的主要性能指标,直接影响车辆动力性、经济性和用户驾乘感受。可见,驱动电机系统是纯电动汽车中十分重要的部件。

驱动电机系统由驱动电机和驱动电机控制器(MCU)构成,通过高低压线束、冷却管路,与整车其他系统进行电气和散热连接,如图 3-1 所示。

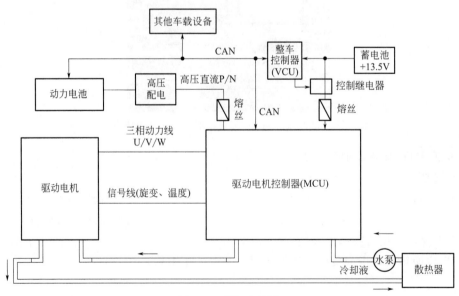

图 3-1　系统连接图

整车控制器(VCU)根据驾驶员意图发出各种指令,驱动电机控制器响应并反馈,实时调整驱动电机输出,以实现整车的怠速、前行、倒车、停车、能量回收以及驻坡等功能。驱动电机控制器的另一个重要功能是通信和保护,实时进行状态和故障检测,保护驱动电机系统和整车安全可靠运行。驱动电机系统技术指标参数见表 3-1。

表 3-1 驱动电机系统技术指标参数

部件	技术指标	参数
驱动电机	类型	永磁同步
	基速	2812r/min
	转速范围	0～9000r/min
	额定功率	30kW
	峰值功率	53kW
	额定扭矩	102N·m
	峰值扭矩	180N·m
	质量	45kg
	防护等级	IP67
	尺寸(定子直径×总长)	(ϕ)245mm×(L)280mm
控制器	直流输入电压	336V
	工作电压范围	265～410V
	控制电源	12V
	控制电源电压范围	9～16V
	标称容量	85kV·A
	质量	9kg
	防护等级	IP67

北汽 C33DB 驱动电机采用永磁同步电机（PMSM），如图 3-2 所示。它具有效率高、体积小、重量轻及可靠性高等优点，是动力系统的重要执行机构，是电能与机械能转化的部件，且自身的运行状态等信息可以被采集到驱动电机控制器中。

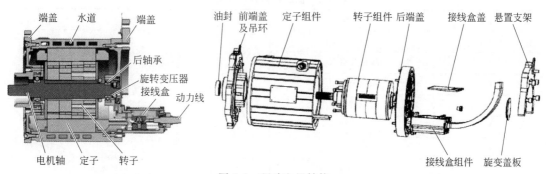

图 3-2 驱动电机结构

依靠以下内置传感器来提供电机的工作信息，如图 3-3 所示。

（1）旋变传感器 即旋转变压器传感器，用以检测电机转子位置，控制器解码后可以获知电机转速。

（2）温度传感器 用以检测电机的绕组温度，控制器可以保护电机避免过热。

旋变传感器检测电机转子位置，经过电机控制器内旋变解码器解码后，电机控制器可获知电机当前转子位置，从而控制相应的 IGBT 功率管导通，按顺序给定子的 3 个线圈通电，驱动电机旋转。温度传感器可检测电机绕组温度信息，并提供给 MCU，再由 MCU 通过

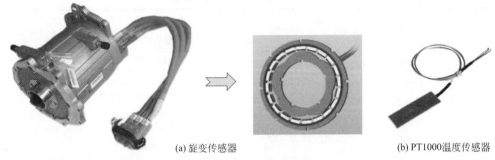

(a) 旋变传感器   (b) PT1000温度传感器

图 3-3 电机内置传感器

CAN 线传给整车控制器（VCU），进而控制水泵工作、水路循环和冷却电子扇工作，调节电机温度。驱动电机上有 1 个低压接口和 3 个高压（V、U、W）接口，如图 3-4 所示。

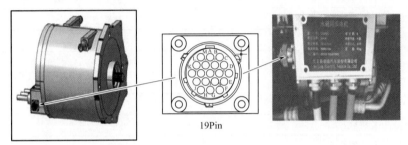

19Pin

图 3-4 电机接线端口

低压接口各端子定义如表 3-2 所示，电机控制器也正是通过低压接口获取电机温度信息和电机转子当前位置信息的。

表 3-2 低压接口各端子定义

编号	信号名称	说明
A	激励绕组 R_1	电机旋变传感器接口
B	激励绕组 R_2	
C	余弦绕组 S_1	
D	余弦绕组 S_3	
E	正弦绕组 S_2	
F	正弦绕组 S_4	
G	THO	电机温度传感器接口
H	TLO	
L	$HVIL_1(+L_1)$	高低压互锁接口
M	$HVIL_2(+L_2)$	

二、驱动电机的类型

电机是一种设备，通过这种设备可以将电能转换为机械能，也可以将机械能转换为电能。根据转换能量的不同，被称为电动机（将电能转换为机械能）或发电机（将机械能转换为电能）。电机使用了磁极同性相斥、异性相吸的原理。通过电流产生至少一个磁场。电机一方面可以根据电流进行分类，例如直流、交流或交流三相电机；另一方面也可根据工作原理分类，如图 3-5 所示。

1. 三相电流同步电机

三相电流同步电机是一种电动机械式转换器，可作为由三相电流驱动的电动机或产生三相电流的发电动机使用。在发电站中同步电机主要作为可以产生电能的发电机使用。在车辆中同步电机也可作为发电机为电子用电器提供电能，为蓄电池充电。如今在中等功率范围内很少使用同步电机，但是这种情况即将改变，因为在混合动力车辆上将会大量使用同步电机，如图 3-6 和图 3-7 所示。

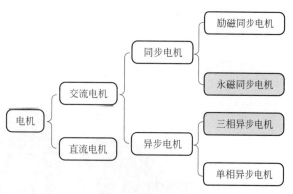

图 3-5　电机的分类

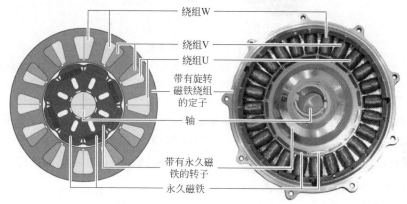

图 3-6　三相电流同步电机内部结构

图 3-7　奥迪 Q5 三相电流同步电机结构

同步电机通常采用内极电机的设计。此外还有另外一种型号的电机，这种电机的定子绕组安装在电机内部，而带有永久磁铁的转子则安装在电机外部，这种设计被称为带有外部转子的电机，如图 3-8 所示。

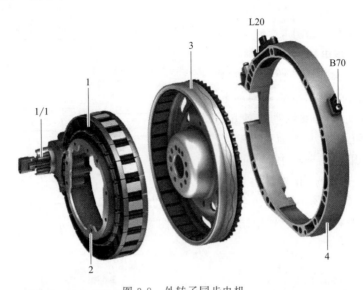

图 3-8　外转子同步电机

1—带线圈的定子；1/1—电气螺纹连接和温度传感器连接器；2—定子架；3—带增量环和位置
传感器轨的转子；4—中间壳体；B70—曲轴霍尔传感器；L20—转子位置传感器

同步电机的工作原理：如果在定子的绕组上施加一个三相电流，就会产生相应的旋转磁场；转子的磁极随着该旋转磁场的方向进行相应的转动，这样就可以使转子转动。转子转动的速度与旋转磁场的转速相同，该转速也被称为同步转速，同步电机也因此得名。通过三相电流的频率和极点数量精确规定了同步电机的转速。

2. 三相异步电机

三相异步电机可以作为电动机或发电机使用。异步电机的特点是不为转子直接提供电流，而是通过与定子旋转磁场的磁场感应产生转子磁场。因为转子使用了定子旋转磁场产生的感应电流，所以通常异步电机也被称为感应式电机。转子通常采用带有后端短路导体棒的圆形罐笼，如图 3-9 所示。

异步电机具备变频调速的能力，其效果相当于装配无级变速器的车辆加速时发动机转速与车速线性的对应的关系。

交流电机的工作原理：通电绕组在旋转磁场里转动。

电机中的定子和转子并不接触，其工作原理应用到两大电磁定律：法拉第定律和楞次定律。

当定子上缠绕的绕组通上交流电后，由于交流电的特性，定子绕组就会产生一个旋转的电磁场。

转子上的绕组是一个闭环导体，它处在定子的旋转电磁场中，就相当于在不停地切割定子的磁感应线。根据法拉第定律，闭合导体的一部分在磁场里做切割磁感应线的运动时，导体中就会产生电流，而这个电流又会形成一个电磁场。这样，在电机中就有了两个电磁场：一个是接通外部交流电后而产生的定子电磁场；另一个是因切割定子电磁场的磁感应线而产生电流后形成的转子电磁场。根据楞次定律，感应电流的磁场总要反抗引起感应电流的原因（转子绕组切割定子电磁场的磁感应线），也就是尽力使转子上的导体不再切割定子电磁场的

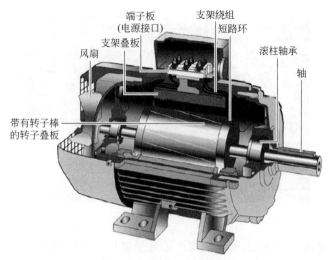

图 3-9　异步电机的结构

磁感应线，这样的结果就是：转子上的导体会"追赶"定子的旋转电磁场，也就是使转子跟着定子旋转电磁场旋转，最终使电机开始旋转。

由于转子总是在"追赶"定子电磁场的旋转，并且为了能够切割磁感应线而产生感应电流，转子的转速总要比定子电磁场的转速慢一点（为 2%～5%），也就是异步运行，所以才将这种产生感应电流的电机称为交流异步电机，如图 3-10 所示。

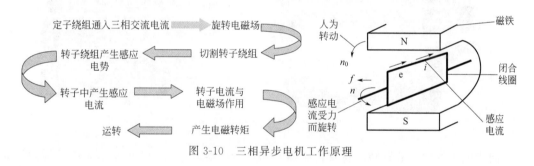

图 3-10　三相异步电机工作原理

3. 永磁同步电机

永磁同步电机是用永久磁铁取代他励同步电机的转子励磁绕组，将磁铁插入转子内部，形成同步旋转的磁极。永磁同步电机的定子与普通感应电机的定子结构非常相似，如图 3-11 所示，转子上不再用励磁绕组、集电环和电刷等来为转子输入励磁电流，输入定子的是三相正弦波电流，这种电机称为永磁同步电机。

在交流异步电机中，转子磁场的形成要分两步：第一步是定子旋转磁场先在转子绕组中感应出电流；第二步是感应电流再产生转子磁场。在楞次定律的作用下，转子跟随定子旋转磁场转动，但又"永远追不上"，因此才称其为异步电机。如果转子绕组中的电流不是由定子旋转磁场感应的，而是自己产生的，则转子磁场与定子旋转磁场无关，而且其磁极方向是固定的，那么根据同性相斥、异性相吸的原理，定子的旋转磁场就会拉动转子旋转，并且使转子磁场及转子与定子旋转磁场"同步"旋转，这就是同步电动机的工作原理。

根据转子自生磁场产生方式的不同，又可以将同步电机分为两种：一是将转子绕组通上

图 3-11 永磁无刷直流电机

外接直流电（励磁电流），然后由励磁电流产生转子磁场，进而使转子与定子磁场同步旋转，这种由励磁电流产生转子磁场的同步电机称为励磁同步电机；二是在转子上嵌上永久磁体，直接产生磁场，省去了励磁电流或感应电流的环节，这种由永久磁体产生转子磁场的同步电机，就称为永磁同步电机，如图 3-12 所示。

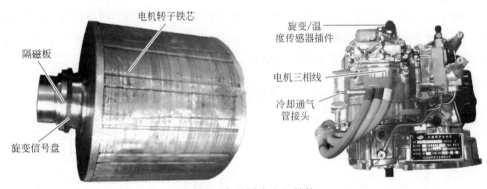

图 3-12 永磁同步电机结构

在同步电机的轴上装置转子位置传感器和速度传感器，它们产生的信号是驱动控制器的输入信号。永磁同步电机具有功率密度高、调速范围宽、效率高、性能更加可靠、结构更加简单、体积小的优点。与相同功率的其他类型的电机相比较，永磁同步电机更加适合作为EV、FCEV 和混合动力汽车的驱动电机。

4. 开关磁阻电机

开关磁阻电机应用于许多潜在的领域，在各种需要调速和高效率的场合均能得到广泛使用（电动车驱动、通用工业、家用电器、电力传动等各个领域）。

① 结构简单，价格便宜，电机的转子没有绕组和磁铁。

② 电机转子无永磁体，允许较高的温升。由于绕组均在定子上，电机容易冷却。效率高，损耗小。

③ 转矩方向与电流方向无关，只需单方向绕组电流，每相一个功率开关，功率电路简单可靠。

④ 转子上没有电刷，结构坚固，适用于高速驱动。

⑤ 转子的转动惯量小，有较高转矩惯量比。

⑥ 调速范围宽，控制灵活，易于实现各种再生制动能力。

⑦ 可频繁启动（1000 次/h），能够在正反向运动的特殊场合使用。

⑧ 启动电流小，启动转矩大，低速时更突出。

⑨ 电机的绕组方向为单方向，电力控制电路简单，具有较高的经济性和可靠性。

⑩ 可通过机电的统一协调满足各种特殊使用要求。

电动车辆 P 挡电机为开关磁阻电机，属于步进电机的范畴，该电机内部由叶轮和摆轮等部件组成，叶轮每旋转 60 圈，摆轮旋转 1 圈，摆轮通过花键与锁止机构相连将变速器锁止。

开关磁阻电机的结构如图 3-13 所示。

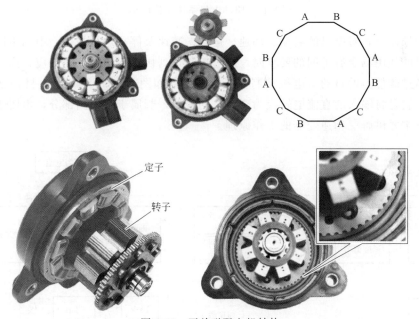

图 3-13　开关磁阻电机结构

第二节
驱动电机的工作原理

一、驱动电机系统的工作原理

在驱动电机系统中，驱动电机的输出动作主要是执行控制单元给定的命令，即控制器输出命令。控制器主要是将输入的直流电逆变成电压、频率可调的三相交流电，供给配套的三相交流永磁同步电机使用，其工作原理如图 3-14 所示。

新能源汽车永磁同步电机控制系统组成框图如图 3-15 所示。在控制方法中，磁场定向控制（FOC）和直接转矩控制（DTC）作为交流电机的两种高性能控制策略，在实际中得到了广泛的应用。最初仅用于异步电机的控制，现在已经被扩展到三相交流同步电机、永磁

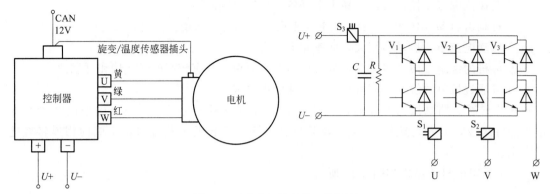

图 3-14　驱动电机系统工作原理

同步电机的控制上，对电机的启动、加速、运转、减速及停止进行控制。根据不同类型的电机及对电机的使用场合有不同的要求时，通过控制达到快速启动、快速响应、高效率、高转矩输出及高过载能力的目的。电机控制器三相逆变器如图 3-16 所示，是电机控制中非常重要的部分，它是将输入的直流电转换为交流电的装置，既属于主回路部分，也属于控制执行部分，以下主要讲解三相逆变器的工作原理。

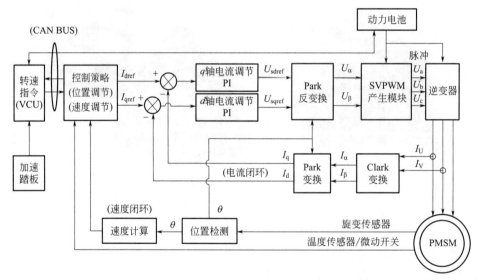

图 3-15　新能源汽车永磁同步电机控制系统组成框图

图 3-16　电机控制器三相逆变器

逆变器的内部结构，也就是主回路电路，如图 3-17 所示，由 6 个 IGBT（绝缘栅双极型晶体管）组成，每一相输出线和正负直流母线之间各连接一个 IGBT 功率管。连接正极母线的 IGBT 与输出端节点被称为"上桥臂"，连接负极母线的 IGBT 与输出端节点被称为"下桥臂"，每一相的上、下桥臂统称为"半桥"。6 个 IGBT 的序号一般为 $T_1 \sim T_6$（或 $VD_1 \sim VD_6$），第一相的上桥臂是 T_1（或 VD_1），其他的 IGBT 所对应的位置都可以从 PWM 的坐标图里去找。

为了能够将输入的直流电变成交流电，6 个 IGBT 会从 $T_1 \sim T_6$（$VD_1 \sim VD_6$）依序循环地导通和关闭，并依次间隔 60° 顺序导通（或关断）。U/V/W 三相的相位差为 120°，这也

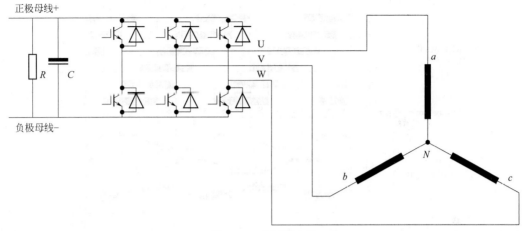

图 3-17　主回路电路

就意味着和第一相（U 相）上桥臂导通（或关断）时刻间隔 120°的 IGBT 为第二相（V 相）的上桥臂；和第二相（V 相）上桥臂导通（或关断）时刻间隔 120°的 IGBT 为第三相（W相）的上桥臂。下桥臂的序号很好辨别，一个周期的正弦交流电所经过的角度是 360°(2π)，其中正半波经过 180°(π) 会从第二象限进入第三象限，变为负半波并经过 180°(π)。在每一相的上、下桥臂不能同时导通，不可以有叠加关系。因为上、下桥臂中间直接连接并作为这一相的输出端，如果有同时导通或者是叠加导通，会导致正、负母线之间直接跨导，造成短路，显然这是禁止发生的。所以当某一相的上桥臂导通区间内，下桥臂是不可以导通的，也就是完全关断状态。上桥臂导通 180°(π) 后立刻关断，这视为此相的正半波。另外哪一项在上桥臂关断区间内完全导通并经过 180°(π)，就为此相的下桥臂，如图 3-18 所示。每一相间隔 120°的循环输出就会产生交流电。连接永磁同步电机后就会建立旋转磁场，电机转子就可以旋转并对外做功。

二、驱动电机的工作过程

驱动电机在车辆上的工作过程和原理又是怎样呢？可根据驾驶员的意愿将其分为几种状态，如 D 挡加速行车、R 挡倒车、制动能量回收、E 挡行车等。

（1）D 挡加速行车　驾驶员换 D 挡并踩加速踏板，此时挡位信息和加速信息通过信号线传递给整车控制器（VCU），VCU 把驾驶员的操作意图通过 CAN 线传递给驱动电机控制器（MCU），再由驱动电机控制器（MCU）结合旋变传感器信息（转子位置），进而向永磁同步电机的定子通入三相交流电，三相交流电在定子绕组的电阻上产生电压降。由三相交流电产生的旋转电枢磁动势及建立的电枢磁场，一方面切割定子绕组，并在定子绕组中产生感应电动势；另一方面以电磁力拖动转子以同步转速正向旋转。

随着加速踏板行程不断加大，电机控制器控制的 6 个 IGBT 导通频率上升，电机的转矩随着电流的增加而增加，因此基本上拥有最大的转矩。随着电机转速的增加，电机的功率也增加，同时电压也随之增加。在电动汽车上，一般要求电机的输出功率保持恒定，即电机的输出功率不随转速增加而变化。这就要求在电机转速增加时，电压保持恒定，如图 3-19 所示。

与此同时，电机控制器也会通过电流传感器和电压传感器，感知电机当前功率、消耗电

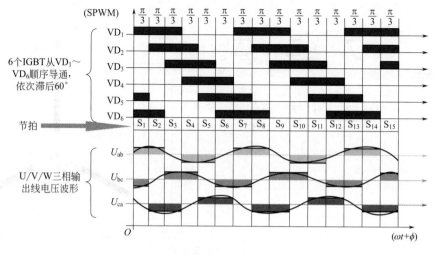

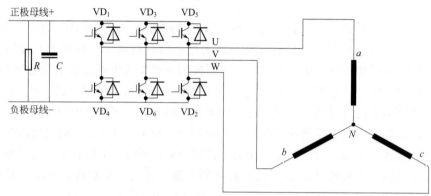

图 3-18　逆变器功率元件驱动时序

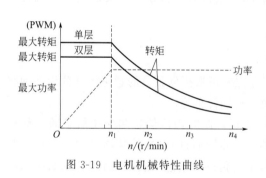

图 3-19　电机机械特性曲线

流大小和电压大小，并把这些信息数据通过 CAN 网络传送给仪表、整车控制器，其具体工作原理如图 3-20 所示。

（2）R 挡倒车　当驾驶员挂 R 挡时，驾驶员请求信号发给 VCU，再通过 CAN 线发送给 MCU。此时 MCU 结合当前转子位置（旋变传感器）信息，通过改变 IGBT 模块改变 W/V/U 的通电顺序，进而控制电机反转。

（3）制动时能量回收　在驾驶员松开加速踏板时，电机在惯性的作用下仍在旋转，设车轮转速为 $v_轮$、电机转速为 $v_{电机}$，车轮与电机固定传动比为 K。当车辆减速时，$v_轮$ 乘以 K 小于 $v_{电机}$ 时，电机仍是动力源。随着电机转速下降，当 $v_轮$ 乘以 K 大于 $v_{电机}$ 时，电机相当于被车辆带动而旋转，此时电机变为发电机。

BMS 可以根据电池充电特性曲线（充电电流、电压变化曲线与电池容量的关系）和采集电池温度等参数，计算出相应的允许最大充电电流。MCU 根据电池允许的最大充电电流，通过控制 IGBT 模块使发电机定子线圈旋转磁场角速度与电机转子角速度保持到发电电流不超过允许最大充电电流，以调整发电机向蓄电池充电的电流，同时这也控制了车辆的减速度 a，具体过程如图 3-21 所示。

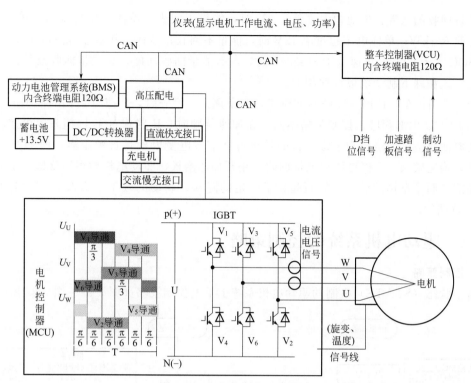

图 3-20　电机控制器工作原理

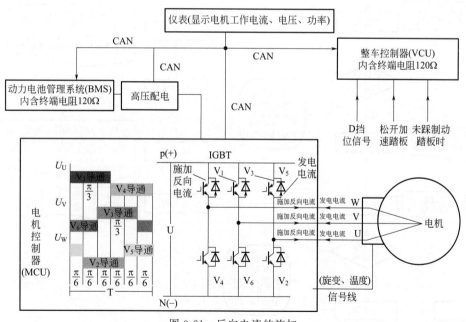

图 3-21　反向电流的施加

当踩下制动踏板时，该过程中 MCU 输出的电流频率会急剧下降，馈能电流在 MCU 的调节下充入高压电池。当 IGBT 全部关闭时，当前的反拖速度和模式为最大馈能状态，此时 MCU 对发电机没有实施速度和电流的调整，发电机所发的电量全部转移给蓄电池。由于发电机负载较大，因此此时车辆减速也比较快。

能量回收的条件：电池包温度低于 5℃ 时，能量不回收；单体电压为 4.05～4.12V 时，能量回收 6.1kW；单体电压超过 4.12V 时，能量不回收；单体电压低于 4.05V 时，能量满反馈 SOC 大于 95%；车速低于 30km/h 时，没有能量回收功能，且能量回收及辅助制动力大小与车速和踩下制动踏板行程相关。

（4）E 挡行车　E 挡为经济驾驶模式，在车辆正常行驶时，E 挡与 D 挡的根本区别在于 MCU 和 VCU 内部程序、控制策略不同。在加速行驶时，E 挡相对于 D 挡来说提速较为平缓，蓄电池放电电流也较为平缓，目的是尽可能节省电量以延长行驶距离，而 D 挡提速较为灵敏，响应较快。E 挡更注重能量回收。松开加速踏板，驱动电机被车轮反拖发电时所需的机械能牵制了车辆的滑行，从而起到了一定的降速、制动的效果，所以 E 挡此时的滑行距离比 D 挡短。

三、驱动电机系统的控制策略

1. 控制策略

基于状态（STATE）机制的驱动电机系统上下电控制策略如图 3-22～图 3-24 所示。

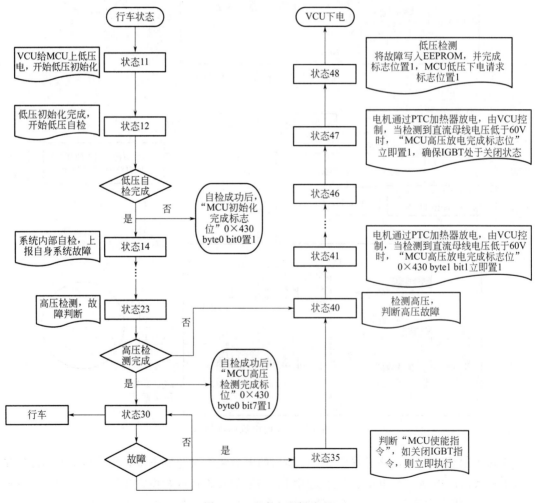

图 3-22　上下电逻辑流程

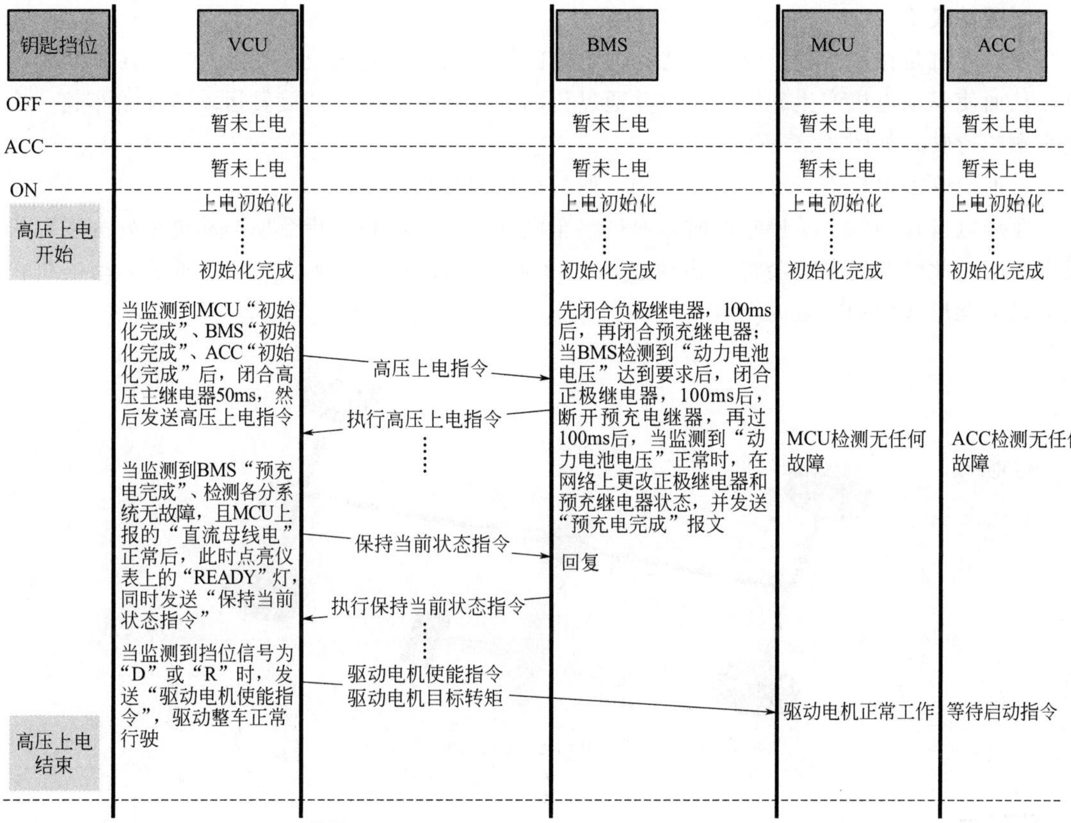

钥匙挡位	VCU	BMS	MCU	ACC
OFF				
	暂未上电	暂未上电	暂未上电	暂未上电
ACC				
	暂未上电	暂未上电	暂未上电	暂未上电
ON				
高压上电开始	上电初始化 ⋮ 初始化完成	上电初始化 ⋮ 初始化完成	上电初始化 ⋮ 初始化完成	上电初始化 ⋮ 初始化完成

VCU：当监测到MCU"初始化完成"、BMS"初始化完成"、ACC"初始化完成"后，闭合高压主继电器50ms，然后发送高压上电指令 → 高压上电指令 / 执行高压上电指令

BMS：先闭合负极继电器，100ms后，再闭合预充继电器；当BMS检测到"动力电池电压"达到要求后，闭合正极继电器，100ms后，断开预充电继电器，再过100ms后，当监测到"动力电池电压"正常时，在网络上更改正极继电器和预充继电器状态，并发送"预充电完成"报文

MCU：MCU检测无任何故障

ACC：ACC检测无任何故障

VCU：当监测到BMS"预充电完成"、检测各分系统无故障，且MCU上报的"直流母线电"正常后，此时点亮仪表上的"READY"灯，同时发送"保持当前状态指令" → 保持当前状态指令 / 回复 / 执行保持当前状态指令

VCU：当监测到挡位信号为"D"或"R"时，发送"驱动电机使能指令"，驱动整车正常行驶 → 驱动电机使能指令 驱动电机目标转矩

MCU：驱动电机正常工作

ACC：等待启动指令

高压上电结束

图 3-23　驱动电机系统上电流程

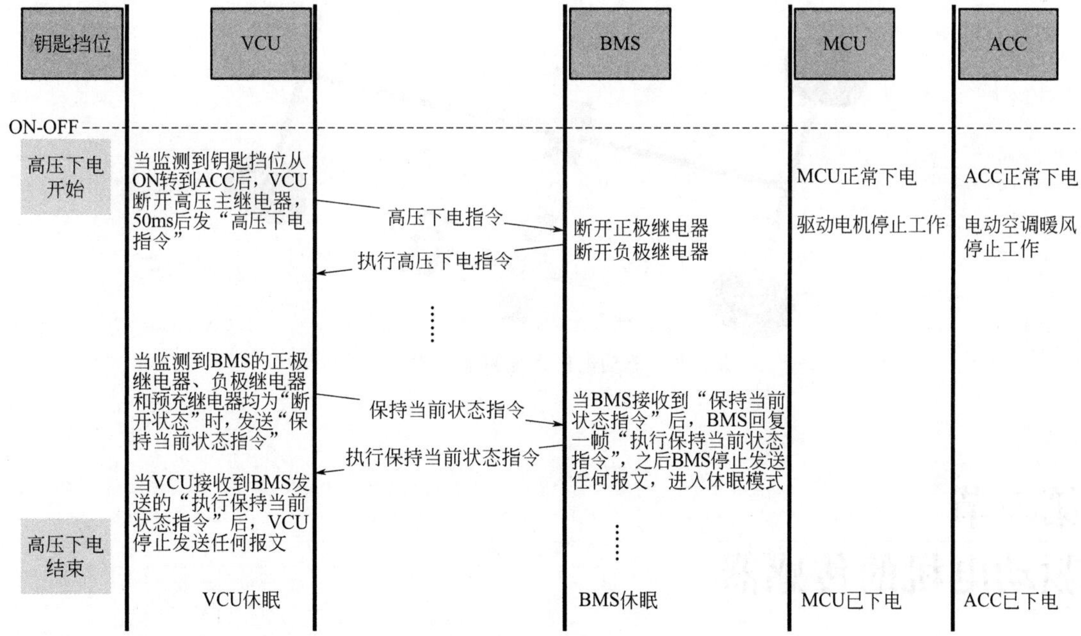

钥匙挡位	VCU	BMS	MCU	ACC
ON-OFF				

高压下电开始

VCU：当监测到钥匙挡位从ON转到ACC后，VCU断开高压主继电器，50ms后发"高压下电指令" → 高压下电指令 / 执行高压下电指令

BMS：断开正极继电器 断开负极继电器

MCU：MCU正常下电 驱动电机停止工作

ACC：ACC正常下电 电动空调暖风停止工作

VCU：当监测到BMS的正极继电器、负极继电器和预充继电器均为"断开状态"时，发送"保持当前状态指令" → 保持当前状态指令 / 执行保持当前状态指令

BMS：当BMS接收到"保持当前状态指令"后，BMS回复一帧"执行保持当前状态指令"，之后BMS停止发送任何报文，进入休眠模式

VCU：当VCU接收到BMS发送的"执行保持当前状态指令"后，VCU停止发送任何报文

高压下电结束

VCU：VCU休眠

BMS：BMS休眠

MCU：MCU已下电

ACC：ACC已下电

图 3-24　驱动电机系统下电流程

　　基于整车 STATE 机制上下电策略要求，约束了该机制下 MCU 在整车上下电过程各 STATE 中应该执行的动作、需要实现的逻辑功能、允许及禁止的诊断等。

2. 驱动模式

驱动电机是按照驾驶员的意图将动力电池的高压直流电转变成驱动电机的高压三相交流电，从而使驱动电机产生旋转力矩，并通过传动装置将驱动电机的旋转运动传递给车轮，实现车辆的行驶，如图 3-25 所示。

目前，驱动电机不仅可以驱动车辆，而且可以回收制动能量。

驱动电机在制动、缓慢减速时，通过整车电控单元发出相应指令使驱动电机转为发电机发电工况，此时驱动电机会将车辆动能转化为电能，如图 3-26 所示，然后通过驱动电机控制器以电能形式向动力电池充电。

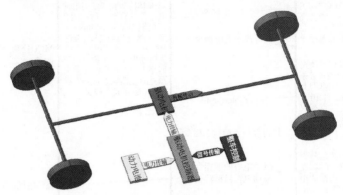

图 3-25　驱动电机系统驱动模式（一）

图 3-26　驱动电机系统驱动模式（二）

第三节
驱动电机的传感器

一、温度传感器

驱动电机的温度传感器（图 3-27）检测电机绕组温度信息，并提供给驱动电机控制器，再由驱动电机控制器通过 CAN 线传给整车控制器（VCU），VCU 根据电机温度信号做出相应控制策略：冷却系统的大小循环控制，冷却系统风扇的低速控制，电机的过温保护策略。某车型驱动电机采用 PT1000 型铂热电阻，它的阻值会随着温度的变化而改变，如图 3-27 所示。

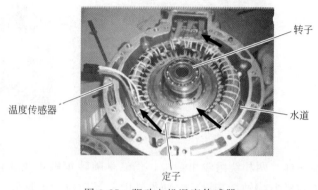

图 3-27　驱动电机温度传感器

1. 电机温度保护

当控制器监测到驱动电机温度传感器显示 120℃≤温度＜140℃时，降低功率运行；温度≥140℃时，降低功率至 0，即停机。

2. 控制器温度保护

当控制器监测到散热基板温度≥85℃时，超温保护，即停机。

当控制器监测到散热基板温度为 75～85℃时，降低功率运行。

二、旋变传感器

1. 旋变传感器的结构

旋变传感器是一种电磁式传感器。它是一种测量角度用的小型交流电机，用于测量旋转物体的转轴角位移和角速度，在驱动电机用来检测电机转子位置，控制器解码后可以获知电机转速，其安装位置如图 3-28 所示。

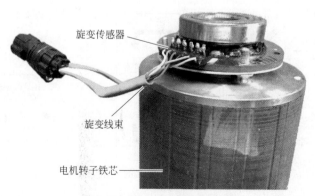

图 3-28　旋变传感器安装位置

旋变传感器由旋变线圈、转子组成，如图 3-29 所示。

磁阻式旋变传感器的励磁绕组和输出绕组放在同一套定子槽内，固定不动。但励磁绕组

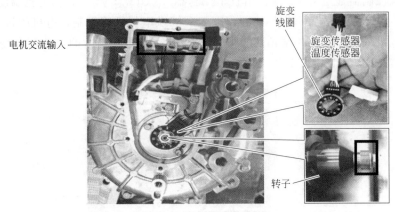

图 3-29　旋变传感器结构

和输出绕组的形式不一样。两相绕组输出信号，仍然是随转角做正弦变化、彼此相差 90° 电角度的电信号。转子磁极形状做特殊设计，使得气隙磁场近似于正弦形。转子形状的设计也必须满足所要求的极数。可以看出，转子的形状决定了极数和气隙磁场形状。

2. 旋变传感器的工作原理

旋变传感器的工作原理和普通变压器传感器基本相似，区别在于普通变压器传感器的一次侧、二次侧绕组是相对固定的，所以输出电压和输入电压之比是常数。而旋变传感器的一次侧、二次侧绕组随转子的角位移发生相对位置的改变，因而其输出电压的大小随转子角位移而发生变化，输出绕组的电压幅值与转子转角成正弦、余弦函数关系，或保持某一比例关系。其中定子绕组作为旋变传感器的一次侧，接收励磁电压。转子绕组作为旋变传感器的二次侧，通过电磁耦合得到感应电压。旋变传感器的工作原理如图 3-30 所示。一次侧作为转子，二次侧作为定子，随着两者相对角度的变化，在输出侧就可以得到幅值变化的波形。旋变输出信号幅值随位置变化而变化，但频率不变。

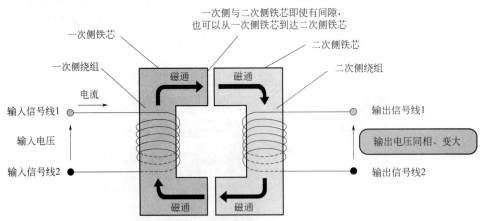

图 3-30　旋变传感器的工作原理

旋变的转动位置与输出电压的关系如图 3-31 所示。如图 3-31（a）所示为在两线圈夹角为 0° 时，输出电压的大小与输入电压的大小基本相同，频率也相同；如图 3-31（b）所示为在两线圈夹角为 90° 时，输出电压与输入电压相差最大，输出电压为 0；如图 3-31（c）所示为在两线圈夹角为 0°~90° 范围内时，输出电压小于输入电压但大于 0；如图 3-31（d）所示为在两线圈相位差为180°时，输出电压与输入电压相同，方向相反。

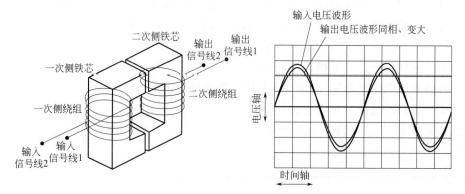

(a) 在两线圈夹角为0°时输出电压与输入电压的关系

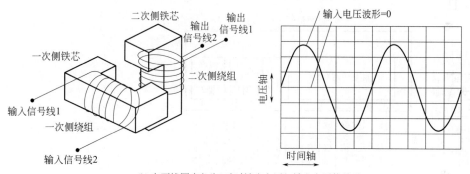

(b) 在两线圈夹角为90°时输出电压与输入电压的关系

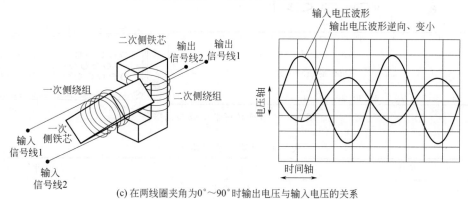

(c) 在两线圈夹角为0°～90°时输出电压与输入电压的关系

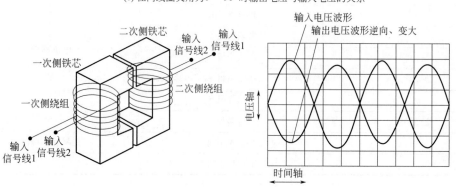

(d) 在两线圈相位差为180°时输出电压与输入电压的关系

图 3-31　旋变的转动位置与输出电压的关系

3. 旋变传感器的电路故障与排除

在电机与控制器低压线束连接正确时，如果旋变传感器出现故障，一般分为两种情况：一种是旋变传感器本身故障；另一种为控制器旋变解码电路故障。不管是哪一种故障，都将会导致电机系统无法启动或转矩输出偏小。

检查电机旋变传感器是否损坏。首先检查电机控制器与电机连接低压线束有无退针与虚接现象，再检查电机控制器低压控制插件 12V 供电是否正常。

（1）检查线路的通断　旋变传感器电路与插接器如图 3-32 所示。脱开电机控制器插头，测量电机旋变插头 35 号针脚至电机控制器 19 号针脚之间导线是否出现断路/短路情况。旋变传感器端子含义如表 3-3 所示。

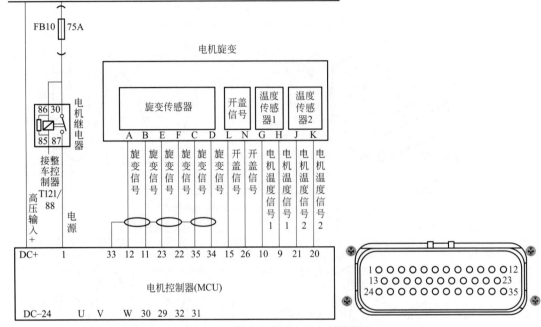

图 3-32　旋变传感器电路与插接器

表 3-3　旋变传感器端子含义

编号	信号名称	说明
12	激励绕组 R_1	电机旋变 传感器接口
11	激励绕组 R_2	
35	余弦绕组 S_1	
34	余弦绕组 S_3	
23	正弦绕组 S_2	
22	正弦绕组 S_4	
33	屏蔽层	
24	24-12V 接地	控制电源接口
1	1-12V 正极	—

（2）检查励磁绕组的电压　打开点火开关转至 ON 挡，测量插件端应有 3～3.5V 的交流电压。

（3）检查线圈的电阻值　用万用表测量电机旋变传感器的阻值。正确的线圈阻值如下。

① 正弦绕组阻值：拔下插件测量传感器端子应有（60±10）Ω 电阻。

② 余弦绕组阻值：拔下插件测量传感器端子应有（60±10）Ω 电阻。

③ 励磁绕组阻值：拔下插件测量传感器端子应有（60±10）Ω 电阻。

若线圈的阻值超出正常范围，则需更换旋变传感器。若阻值正常，则可能是控制器内部旋变解码电路故障，需更换控制器主控板。

第四节
驱动电机的控制器

一、驱动电机控制器的结构及控制电路

电动汽车 PEU 是集成了驱动电机控制器、DC/DC 转换器、高压控制盒、车载充电机四个部件的高压模块，如图 3-33 所示。

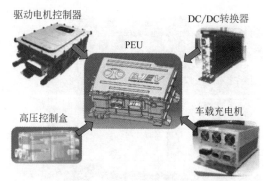

图 3-33　电动汽车 PEU

1. 特点

① 将电机控制器、车载充电机、DC/DC 转换器和高压控制盒集成在一起，缩小了体积，减轻了重量，安装工艺简单，线束减少。

② IGBT 主板、车载充电机、DC/DC 转换器都实现了水冷方式，温度得到有效控制而提高了电子器件工作的稳定性。

2. 功能

① 怠速控制（爬行）。

② 控制电机正转（前进）。

③ 控制电机反转（倒车）。

④ 能量回收（交流转换直流）。

⑤ 驻坡（防溜车）。

⑥ 车载充电。

⑦ 直流高低压转换。

⑧ 快充高压电路控制。

⑨ PTC 控制。

⑩ 高压电路熔断保护。

3. PEU 的构造

（1）PEU 上端结构　主要由驱动电机控制器、车载充电机、DC/DC 转换器、PTC 加热器控制器、快充继电器、高压熔断器、互锁电路等组成，PEU 上端结构如图 3-34 所示。

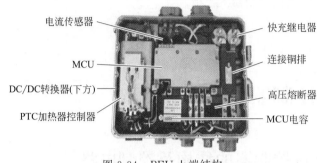

电流传感器　快充继电器

MCU　连接铜排

DC/DC 转换器(下方)　高压熔断器

PTC加热器控制器　MCU电容

图 3-34　PEU 上端结构

（2）PEU 下端结构　由 2 个 3.3kW 车载充电机组成，安装在 PEU 下方，中间是冷却水套，如图 3-35 所示。

滤波器　OBC

冷却水道

图 3-35　PEU 下端结构

驱动电机控制器的内部采用三相两电平电压源型逆变器，是驱动电机系统的控制核心，又称智能功率模块，又以 IGBT（绝缘栅双极型晶体管）模块为核心（图 3-36），辅以驱动集成电路、主控集成电路。它对所有的输入信号进行处理，并控制驱动电机系统运行状态信息。

通过 CAN 2.0 网络发送给 VCU。驱动电机控制器内含故障诊断电路，当电机出现异常时，达到一定条件，它将激活一个错误代码并发送给 VCU，同时也会储存该故障码和相关数据。

使用以下传感器来提供驱动电机系统的工作信息。

① 电流传感器：用以检测驱动电机工作的实际电流（包括母线电流、三相交流电流）。

② 电压传感器：用以检测供给驱动电机控制器工作的实际电压（包括动力电池电压、12V 蓄电池电压）。

③ 温度传感器：用以检测驱动电机控制器的工作温度（包括 IGBT 模块温度、电机控制器板载温度）。

IGBT模块

图 3-36　以 IGBT 模块为核心的驱动电机控制器

二、驱动电机系统低压插件

1. 驱动电机低压插件

驱动电机低压插件端子形状和位置如图 3-37 所示。低压插件为 19 针，主要包括电机旋变传感器、电机温度传感器和高低压互锁接口。检修电机低压插件时先确认插件是否连接到位，是否有退针现象。驱动电机低压插件端子定义如表 3-4 所示。

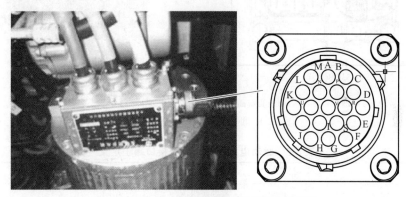

图 3-37　驱动电机低压插件端子形状和位置

表 3-4　驱动电机低压插件端子定义（连接器型号：Amphenol RTOW01419PN03）

编号	信号名称	说明
A	激励绕组 R_1	电机旋变传感器接口
B	激励绕组 R_2	
C	余弦绕组 S_1	
D	余弦绕组 S_3	
E	正弦绕组 S_2	
F	正弦绕组 S_4	
G	THO	电机温度传感器接口
H	TLO	
L	$HVIL_1(+L_1)$	高低压互锁接口
M	$HVIL_2(+L_2)$	

2. 驱动电机控制器低压插件

驱动电机控制器上有低压接口和高压接口，如图 3-38 和图 3-39 所示，低压接口端子定义如表 3-5 所示。动力电池的直流电通过高压控制盒提供给驱动电机控制器，在驱动电机控制器上布置有 2 个安菲诺高压连接插座。

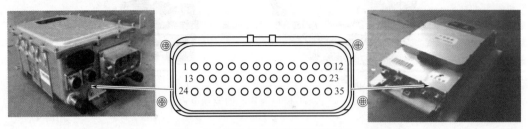

图 3-38　驱动电机控制器低压接口

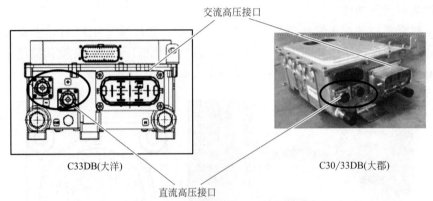

图 3-39　驱动电机控制器高压接口

表 3-5　驱动电机控制器低压接口端子定义

编号	信号名称	说明
12	激励绕组 R_1	电机旋变传感器接口
11	激励绕组 R_2	
35	余弦绕组 S_1	
34	余弦绕组 S_3	
23	正弦绕组 S_2	
22	正弦绕组 S_4	
33	屏蔽层	
24	24-12V 接地	控制电源接口
1	1-12V 正极	
32	CAN-H	CAN 总线接口
31	CAN-L	
30	CAN-PB	
29	CAN-SHIELD	
10	TH	电机温度传感器接口
9	TL	
28	屏蔽层	

编号	信号名称	说明
8	485＋	RS485 总线接口
7	485－	
15	$HVIL_1(+L_1)$	高低压互锁接口
26	$HVIL_2(+L_2)$	

三、驱动电机控制器的内部构造

驱动电机控制器（图 3-40）主要由接口电路、控制主板、IGBT 模块（驱动）、超级电容、放电电阻、电流感应器、壳体水道等组成。

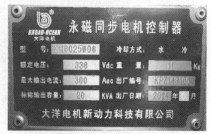

MCU外观　　　　　　　　MCU内部电路板

图 3-40　驱动电机控制器（MCU）

① 电动汽车电机的控制器内部的三相输出和直流高低压输入母线如图 3-41 所示。

三相输出　　　　　高低压输入

图 3-41　电动汽车电机的控制器内部的三相输出和直流高低压输入母线

② 控制器内部的超级电容、控制主板和接口电路如图 3-42 所示。

超级电容的功能：接高压电路时给电容充电，在电机启动时保持电压的稳定。

控制主板的功能：与整车控制器通信；监测直流母线电流；控制 IGBT 模块；监控高压线束连接情况；反馈 IGBT 模块温度；旋变传感器励磁供电；旋变信号分析；信息反馈。

③ 电机控制器内部的 IGBT 模块和电流感应器如图 3-43 所示。

超级电容

控制主板

接口电路

图 3-42　控制器内部的超级电容、控制主板和接口电路

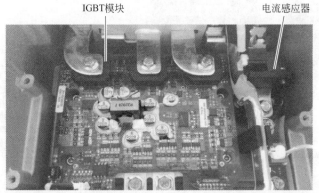

IGBT模块　　　　　　　　　　　　电流感应器

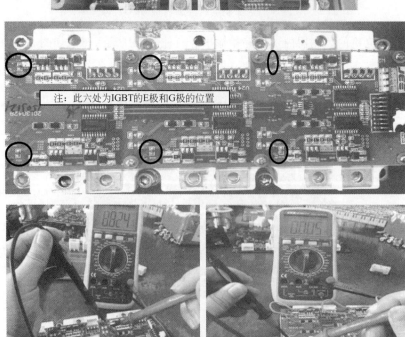

注：此六处为IGBT的E极和G极的位置

正常IGBT模块　　　　　　　　　　IGBT模块损坏

图 3-43　电机控制器内部的 IGBT 模块和电流感应器

IGBT 模块的功能：信号反馈给电机控制器控制主板；监测直流母线电压；直流转换交流及变频；监测相电流的大小；监测 IGBT 模块温度；三相整流。

④ 电机控制器内部的电容与直流母线的连接和放电电阻如图 3-44 所示。

放电电阻：断开高压电路时，通过电阻给电容放电；放电电路故障，会报放电超时并导致高压断电。

图 3-44　电机控制器内部的电容与直流母线的连接和放电电阻

四、驱动电机控制器的外部电路原理

驱动电机控制器高压部分接收由高压控制盒分配的高压直流电源，并将其经过变压处理为高压交流电源输送给驱动电机，控制驱动电机动力输出，驱动电机控制器控制原理如图 3-45 所示。

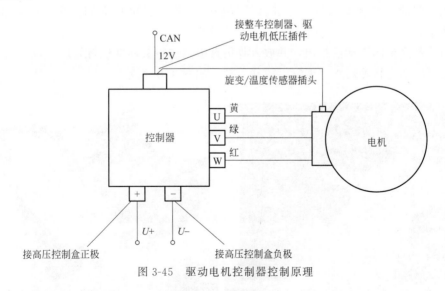

图 3-45　驱动电机控制器控制原理

另外，驱动电机控制器接收来自整车控制器的信号，以及来自驱动电机旋变传感器、电机温度传感器的信号。经过驱动电机控制器将这些信号进行内部处理，控制驱动电机三相交流电的大小、方向等参数。

第五节
驱动电机的拆装

一、驱动电机的拆卸

① 关闭点火开关及所有用电器，松开蓄电池负极电缆总成的固定螺母，如图 3-46 箭头所示，取下负极电缆组件。

② 断开驱动电机交流母线与 MCU 连接的高压插件，并做好防护，如图 3-47 所示。

图 3-46　松开蓄电池负极电缆

图 3-47　断开驱动电机交流母线

③ 断开驱动电机旋变插件，并进行简单固定，防止在电机拆卸过程中损坏插件，如图 3-48 所示。

④ 将冷却系统的冷却液排出，并放入收集盘中，按相关标准进行处理。

⑤ 松开驱动电机冷却水管卡箍，脱开水管，如图 3-49 所示。

图 3-48　断开驱动电机旋变插件

图 3-49　松开驱动电机冷却水管卡箍

⑥ 断开空调压缩机的高压插件和低压插件，如图 3-50 所示。

⑦ 使用空调冷媒回收设备对空调系统内的制冷剂进行回收，低压插件和高压插件拆卸

完成后，对接口进行封闭处理，拆卸压缩机固定螺栓，如图 3-51 所示。

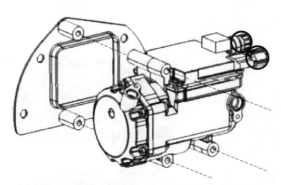

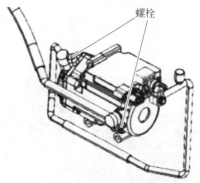

图 3-50　断开空调压缩机的高压插件和低压插件　　　　　图 3-51　拆卸压缩机固定螺栓

⑧ 拆卸压缩机上的 3 个固定螺栓后，取下压缩机，如图 3-52 所示。

⑨ 拆卸压缩机固定支架上的 4 个固定螺栓，取下支架，如图 3-53 所示。压缩机支架是通过三个六角带齿细牙螺栓固定在电机本体上的，拧紧力矩为 25～30N·m。

⑩ 将收集盘放到右侧半轴油封下部，拆卸右侧半轴。

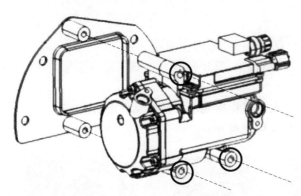

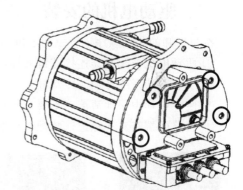

图 3-52　取下压缩机　　　　　图 3-53　拆卸压缩机固定支架上的 4 个固定螺栓

⑪ 拆卸电机后悬置支架，如图 3-54 所示。

⑫ 拆卸电机右悬置支架，如图 3-55 所示。

图 3-54　拆卸电机后悬置支架　　　　　图 3-55　拆卸电机右悬置支架

1—力矩（65±5）N·m；2—力矩（90±5）N·m

⑬ 用举升装置对电机进行托举，拆卸左悬置支架，如图 3-56 所示。

⑭ 拆卸驱动电机与减速器的固定螺栓（拧紧力矩为 35～45N·m），将驱动电机与减速器脱开，平稳放到指定区域，如图 3-57 所示。

图 3-56　拆卸左悬置支架　　　　图 3-57　拆卸驱动电机与减速器的固定螺栓

二、驱动电机的安装

按与拆卸的相反顺序进行驱动电机的安装，同时注意以下事项。

① 驱动电机与减速器连接花键处加注润滑脂，如图 3-58 所示，加注量为 20g。

② 安装冷却系统并加注冷却液。

③ 装配过程中保证清洁，不要有异物进入，以免造成水泵损坏及管路堵塞。

④ 管路两端有对齐标记，装配时按照对齐标记对齐。

图 3-58　驱动电机与减速器连接花键处加注润滑脂

三、驱动电机的分解与组装

1. 目视检查个人防护用品（图 3-59）并佩戴

① 目视检查绝缘帽外观有无损伤，内衬安装是否牢固，松紧是否适宜。

② 佩戴绝缘帽，调节内衬松紧度。

③ 目视检查护目镜支架是否完好，护目镜镜片是否有划痕，视线是否清晰。

④ 佩戴护目镜，调节支架松紧。

⑤ 目视检查耐磨手套外观有无破损。

⑥ 佩戴耐磨手套。

⑦ 目视检查绝缘防护手套外观有无破损，耐压值是否符合使用要求。

⑧ 检查绝缘防护手套气密性是否良好。

(a) 绝缘帽　　　　　(b) 绝缘鞋　　　　(c) 绝缘防护手套　　　(d) 护目镜　　　　(e) 耐磨手套

图 3-59　防护用品

2. 驱动电机气密性检测

（1）分离电机与减速器（8 个连接螺栓）

① 使用指针式扭力扳手、19 号套筒松开电机与减速器的 8 个连接螺栓（均匀交错松开）。

② 使用棘轮扳手、19 号套筒拧下电机与减速器的 8 个连接螺栓，放置在螺栓盒内。

③ 摇动动力总成拆装实训台侧边摇柄，分离电机与减速器，如图 3-60 所示。

图 3-60　分离电机与减速器

（2）连接气密性检测管路　将气密性检测套装中的短管接在驱动电机出水口，并使用棘轮扳手、七号套筒拧紧卡箍，如图 3-61 所示。

图 3-61　连接气密性检测管路

（3）测试电机冷却回路密封性（图 3-62）

① 将气压表与气泵气管相连。

② 将气压表与气密性检测套装的长管相连。

③ 向驱动电机冷却管路中打气至 200kPa 气压，保持 10min，观察气压是否下降。

④ 断开气压表与气泵气管的连接，收回气压表。

3. 分解减速器作业

图 3-62　测试电机冷却回路密封性

（1）拆开减速器后端盖（17 个固定螺栓，分 3 次拆卸，注意拆之前需有放油动作）

① 取下减速器输出轴防尘盖（2 个），放置在齿轮组放置架上。

② 使用棘轮扳手、22 号套筒拆下减速器放油螺栓，将其放置在螺栓放置盒内。

③ 将减速器下方的接油盘放置到台架导油管下方。

④ 摇动翻转架摇柄，旋转减速器，将减速器与电机接合面朝上。

⑤ 使用棘轮扳手、10 号套筒拆掉减速器与电机接合面上的 3 个后端盖固定螺栓，放置在螺栓盒内。

⑥ 使用棘轮扳手、10 号套筒拆掉减速器前端盖侧 9 个后端盖固定螺栓，放置在螺栓盒内。

⑦ 摇动翻转架摇柄，使减速器后端盖朝上。

⑧ 使用棘轮扳手、10 号套筒拆掉 5 个后端盖固定螺栓，放置在螺栓盒内。

⑨ 使用橡胶锤轻敲后端盖至接合面分开后，取下减速器后端盖，放置在后端盖支撑架上，如图 3-63 所示。

图 3-63　取下减速器后端盖

（2）拆卸差速器轴总成并检查齿轮、轴承（6 个固定螺栓，需要用千斤顶顶出）

① 摇动翻转架摇柄，使齿轮组向上倾斜 45°角。

② 使用棘轮扳手、10 号套筒拆掉前端盖侧 6 个差速器轴固定螺栓，放置在螺栓盒内，如图 3-64 所示。

③ 摇动翻转架摇柄，放平减速箱（齿轮组朝上）。

④ 使用千斤顶从下方缓缓向上顶差速器轴，至差速器轴齿轮与中间轴齿轮脱离，如图 3-65 所示。

图 3-64　拆掉前端盖侧 6 个差速器轴固定螺栓　　　图 3-65　使用千斤顶从下方缓缓向上顶差速器轴

⑤ 取出差速器轴总成，放置在齿轮组放置架上，如图 3-66 所示。

⑥ 目视检查差速器齿轮有无损伤，转动差速器轴轴承，确认有无异响。

（3）拆卸中间轴总成并检查齿轮、轴承（3 个固定螺栓）

① 使用棘轮扳手、8 号套筒拆卸中间轴齿轮下方的 3 个固定螺栓，放置在螺栓盒内，如图 3-67 所示。

② 取出中间轴总成放置在齿轮组放置架上，如图 3-68 所示。

③ 目视检查中间轴齿轮有无损伤。

（4）拆卸主轴总成并检查齿轮、轴承（3 个或 6 个固定螺栓）

图 3-66　取出差速器轴总成

图 3-67　拆卸中间轴齿轮下方的 3 个固定螺栓

图 3-68　取出中间轴总成

① 拆卸 3 个或 6 个固定螺栓，放置在螺栓盒内，如图 3-69 所示。

② 取出主轴总成放置在齿轮组放置架上，如图 3-70 所示。

图 3-69　拆卸 3 个或 6 个固定螺栓

图 3-70　取出主轴总成

③ 目视检查主轴齿轮有无损伤，转动主轴总成轴承，确认有无异响。

（5）拆卸中间轴后轴承并检查（卡簧固定）

① 使用卡簧钳取出中间轴后轴承固定卡簧，放置在齿轮组放置架上，如图 3-71 所示。

② 使用专用冲击锤拉拔器拉出中间轴后轴承（冲击锤拉拔器有两个脚，需要对准轴承安装面缺口），放置在齿轮组放置架上，如图 3-72 所示。

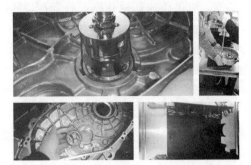

图 3-71　取出中间轴后轴承　　　　　　图 3-72　使用专用冲击锤拉拔器
固定卡簧　　　　　　　　　　　　　　　拉出中间轴后轴承

③ 转动中间轴后轴承，确认有无异响。

（6）清洁主轴总成并装回（3 个或 6 个固定螺栓）

① 使用除油布清洁主轴总成。

② 将主轴总成放置在前端盖内。

③ 拧紧 3 个或 6 个主轴总成固定螺栓，拧紧力矩为 12N·m。

（7）清洁中间轴总成并装回（3 个固定螺栓）

① 使用除油布清洁中间轴总成。

② 将中间轴总成放置到减速器前端盖内。

③ 拧紧 3 个中间轴总成固定螺栓，拧紧力矩为 12N·m。

（8）更换油封（前后两个），清洁差速器总成并装回（6 个固定螺栓）

① 将差速器轴总成放置在前端盖内，如图 3-73 所示。

② 使用大号一字螺丝刀调整差速器轴固定盘，使固定盘螺杆从底部滑出，如图 3-74
所示。

图 3-73　将差速器轴总成放置在前端盖内　　　图 3-74　固定盘螺杆从底部滑出

③ 摇动翻转架摇柄，使齿轮组 45°倾斜向上。

④ 安装差速器轴总成 6 个固定螺栓，拧紧力矩为 12N·m。

⑤ 摇动翻转架摇柄，放平减速器（齿轮组朝上）。

注意：所有平面多个螺栓的紧固次序应按照对角紧固、分步拧紧的原则进行。

（9）测量差速器轴安装间隙

① 使用游标卡尺测量基准尺厚度。

a.将游标卡尺卡脚并拢，按"ON/OFF"键开机，按"ZERO"键校零。

b. 使用游标卡尺卡脚夹紧基准尺，读数并记录，如图 3-75 所示。

② 使用深度尺测量后端盖接合面到差速器后轴承安装面深度，测量三点，求平均值（需要借用基准尺，其结果要减去基准尺厚度）。

a. 以基准尺为平面，校零深度尺（参照游标卡尺的校零方法）。

b. 将基准尺平铺在后端盖接合面上，测量差速器轴后轴承安装面到基准尺上端面深度，如图 3-76 所示。

图 3-75　使用游标卡尺测量
基准尺厚度

图 3-76　测量差速器轴后轴承安装面到
基准尺上端面深度

③ 将测量值减去基准尺厚度后记录。

④ 依照②、③操作步骤，环绕差速器轴后轴承安装面，取另外两点测量深度。

⑤ 将三次测量所得深度取平均值记录。

⑥ 使用数显高度尺测量前端盖接合面到差速器后轴承上端面高度，测量三点，求平均值（需要借用基准尺，其结果要减去基准尺厚度）。

a. 以基准尺为平面，校零高度尺（参照游标卡尺的校零方法）。

b. 将基准尺平铺在前端盖接合面上，测量差速器轴后轴承上端面到基准尺上端面高度。

c. 将测量值减去基准尺厚度后记录。

d. 依照 b、c 操作步骤，取差速器轴后轴承上端面另外两点测量高度，如图 3-77 所示。

e. 将三次测量值取平均值记录。

图 3-77　取差速器轴后轴承上端面另外两点测量高度

⑦ 计算差速器轴总成安装间隙，并参照表 3-6 选用合适调整垫片厚度。

a. 深度值-高度值为（0.05～0.1）。

b. 将 a 的计算值与表 3-6 中标准垫片厚度比较，选取合适垫片（取大不取小），如超出垫片最大值，则减速器做报废处理。

⑧ 装回减速器后端盖（17个固定螺栓）。

⑨ 组合减速器与驱动电机（8个固定螺栓）。

表 3-6　调整垫片厚度　　　　　　　　单位：mm

序号	厚度 f	序号	厚度 f
1	0.50	9	0.90
2	0.55	10	0.95
3	0.60	11	1.00
4	0.65	12	1.05
5	0.70	13	1.10
6	0.75	14	1.15
7	0.80	15	1.20
8	0.85		

第六节
驱动电机故障诊断

一、驱动电机的常见故障

1. 旋变传感器故障

对于报旋变传感器故障的电机，可通过以下测试进行判定。

① 外观上，需要检查电机表面是否有磕碰痕迹，电机端盖片上的黑色密封盖与端面是否保持高度平齐。

② 检查旋变传感器接插件内针脚是否有变形、断裂、缺失，接插件内是否有水、油、杂质等异物，如有应先清除。

③ 测量旋变传感器阻值，旋变传感器对绕组绝缘，旋变传感器对机壳绝缘。若任一阻值绝缘不合格，将电机及测试数据反馈到技术总部进行处理。

2. 电机漏电

对于报严重漏电故障的电机，可通过以下测试进行判定。

① 外观上，需要检查电机三相线接线盒通气阀是否有缺失、损坏，是否有明显凸起、松动等异常。

② 检查绕组温度传感器接插件内针脚是否变形、断裂、缺失，接插件内是否有水、油、杂质等异物，如有请先清除。

③ 测量三相绕组对机壳绝缘，绕组温度传感器对机壳绝缘，绕组温度传感器对三相绕组绝缘，将电机及测试数据反馈到技术总部进行处理。

3. 电机过温

对于报过温故障的电机，可通过以下测试进行判定。

将电机冷却到常温后，测试绕组温度传感器阻值，若阻值与温度阻值表不对应，则进行更换。

4. 电机异响

对于报异响故障的电机反馈到技术总部进行处理。

5. 电机启动困难或不启动

① 若电源电压过低，则调整电压到所需值。

② 若电机过载，则减轻负载后再启动。

③ 若机械卡住，则检查后先停车，解除机械锁止，然后再启动电机。

6. 电机运行温升大

① 负载过大，修理方法是减轻负载。

② 电机扫膛，应检查气隙及转轴、轴承是否正常。

③ 电机绕组故障，检查绕组是否有接地、短路、断路等故障，若有应排除。

④ 电源电压过高、过低或三相不平衡，则应检查电源调整电压值，使其符合要求。

7. 电机运行时振动过大

① 定子三相电压不对称：检查三相电电源。

② 铁芯转配不平衡：重新拧紧拉紧螺杆或在松动的铁芯片中打入楔子固定。

③ 定子绕组并联支路中某支路断裂：检查直流电阻，然后焊接。

④ 定转子气隙不均：调整电动机气隙，使其均匀。

⑤ 电机底座和基础板不坚固：坚固电机地脚螺栓，加强基础。

⑥ 联轴器松动：拧紧连接螺栓，必要时更换螺栓。

⑦ 转轴弯曲：进行调直或更新。

⑧ 转子磁极松动：检查固定键，重新紧固。

⑨ 负载不平衡：检查机械负载故障并排除。

⑩ 机组定中心不好：重新定中心。

⑪ 基础自由振动频率与电机的振动频率接近：改变基础的自由振动频率，使两者不产生共振。

⑫ 转子不平衡：做平衡检查试验。

二、驱动电机的故障检测

1. 驱动电机线束检测

① 使用 M6 套筒和棘轮扳手取下如图 3-78 所示的四个锁紧螺栓，轻轻用力可从控制器上取下三相线接插件插头。

② 检查三相线端子是否有水、油污、杂质及烧蚀变色等异常；三相端子如图 3-79 所示。

③ 选择量程为 200mΩ 的检测设备（图 3-80），如低电阻测试仪/毫欧表，设备调零，准备测量。

④ 如图 3-81 所示，依次测量 AB/AC 端子阻值，并反复测（最少 3 次），分别记录数据。判断标准：温度为 25℃ 时，阻值范围为（29.4±2.5）mΩ，且三相阻值偏差不超过 1mΩ。

注意：三相阻值需要在冷态下进行测试，且需要多次测量。

图 3-78 拆下螺栓

图 3-79 三相线端子

A 相—黄色；B 相—绿色；C 相—红色

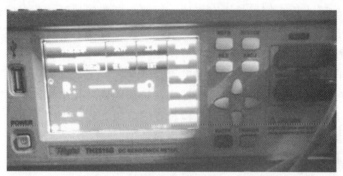

图 3-80 选择量程为 200mΩ 的检测设备

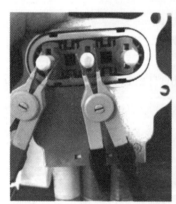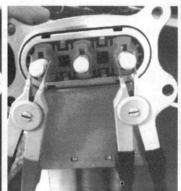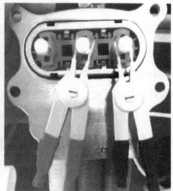

图 3-81 测量 AB/AC 端子阻值

2. 驱动电机三相绕组对机壳绝缘检测

① 将绝缘测试设备、器具选项调整至 1000V 电压（无 1000V 电压情况下需选择设备最大电压选项）。

② 将火线端子接三相端子任意一相，零线端子接机壳裸露片，如图 3-82 所示。

③ 启动测试设备，待显示阻值稳定后，读取测试数据并完成记录。

判断标准：常温下通直流电压 1000V，通电时间 10s，绝缘阻值大于 20mΩ。

注意：绝缘阻值测试结果受电机温度影响较大，因此需注意电机测试温度及温度传感器阻值。

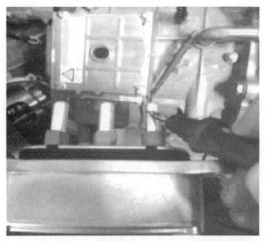

图 3-82　绝缘测量

3. 驱动电机旋变传感器检测

① 如图 3-83 所示为旋变传感器信号接插件。检测前用手指按住接插件母端两侧的卡扣，稍用力即可拔出母端接插件，确认接插件同步情况。

② 旋变传感器针脚定义如图 3-84 所示。

③ 使用测试探头进行接触测量，对准防错槽装配到电接插件上，听到卡扣"咔"的一声，表示接插件装配到位，按图 3-85 分别理出三股引出线。

旋变传感器信号接插件(棕色)

图 3-83　旋变传感器信号接插件

④ 将万用表调至电阻挡，分别测量引出线 sin＋与 sin－、cos＋与 cos－、exc＋与 exc－之间的阻值，从而得到旋变正弦、余弦、励磁的阻值，并记录数据。

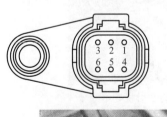

针脚号	端口定义
1	exc+
2	cos+
3	sin+
4	exc−
5	cos−
6	sin−

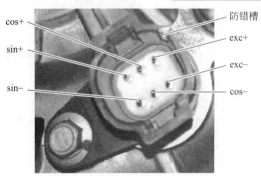

cos+
sin+
sin−
防错槽
exc+
exc−
cos−

图 3-84　旋变传感器针脚定义

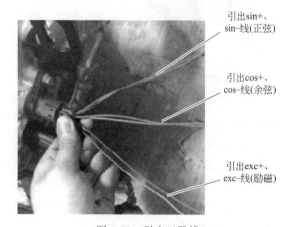

引出sin+、sin−线(正弦)

引出cos+、cos−线(余弦)

引出exc+、exc−线(励磁)

图 3-85　引出三股线

判断标准：sin 为 (13.3±4.0)Ω，cos 为 (13.3±4.0)Ω，exc 为 (6.3±2.0)Ω。

4. 驱动电机旋变传感器对绕组绝缘检测

① 将绝缘测试设备、器具选项调整至 500V 电压（无 500V 电压情况下需选择设备最大电压选项）。

② 将六股旋变传感器引出线拧成一股，将仪表一端接拧成一股的旋变传感器引出线，另一端接三相端子任意一相；使用测试探头分别测试正弦与三相线、余弦与三相线、励磁与三相线之间的绝缘阻值，如图 3-86 所示。

③ 启动测试设备，待显示阻值稳定后，读取测试数据并完成记录。

判断标准：常温下直流电压 500V，通电时间 10s，绝缘阻值大于 50mΩ。

注意：此步骤需对三相线 A、B、C 相分别进行多次测量。

5. 比亚迪驱动电机旋变传感器对机壳绝缘检测

① 将绝缘测试设备、器具选项调整至 500V 电压（无 500V 电压情况下需选择设备最大电压选项）。

② 将六股旋变传感器引出线拧成一股，将仪表一端接拧成一股的旋变传感器引出线，另一端接三相端子任意一相；使用测试探头分别测试正弦与机壳、余弦与机壳、励磁与机壳之间的绝缘阻值，如图 3-87 所示。

③ 启动测试设备，待显示阻值稳定后，读取测试数据并完成记录。

判断标准：常温下直流电压 500V，通电时间 10s，绝缘阻值大于 50mΩ。

注意：此步骤需对不同处进行 3 次以上测量。

图 3-86　测量旋变对绕组绝缘

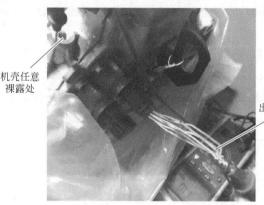

图 3-87　测量旋变对机壳绝缘

6. 驱动电机绕组温度传感器阻值测量

① 如图 3-88 所示为绕组温度传感器接插件(黑色)，检测前用手指压紧接插件母端两侧的卡扣，稍用力即可拔出母端接插件，确认接插件内部情况。

② 温度传感器针脚定义如图 3-89 所示，3 针和 6 针对应温度传感器，其余为空脚；使用温度传感器接插件母端作为简易工装，对准防错槽装配到电机绕组温度传感器接插件上，听到卡扣"咔"的一声，表示接插件装配到位；若无工装，可直接测量针脚。

③ 将万用表调至电阻挡，在常温下使用测试探头多次测量绕组温度传感器有效针脚阻值，并记录数据。

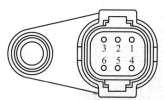

针脚号	端口定义
1	—
2	—
3	温度传感器：红+
4	—
5	—
6	温度传感器：黑-

绕组温度传感器接插件（黑色）

图 3-88　绕组温度传感器接插件

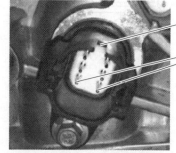

防错槽

有效引脚

图 3-89　温度传感器引脚定义

判断标准：－10～50℃时，阻值为 30.84～604.5kΩ。

注意：判断温度传感器阻值是否正常时，请在电机冷却后进行。

7. 驱动电机绕组温度传感器对机壳绝缘测量

① 将绝缘测试设备、器具选项调整至 500V 电压（无 500V 电压情况下需选择设备最大电压选项）。

② 从温度传感器的有效针脚引出两根引出线，并拧成一股，将仪表一端接拧成一股的温度传感器引出线，另一端接机壳任意裸露处；用导线将针脚引出，拧成一股后，使用测试探头测试引出线与机壳之间的绝缘阻值。

③ 启动测试设备，待显示阻值稳定后，读取测试数据并完成记录。

判断标准：常温下直流电压 500V，通电时间 10s，绝缘阻值大于 50mΩ。

注意：此步骤需对不同处进行 3 次以上测量。

8. 驱动电机绕组温度传感器对三相绕组绝缘测量

① 将绝缘测试设备、器具选项调整至 500V 电压（无 500V 电压情况下需选择设备最大电压选项）。

② 从温度传感器的有效针脚引出两根引出线，并拧成一股，将仪表一端接拧成一股的温度传感器引出线，另一端接 A、B、C 三相任意一相；用导线将针脚引出，拧成一股后，使用测试探头测试引出线与三相线之间的绝缘阻值。

③ 启动测试设备，待显示阻值稳定后，读取测试数据并完成记录。

判断标准：常温下直流电压 500V，通电时间 10s，绝缘阻值大于 20mΩ。

注意：此步骤需对不同处进行 3 次以上测量。

9. 比亚迪宋 EV300 驱动电机水温传感器测量

① 如图 3-90 所示，标识接插件为水温传感器信号接插件，检测前拔出母端接插件，露出接插件针脚。

② 选择适当仪表量程，使用测试探头多次测量水温传感器阻值，并记录数据，如图 3-91 所示。

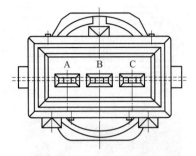

引脚号	端口定义	线束接法
A	接地	A
B	空脚	B
C	信号输入(5V)	C

图 3-90　测量水温传感器

计算机通道电阻(A-C)			
温度/℃	标准电阻/Ω	电阻精度/±%	温度精度/℃
−40	100.865	4.87	0.7
−35	72.437	4.64	0.7
−30	52.594	4.43	0.7
−25	38.583	4.21	0.7
−20	28.582	4.00	0.7
−15	21.371	3.80	0.7
−10	16.120	3.60	0.6
−5	12.261	3.40	0.6
0	9.399	3.21	0.6
5	7.263	3.06	0.6
10	5.658	2.92	0.6
15	4.441	2.78	0.6
20	3.511	2.64	0.6
25	2.795	2.50	0.6
30	2.240	2.45	0.6
35	1.806	2.40	0.6
40	1.465	2.36	0.6
45	1.195	2.31	0.6
50	980	2.27	0.6
55	809	2.23	0.6
60	671	2.19	0.6
65	559	2.15	0.6
70	469	2.11	0.6
75	395	2.07	0.6
80	334	2.04	0.6
85	283	2.00	0.6
90	241.8	2.10	0.7

图 3-91　测量水温传感器阻值

三、驱动电机控制器的故障排除

1. 驱动电机控制器的检测

在进行下列检测步骤前，确认蓄电池电压为正常电压。

① 将点火开关置于 OFF 挡。

② 将诊断仪 IMS-D60 连接至车辆诊断接口上。

③ 将点火开关置于 ON 挡。

④ 用诊断仪读取和清除 DTC。

驱动电机系统常见的故障码及含义如表 3-7 所示。上述检测步骤中如果检测到故障码，则说明车辆有故障，要按照表 3-7 中的可能故障原因进行相应的诊断步骤；如果没有检测到故障码，则说明之前读取的故障为偶发性故障。

表 3-7　驱动电机系统常见故障码及含义

故障码	定义	可能故障原因
P0519	驱动电机超速保护故障	旋变传感器及其线路故障
P0520	驱动电机温度传感器短路故障	驱动电机温度传感器及其线路故障
P0772	驱动电机系统信号故障	·供电熔丝熔断或线路故障 ·驱动电机控制器损坏
P1280	驱动电机过热故障	·冷却液不足 ·冷却系统堵塞 ·冷却液泵不工作 ·散热风扇不工作
P1793	驱动电机发电模式失效故障	驱动电机控制器及其线路故障

2. 驱动电机控制器的电路排查

（1）检查电机控制器电源　拔下电机控制器 35 针插件，用万用表直流电压挡测量 35 针插件的 1 号针脚与 24 号针脚之间应该有 12V 蓄电池电压。如无电压，则检查保险 FU10 是否烧坏，如保险正常，则检查保险与 35 针插件的 1 号针脚线路是否导通，检查 24 号针脚与车身搭铁之间是否导通，如图 3-92 所示。

（2）检查 CAN 线　拔下电机控制器 35 针插件，用万用表欧姆挡测量 35 针插件的 31 号针脚与 VCU 插件的 104 号针脚之间是否导通，35 针插件的 32 号针脚与 VCU 插件的 111 号针脚之间是否导通，如图 3-93 所示。

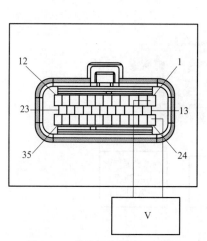

图 3-92　检查电机控制器电源

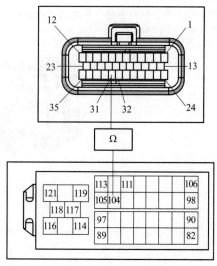

图 3-93　检查 CAN 线

3. 驱动电机控制器端子电压及接插件的检查

① 检查驱动电机控制器高压接插件是否连接到位，是否有退针现象或触点烧蚀的情况，

图 3-94　检查驱动电机控制器高压接插件

如图 3-94 所示。

② 检查驱动电机控制器低压接插件是否连接到位，是否有退针现象或触点烧蚀的情况，如图 3-95 所示。

③ 检测驱动电机控制器低压线束控制电源。如图 3-96 所示，检查驱动电机控制器低压线束 35 针插件，24 号针脚和 1 号针脚分别为控制电源接口的−12V 和＋12V，使用万用表检测 35 针插件的 24 号针脚和 1 号针脚之间的电压，应在 9～16V 范围内。

4. 驱动电机控制器高压电缆绝缘性能的检查

车辆在充电或行驶中动力电池报绝缘故障，在检测其他高压系统绝缘阻值正常情况下需检查驱动电机控制器和连接电机控制器的高压线缆绝缘阻值是否正常。如图 3-97 所示，用绝缘表的黑表笔搭铁，红表笔逐个测量驱动电机控制器上的高压端子和高压线缆端子的绝缘阻值，按下测试按钮，显示的数值为绝缘阻值。驱动电机控制器的搭铁绝缘值大于 100MΩ。

图 3-95　检查驱动电机控制器低压接插件

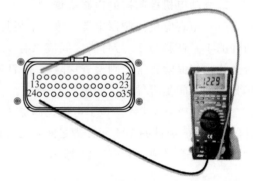

图 3-96　驱动电机控制器低压线束低的电压检测

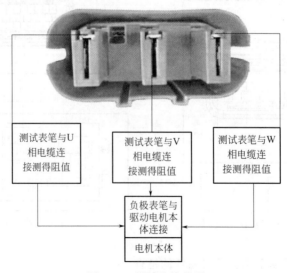

图 3-97　搭铁绝缘检测

5. 北汽电动汽车驱动电机控制器的故障分析

在检修驱动电机控制器故障时，首先使用诊断仪检查故障码，根据故障码的提示分析故障可能原因并进行线路和电气元件的检查。驱动电机控制器常见故障及解决方法如表 3-8 所示。

表 3-8　驱动电机控制器常见故障及解决方法

序号	故障名称	故障码	故障可能原因	解决方法
1	电机控制器直流母线过电压故障	P114017	(1)电机系统突然大功率充电 (2)高压回路非正常断开	分析整车数据,如果总线电压报文与实际电压不相符,则需要检查高压供电回路、高压主继电器、高压插件有无异常
2	电机控制器相电流过电流故障	P113119 P113519 P113619 P113719	负载突然变化、旋变信号故障等导致电流畸变,比如动力电池或主继电器频繁通断	检查高压回路
			控制器损坏(硬件故障)	更换控制器
			控制器采集电压与实际电压不一致	标定电压,刷写控制器程序
3	电机超速故障	P0A4400	整车负载突然降低,电机转矩控制失效	如重新供电不复现,不用处理
			电机低压信号线插头连接松动或者退针	检查信号线插头
			控制器损坏(硬件故障)	更换控制器
4	电机过温故障	P0A2F98	电机低压信号线插头连接松动或者退针	检查信号线插头
			冷却系统工作异常	检查冷却液是否充足,水泵是否正常工作,冷却管路是否堵塞或堵气
			电机本体损坏(长时间过载运行)	更换电机
5	电机控制器IGBT过温故障	P117F98 P117098 P117198 P117298	同电机过温	同电机过温
6	电机控制器低压电源欠电压故障	U300316	12V蓄电池电压过低,或者由于35Pin线束原因,控制器低压接口电压过低	检查蓄电池电压,给蓄电池充电;检查控制器低压接口,测量35Pin插件24号脚和1号脚电压是否低于9V
7	与整车控制器通信丢失故障	U010087	(1)未收到整车控制器信号 (2)网络干扰严重 (3)线束问题	检查35Pin线束连接是否正常,检查CAN网络通信是否正常,或者更换控制器
8	电机系统高压暴露故障	P0A0A94	(1)电机控制器电源模块硬件损坏 (2)软件与硬件不匹配 (3)网络上有部件报出高低压互锁故障	刷写程序或更换控制器
9	电机(噪声)异响		(1)电磁噪声(高频较尖锐) (2)机械噪声,可能是来自减速器、悬架、电机本体(轴承)	(1)电磁噪声属于正常现象 (2)排查确定电机本体损坏,更换电机

第四章
高压控制盒及高压线束

第一节
高压控制盒

一、高压控制盒的作用及结构

1. 作用

高压控制盒能够对整车高压配电进行管理，实现对各路输出分别控制，对高压安全进行管理，有过流、过压、过温保护功能，同时具备 CAN 通信功能，实时交换数据。

新能源汽车通常在大功率的电力环境下运行，有的电压高达 700V 以上，电流高达 400A，对高压配电系统的设计及零部件的选用提出了巨大的挑战。高压电源通过高压电缆直接进入高压控制盒后根据各车型系统的需要分配到系统高压电气部件中，并且需要保证整个高压系统及各高压电气设备的安全性、绝缘性、电磁干扰屏蔽性等要求。

2. 结构

（1）比亚迪充配电四合一总成　充配电总成外部结构如图 4-1 所示。本车高压配电箱主要是将电池包的电能分配给各用电模块，也将车载输出的电能分配给电池包。

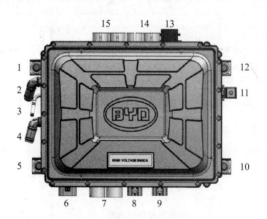

图 4-1　充配电总成外部结构

1—辅助定位；2—出水口；3—排气口；4—进水口；5—主定位；6—交流充电输入；7—直流充电输入；
8—空调压缩机配电；9—空调 PTC 加热器配电；10,12—辅助定位；11—低压正极输出；
13—低压信号；14—高压直流输入/输出；15—电机控制器配电

高压电控总成，又称"四合一"，集成双向交流逆变式电机控制器模块、车载充电器模块、DC/DC 转换器模块和高压配电模块，另外内部还装有漏电传感器，其主要功能如下。

① 控制高压交/直流电双向逆变，驱动电机运转，实现充、放电功能（VTOG、车载充电器）。

② 实现高压直流电转化低压直流电为整车低压电气系统供电（DC/DC 转换器）。

③ 实现整车高压回路配电功能以及高压漏电检测功能（高压配电模块、漏电传感器）。

④ 实现 CAN 通信、故障处理记录、在线 CAN 烧写以及自检等功能。

比亚迪 EV 高压电控总成内部结构如图 4-2 所示。

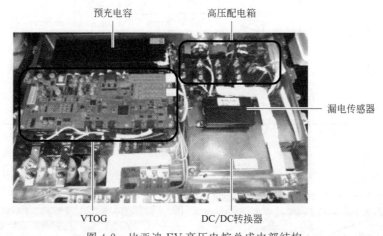

图 4-2　比亚迪 EV 高压电控总成内部结构

（2）红旗 EV 高压控制盒结构（图 4-3）

① 三个熔丝保护高压水暖加热器、电动压缩机、车载充电、供电保护器。

② 位于上盖位置的高压互锁防止未按高压维修流程操作导致触电。

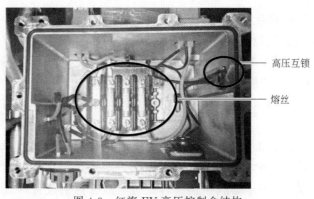

图 4-3　红旗 EV 高压控制盒结构

③ 高压控制盒内有五个接触器，依次为主正接触器、主负接触器、预充接触器、快充正接触器、快充负极接触器，如图 4-4 和图 4-5 所示。

二、高压电控总成内部各系统的工作原理

1. DC/DC 转换器

由于车上大量的元件和控制系统都在使用 12V 电源，所以必须有一种装置能够对蓄电

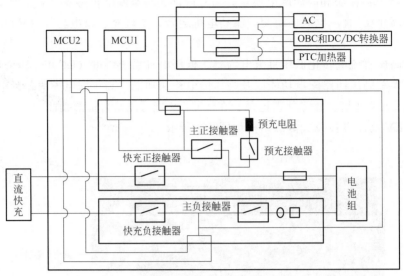

图 4-4　高压控制盒原理

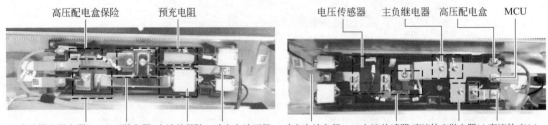

图 4-5　高压控制盒结构

池进行充电，以保证充足的电量供车辆使用，使用 DC/DC 转换器能够将动力电池的 300 多伏的电压转化成 14V 的直流恒压，供车辆使用。

在车辆整车使用过程中，VCU 会随时监测蓄电池的电压，一旦监测到其电源低于 12V后，便会立即启动 DC/DC 转换器，给蓄电池充电和提供低压系统所需的电量。当 VCU 监测到蓄电池电压高于 14V 后，系统会关闭 DC/DC 转换器使能命令，DC/DC 转换器停止工作。

在车辆不启动时，由于低压系统仍有电量需求，同样会导致蓄电池电量不足，为此车辆将经过数据终端进行计数，在车辆连续停用 96h 后，启动 DC/DC 转换器，给蓄电池充电，并在工作 30min 后，关闭 DC/DC 转换器。若此时电池管理系统检测到动力电池电量小于10%，则 DC/DC 转换器停止工作，以保护动力电池的性能，其工作逻辑判断如图 4-6 所示。

2. PTC 电阻加热器

为了提高用户的舒适度，尤其在寒冷天气，车辆上安装了给车内提高温度的正热敏电阻加热器，即 PTC 电阻加热器，其电源由动力电池输出经 PEU 后进入 PTC 加热器控制器，最后到达 PTC 加热器本体。在此车辆上配置了两路 PTC 电阻加热器，系统会根据环境温度与空调控制面板的预设温度及风量，来控制 PTC 电阻加热器的功率大小，如图 4-7 所示，其工作原理如图 4-8 所示。

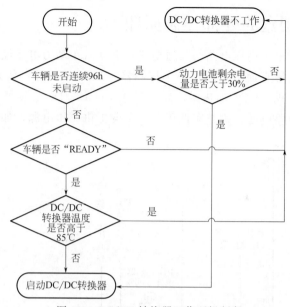

图 4-6 DC/DC 转换器工作逻辑判断

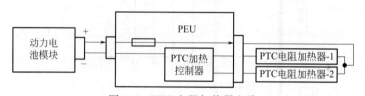

图 4-7 PTC 电阻加热器电路

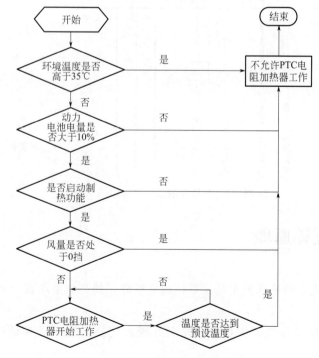

图 4-8 PTC 电阻加热器工作原理

三、高压控制盒的外部控制原理

高压控制盒相当于一个高压电路的交通枢纽,电动汽车动力电池经过高压控制盒的分配为整个高压系统提供高压直流电,通过整车控制器(VCU)的控制管理,一部分电能供给电机控制器、空调压缩机、PTC加热器,另一部分经过DC/DC转换器将高压直流电转换为低压直流电,供给低压蓄电池,为整车低压电气系统提供低压电源,如图4-9所示。

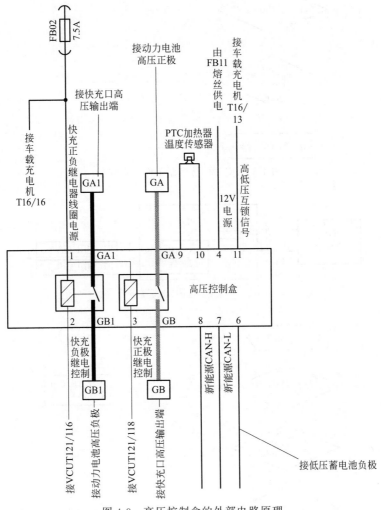

图 4-9　高压控制盒的外部电路原理

四、高压互锁原理

1. 作用

① 整车在高压上电前确保整个高压系统的完整性,使高压系统在一个封闭环境中工作,提高安全性。

② 当整车在运行过程中高压系统回路断开或者完整性受到破坏的时候,需启动安全防护。

③ 防止带电插拔高压连接器给高压端子造成的拉弧损坏,高压互锁开关如图4-10所示。

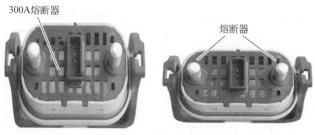

图 4-10　高压互锁开关

2. 高压互锁控制

① 北汽电动汽车高压互锁回路（High Voltage Interlock Loop，HVIL）如图 4-11 所示，高压控制盒互锁线接线如图 4-12 所示。

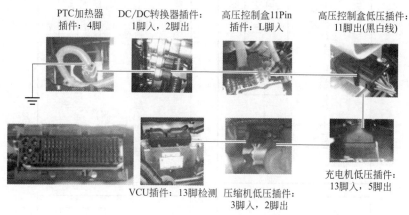

图 4-11　北汽电动汽车高压互锁回路

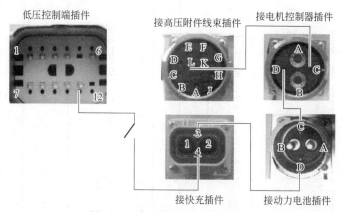

图 4-12　高压控制盒互锁线接线

② 红旗 EV 高压互锁回路（HVIL）也叫危险电压互锁回路，其作用是使用低压信号来检查电动汽车上所有与高压母线相连的各分路，包括整个电池系统、导线、连接器、DC/DC 转换器、电机控制器、高压控制盒及保护盖等系统回路的电气连接完整性（连续性）。当整个动力系统高压回路连接断开或者完整性受到破坏的时候，就需要启动安全措施，如报警或断开高压回路等。互锁控制如图 4-13 所示。

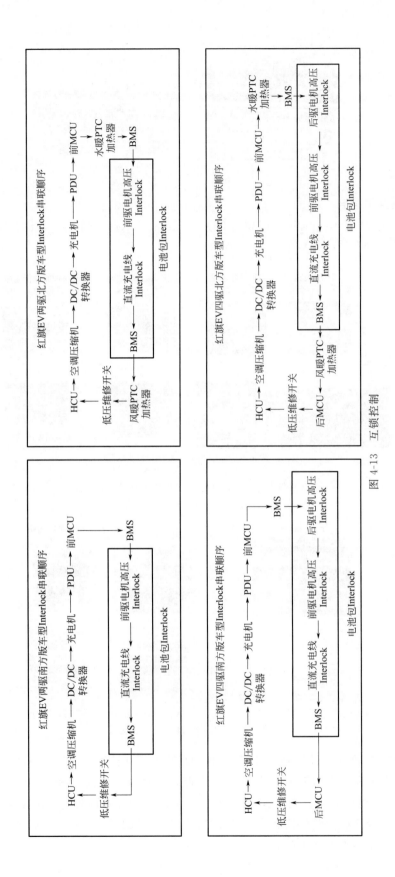

图 4-13 互锁控制

所有高压互锁开关都串联，当任何一个开关被断开时，整车控制单元（HCU）检测管脚的电压值都会发生非常明显的变化，可判断出高压互锁故障已经发生。插头高压互锁开关闭合时电压为 2.5V，断开某一插头高压互锁开关时电压为 5V。

HCU 通过电压检测法，判断外部负载（开关）串联回路是否开路。HCU 提供 5V 电压输出，通过电压值判断互锁的工作情况，互锁电路控制如图 4-14 所示。

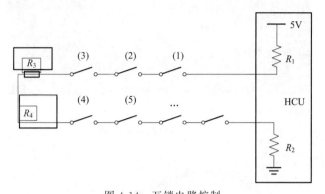

图 4-14　互锁电路控制

第二节
高压线束及插头

一、高压线束

① 高压电缆内部结构如图 4-15 所示。

② 双芯高压电缆结构如图 4-16 所示。

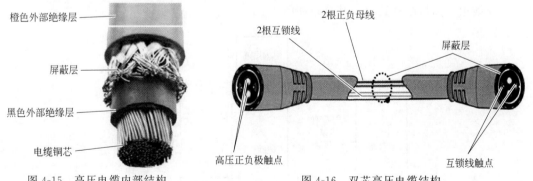

图 4-15　高压电缆内部结构　　　　图 4-16　双芯高压电缆结构

③ 高压控制器线束接口如图 4-17 所示。

④ 高压附件线束（高压线束总成）：连接高压控制盒到 DC/DC 转换器、车载充电机、空调压缩机、空调 PTC 加热器之间的线束，如图 4-18 所示。

图 4-17　高压控制器线束接口

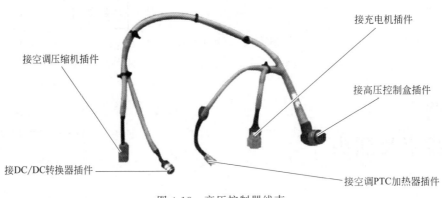

图 4-18　高压控制器线束

二、整车高压线束分布

电动汽车整车共分五段高压线束，分别为动力电池高压电缆、电机控制器电缆、快充线束、慢充线束、高压附件线束，其分布如图 4-19 所示。

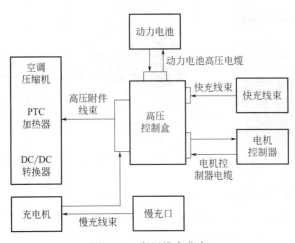

图 4-19　高压线束分布

（1）动力电池高压电缆　连接动力电池到高压控制盒之间的线缆，如图 4-20 所示。

（2）电机控制器电缆　连接高压控制盒到电机控制器之间的线缆，如图 4-21 所示。

图 4-20　动力电池高压电缆　　　　　　　　图 4-21　电机控制器电缆

（3）快充线束　连接快充口到高压控制盒之间的线束，如图 4-22 所示。

（4）慢充线束　连接慢充口到车载充电机之间的线束，如图 4-23 所示。

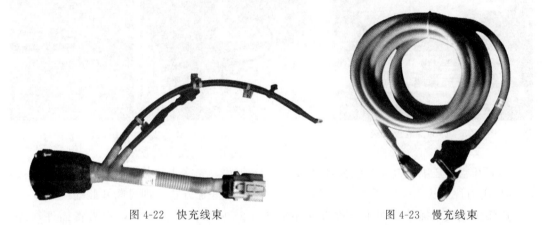

图 4-22　快充线束　　　　　　　　　图 4-23　慢充线束

（5）高压附件线束（高压线束总成）　连接高压控制盒到 DC/DC 转换器、车载充电机、空调压缩机、空调 PTC 加热器之间的线束，如图 4-24 所示。

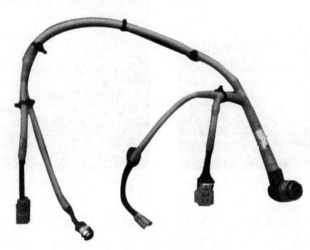

图 4-24　高压附件线束

第三节
高压控制盒及高压线束的拆装与检测

一、PEU 的拆装

① 关闭点火开关，拆下低压蓄电池负极连接线，如有可能，用塑料帽将电池的负极接线柱盖好，如图 4-25 所示。

② 拔下 PEU 低压插件，并保护好插件，避免进入灰尘及水分等杂物。将插件的舌头往上挑后，用力将插件往外拔，即可将插头拔出，如图 4-26 所示。

图 4-25 拆下蓄电极负极　　　　　　　　　图 4-26 拔出 PEU 低压插件

③ 断开空调压缩机高压母线插件，如图 4-27 所示。先将 1 往外拉出至图示位置，按住 2 将插件用力往外拔出一段距离，最后按住 3 将插座彻底往外拔，即可断开此插座。

④ 将快充线束插件的两个紧固螺栓用如图 4-28 所示工具拆开后，用力将插件往外拔出，即可将快充线束从 PEU 上移开。

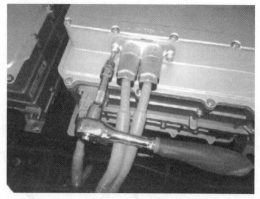

图 4-27 断开空调压缩机高压母线插件　　　　　图 4-28 拆下快充线束插件

⑤ 用步骤④的方法将动力电池高压线束和电机控制线从 PEU 上移开，如图 4-29 所示。

⑥ 用步骤③中断开空调压缩机高压母线的方法，从 PEU 端断开 PTC 加热器高压母线插件，如图 4-30 所示。

电机控制器高压母线插件　　动力电池高压母线插件

图 4-29　拆下电机和动力电池线束插件

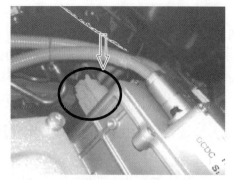

图 4-30　从 PEU 端断开 PTC 加热器高压母线插件

⑦ 用步骤③中断开空调压缩机高压母线的方法，从 PEU 端断开慢充线束插件，如图 4-31 所示。

⑧ 用 13mm 的套筒和棘轮将 DC/DC 转换器的正负极接线端子上的螺栓拆下，然后将线束固定卡子松开，移开线束并做好相关保护，如图 4-32 所示。

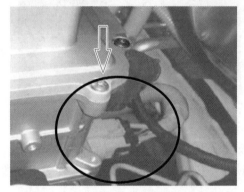

图 4-31　从 PEU 端断开慢充线束插件

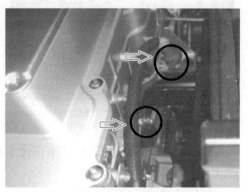

图 4-32　将 DC/DC 转换器的正负极
接线端子上的螺栓拆下

⑨ 用合适的容器收集冷却液，打开散热器底部的阀门，排空所有的冷却液，在冷却软管下面放置容器和毛垫，用以接住软管中残余的冷却液。用螺丝刀或鲤鱼钳将水管管卡松开后，移开软管，如图 4-33 所示。

⑩ 用 13mm 的套筒拆下 PEU 总成的 4 个固定螺栓，力矩为 50~60N·m，如图 4-34 所示。

图 4-33　排空冷却液

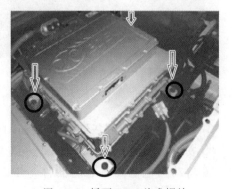

图 4-34　拆下 PEU 总成螺栓

⑪ 用吊带固定好 PEU，并用相关举升设备将 PEU 吊离车辆，放在工作台上，如图 4-35 所示。

注意：超过 20kg 的物体，请勿试图人工搬运。

⑫ 安装以相反顺序进行，安装完毕后，检查各插件是否到位、牢靠。

注意：补充冷却液，并检查软管接头。

二、动力电池高压线束的拆装

1. 拆卸

① 用 S2 T30 内六花拆下两个紧固动力电池的螺栓。拆下 PEU 端高压插件，然后移开高压母线，如图 4-36 所示。

图 4-35 拆下 PEU

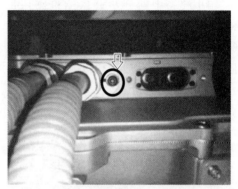

图 4-36 拆下 PEU 端高压插件

② 用 10mm 的套筒拆下高压线束固定卡扣及其他固定卡扣并移开，如图 4-37 所示。

③ 拔下动力电池插件，如图 4-38 所示。将锁扣 1 拔出，按下 2 后用力往外拔出一段距离，然后按住 3 用力将插件往外拔，直至分离。

图 4-37 拆下高压线束固定卡

图 4-38 拔下动力电池插件

2. 安装

① 对准插座后将高压线束往里插，直至到位后将锁扣 1（图 4-38）往里推，锁住插座。

② 安装线束固定卡子：先将高压电缆及固定卡子安装到车身螺栓上面，然后拧紧安装螺母。

③ 将动力电池高压电缆插件与 PEU 对接，然后拧紧 2 个安装点的螺栓，力矩为（10±2）N·m。

📚知识拓展

高压接插件拆卸方法及结构如图 4-39 所示。

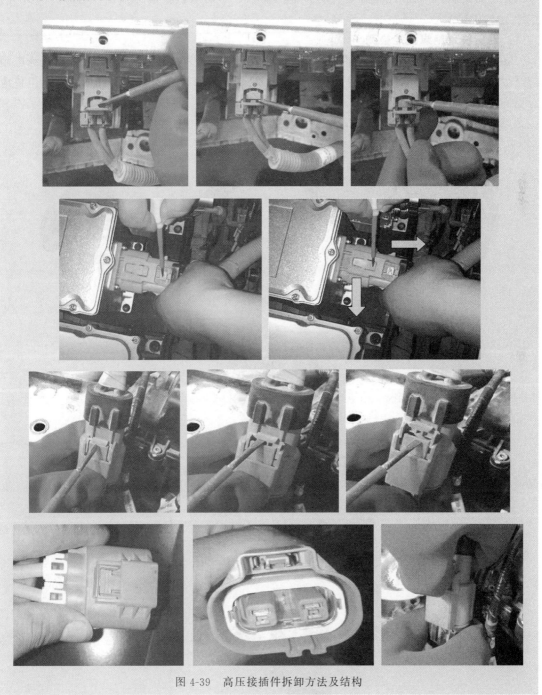

图 4-39　高压接插件拆卸方法及结构

三、高压控制盒及线束的绝缘检测

1. 高压控制盒的绝缘性能检测

① 将低压蓄电池负极断开。

② 拔掉高压控制盒 11 芯插头、动力电池输入插头和驱动电机控制器输出插头。

③ 将绝缘表黑表笔与车身连接，红表笔逐个测量高压控制盒端（动力电池输入、驱动电机控制器输出），高压控制盒端（动力电池输入、驱动电机控制器输出）与车身（外壳）绝缘阻值为无穷大。

2. 高压线束绝缘性能检测

在最大工作电压下，直流电路绝缘电阻的最小值应至少大于 100Ω，交流电路绝缘电阻应至少大于 500Ω。整个电路为满足以上要求，依据电路的结构和组件的数量，每个组件应有更高的绝缘电阻。

以检测电机控制器电缆为例，检测其绝缘性能如图 4-40～图 4-42 所示。

图 4-40　电机控制器插头与线束

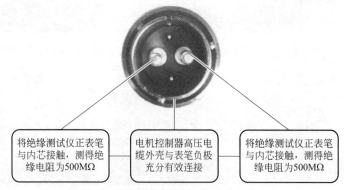

图 4-41　高压控制盒端插头内芯绝缘检测

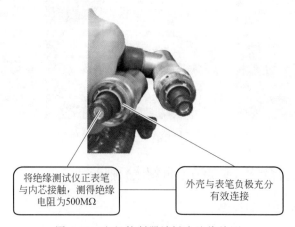

图 4-42　电机控制器端插头绝缘检测

第四节
高压控制盒故障诊断

一、北汽电动汽车高压电路互锁故障排查

（1）故障现象　整车报高压故障。

（2）故障原因　某个高压插件未插或未插到位造成高压互锁回路故障，如图 4-43 所示。

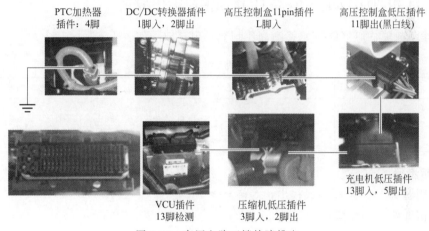

图 4-43　高压电路互锁故障排查

（3）常见的高压互锁问题　PTC 加热器、DC/DC 转换器、高压控制盒、车载充电机、空调压缩机高低压插件未插，如图 4-44 所示。

图 4-44　高低压插件未插

二、北汽电动汽车绝缘故障排查

（1）故障现象　动力电池报整车绝缘故障。

（2）故障原因　某个部件或插件引起绝缘阻值低。

（3）排查方法　排除法。

由于高压互锁线的存在，在使用排除法前首先需要将互锁回路接地，方法是将空调低压插件 2 脚有效搭铁，如图 4-45 所示，然后将高压附件线束断开，再逐一排查。

图 4-45 将空调低压插件 2 脚搭铁

三、江淮纯电动汽车高压预充继电器故障

通过诊断故障代码（DTC）诊断高压预充继电器故障如表 4-1 所示。

表 4-1 高压预充继电器故障诊断

DTC	故障名称	诊断条件	可能导致故障的部件
P0AA0	高压预充继电器故障	只有高压预充继电器吸合，电机控制器反馈电压才高于一定的值	(1)线束或接插件 (2)高压预充继电器(电池包内)

1. 诊断步骤

① 将钥匙置于 LOCK 挡或拔出，等待至少 100s。

② 将钥匙置于 ON 挡。

③ 检查 DTC。

④ 是否检查到 DTC？

是则进行下一步骤，否则检查结束。

2. 检测线束

① 将钥匙置于 LOCK 挡或拔出。

② 断开 VCU 线束接插件。

③ 检测 VCU 线束接插件和车身接地的电压，如表 4-2 所示。

表 4-2 检测 VCU 线束接插件和车身接地的电压（高压预充继电器故障）

万用表表笔正极		万用表表笔负极	电压值(大约)
VCU 线束接插件			
接插件	端口号		
F22	100	车身接地	0V

④ 检测结果是否正常？

是则检查高压预充继电器是否黏合，否则维修或更换 VCU 线束。

四、江淮高压负极继电器故障

通过 DTC 诊断高压负极继电器故障如表 4-3 所示。

表 4-3　高压负极继电器故障诊断

DTC	故障名称	诊断条件	可能导致故障的部件
P0AA4	高压负极继电器故障	只有高压负极继电器吸合,电机控制器反馈电压才高于一定的值	(1)线束或接插件 (2)高压负极继电器(电池包内)

1. 诊断步骤

① 将钥匙置于 LOCK 挡或拔出,等待至少 100s。

② 将钥匙置于 ON 挡。

③ 检查 DTC。

④ 是否检查到 DTC?

是则进行下一步骤,否则检查结束。

2. 检测线束

① 将钥匙置于 LOCK 挡或拔出。

② 断开 VCU 线束接插件。

③ 检测 VCU 线束接插件和车身接地的电压,如表 4-4 所示。

表 4-4　检测 VCU 线束接插件和车身接地的电压(高压负极继电器故障)

万用表表笔正极		万用表表笔负极	电压值(大约)
VCU 线束接插件			
接插件	端口号		
F22	99	车身接地	0V

④ 检测结果是否正常?

是则检查高压负极继电器是否黏合,否则维修或更换 VCU 线束。

五、江淮高压正极继电器故障

通过 DTC 诊断高压正极继电器故障如表 4-5 所示。

表 4-5　高压正极继电器故障诊断

DTC	故障名称	诊断条件	可能导致故障的部件
P0AA1	高压正极继电器故障	只有高压正极继电器断开,电机控制器反馈电压才不下降	(1)线束或接插件 (2)高压正极继电器(电池包内)

1. 诊断步骤

① 将钥匙置于 LOCK 挡或拔出,等待至少 100s。

② 将钥匙置于 ON 挡。

③ 检查 DTC。

④ 是否检查到 DTC?

是则进行下一步骤,否则检查结束。

2. 检测线束

① 将钥匙置于 LOCK 挡或拔出。

② 断开 VCU 线束接插件。

③ 检测 VCU 线束接插件和车身接地的电压,如表 4-6 所示。

表 4-6 检测 VCU 线束接插件和车身接地的电压（高压正极继电器故障）

万用表表笔正极		万用表表笔负极	电压值（大约）
VCU 线束接插件			
接插件	端口号		
F22	107	车身接地	0V

④ 检测结果是否正常？

是则检查高压正极继电器是否黏合，否则维修或更换 VCU 线束。

第五章
变频器

第一节
变频器的定义与工作原理

一、DC 与 AC 的含义

电源转换器（变频器）分为直流/直流（DC/DC）转换与直流/交流（DC/AC）转换两类。在新能源汽车中主要采用 DC/DC 转换器，有降压、升压、双向降-升压三种形式，是满足新能源汽车电气系统电能转换、传输不可缺少的电气设备，如图 5-1 所示。

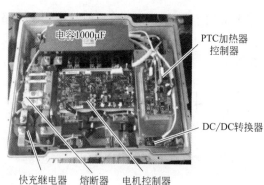

图 5-1 DC/DC 安装位置

在电动汽车上 DC/DC 转换器替代了传统汽车上的发电机，如图 5-2 所示，传统的 12V 用电负荷完全依靠 DC/DC 转换器供给，此类器件，几乎所有的新能源汽车都会应用，功率范围为 1～2.2kW。

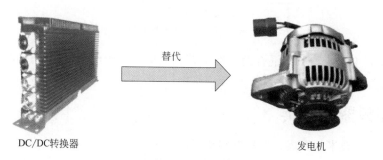

图 5-2 DC/DC 转换器与传统发电机

二、DC/DC 转换器的功能与特点

1. 功能

在混合动力汽车上，采用动力电池组的直流电作为电源，同时采用三相交流电机作为驱动电机，而三相交流电机不能直接使用直流电源。另外三相交流电机具有非线性输出特性，需要应用变频器中的功率半导体转换器件，来实现直流电源与三相交流电机之间电流的传输和转换，并要求能够实现频率调节，在所调节的频率范围内保持功率的连续输出，同时实现电压的调节，能够在恒定转矩范围内维持气隙磁通恒定。将直流电变换为频率和幅值可调且电压可调的交流电来驱动三相交流电机。

2. 特点

用变频器对三相交流电机进行调速控制的控制系统的特点如下。

① 实现了对三相交流电机的调速控制，拓宽了交流电机的转速范围，实现恒功率范围内的运转，可以对交流电机进行高速驱动。

② 可以实现大范围内的高效率连续调速控制。进行高频率启动和停止运转，并进行电气制动，快速控制交流电机正、反转的切换。

③ 所需要的电源容量较小，电源功率因数较大，可以用一台变频器对数台交流电机进行控制，组成高性能的控制系统等。

3. 基本结构模型

变频器在混合动力汽车上应用十分普遍，变频器的基本功率电路有以下几种。

（1）交-直-交逆变器系统　在有 220V/380V 交流电源处，一般采用交-直-交逆变器系统，基本功率电路如图 5-3 所示。

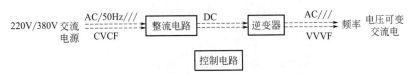

图 5-3　交-直-交逆变器系统基本功率电路

（2）交-交变频器系统　在有 220V/380V 交流电源处，还可以采用交-交变频器系统，其基本功率电路如图 5-4 所示。

图 5-4　交-交变频器系统基本功率电路

（3）直-交逆变器系统　在混合动力汽车有直流动力电池组电源时，还可以采用直-交逆变器系统，其基本功率电路如图 5-5 所示。

三、变频器的种类

随着电气设备技术的发展，变频器和逆变器都采用现代电子控制技术或智能控制，使它们在多种电机的控制上得到广泛应用，变频器有多种结构模型和多种应用场合，可以用以下

图 5-5　直-交逆变器系统基本功率电路

方法分类，使读者对变频器有一个较完整的了解。

1. 按主要功率电路分

（1）电压型变频器　电压型变频器又称为电压源逆变器，其基本电路如图 5-6 所示。最简单的电压型变频器由可控整流器和电压型逆变器组成，用晶闸管整流器调压，逆变器调频。电源电流经过整流器整流为直流电，经平滑大电容滤波，使得中间直流电源近似恒压源和低阻抗。经过逆变器输出的交流电压，具有电压源性质，不受负载性质的影响，适合于多电机的驱动，但调速动态响应较慢。由于反馈能量传送到中间直流电环节并联的电容中，会导致直流电压上升，为防止换流器件被损坏，需要在功率电路中配置专门的放电电路。

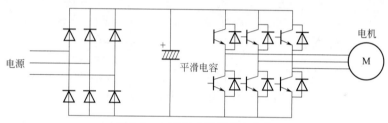

图 5-6　电压型变频器基本电路

电压型变频器的三相逆变电路由六个具有单向导电性的功率半导体电子开关组成，每个电子开关上反并联一个续流二极管，六个电子开关每隔 60°电角度触发导通一次。

（2）电流型变频器　电流型变频器又称为电流源逆变器，其基本电路如图 5-7 所示，最简单的电流型变频器由晶闸管整流器和电流逆变器组成，用晶闸管整流器调压，逆变器调频。电源电流经过整流器整流为直流电，利用串联在回路中的大容量电感起限流作用，使得中间直流电波平滑输出。逆变器向负载输出的交流电流为不受负载影响的矩形波，具有电流源性质，电流型变频器调速动态响应快，可以实现正、反转动并便于反馈制动。

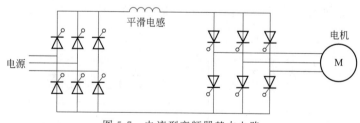

图 5-7　电流型变频器基本电路

在电机制动时，可以通过中间直流电环节的电压反向的方式使整流电路变为逆变电路，将负载反馈的能量回馈给电源，而且在负载短路时比较容易处理，更适合混合动力汽车应用。电流型变频器的三相逆变电路仍然由六个具有单向导电性的功率半导体电子开关所组成，但在每个电子开关上没有反并联续流二极管。

2. 按开关方式分

一般变频器按开关方式分类时，是指按变频器中的逆变器开关方式分类，一般分为以下几种。

（1）PAM(Pulse Amplitude Modulation) 控制　PAM 称为脉冲振幅调制，是指在变频器整流电路中对输出电压（电流）的幅值进行控制，以及在变频器逆变电路中对输出的频率进行控制的控制方式。PAM 控制时，逆变器换流器的开关频率（载波频率）为变频器的输出频率，是一种同步调速方式。

PAM 控制载波频率比较低，在用 PAM 控制进行调速驱动时，电机的运转效率高，噪声较低。但 PAM 控制必须对整流电路和逆变器电路同时进行控制，控制电路比较复杂，另外在电机低速运转时波动比较大，其基本电路如图 5-8 所示。

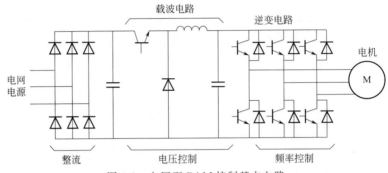

图 5-8　电压型 PAM 控制基本电路

（2）PWM(Pulse Width Modulation) 控制　PWM 称为脉冲宽度调制，是在变频器的逆变电路中，同时对输出电压（电流）的幅值和频率进行控制的控制方式。在 PWM 控制时，比较高的频率对逆变电路的半导体开关元器件进行通断控制，通过改变输出脉冲的宽度来达到控制电压（电流）的目的。PWM 控制时，变频器输出的频率不等于逆变电路换流器件的开关频率，属于异步调速方式。

PWM 控制方式可以减少高次谐波带来的各种不良影响，转矩波动小，控制电路简单，成本也较低。但当载波频率不合适时，电机在运转时会产生较大的运转噪声，在系统中增加一个调整变频器载波频率的系统，即可降低电机在运转时的运转噪声。

通常采用正弦波 PWM 的控制，通过改变 PWM 输出的脉冲宽度，使电压的平均值近似于正弦波，可以使异步电机在进行调速运转时能够更加平稳。电压型 PWM 控制基本电路如图 5-9 所示。

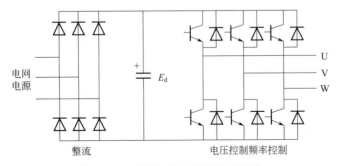

图 5-9　电压型 PWM 控制基本电路

（3）高载频 PWM 控制　　高载频 PWM 称为高载脉冲宽度调制，是 PWM 控制方式的改进，在高载频 PWM 控制方式中，将载频的频率提高到超过人耳可以分辨的频率（10～20kHz）以上，从而降低电机运转噪声，由于高载频 PWM 要求逆变器的换流器件的开关速度很快，因此只能采用 IGBT 和 MOSFET 等有较大容量的半导体元器件，但变频器的容量还是受到限制，高载频 PWM 控制时变频器输出的频率不等于逆变电路换流器件的开关频率，属于异步调速方式，高载频 PWM 控制适用于低噪声型变频器。

3. 按工作原理分

（1）V/f 变频器　　V/f（幅/频比）变频器在工作时对变频器的电压幅度和频率同时进行控制，使 V/f 保持一定，来获得电机所需要的转矩。V/f 是一种比较简单的控制方式，多用于对精度要求不太高的通用变频器中，控制电路的成本也比较低。

（2）转差率控制变频器　　转差率控制变频器是 V/f 变频器的改进，在转差率控制变频器控制系统中，利用装在电机上的速度传感器的速度闭环控制和变频器电脉冲控制电机的实际转速。变频器的输出频率则是根据电机的实际转速与所需要转差频率而被自动设定的，从而达到在进行速度调控的同时控制电机输出转矩的目的。这种变频器的优点是在负载发生较大变化时，仍然可以保持较高的速度精度和较好的转矩特性。

（3）矢量控制变频器　　矢量控制变频器的原理是将交流电机定子电流进行矢量变换，按矢量变换规律由三相变为两相，将静止坐标转换为旋转坐标，把交流电机定子电流矢量分为产生磁场的励磁电流分量和与其相垂直的产生转矩的转矩电流分量。在控制中同时对定子电流的幅值和相位进行控制，也就是对定子电流矢量的控制。

矢量控制方式可以对交流电机进行高性能的控制，采用矢量控制方式不仅使交流电机的调速范围可以达到直流电机的水平，而且可以控制交流电机产生的转矩。矢量控制方式一般需要准确地掌握所控制的电机的性能参数，因此需要变频器与专用电机配套使用，新型矢量控制方式具有自调整功能，自调整矢量控制方式可以在电机正常运转之前，自动对电机的运转参数进行识别，并根据识别情况调整和控制计算中的有关参数，使得自调整矢量控制方式能够应用到普通交流电机上。

4. 按用途分

（1）通用变频器　　通用变频器可以对普通交流电机进行控制，分为简易型通用变频器和高性能通用变频器两种。简易型通用变频器主要用于对调速性能要求不高的场合。高性能通用变频器在控制系统硬件和软件方面增加了相应的功能，用户可以根据电机负载的特性选择算法和对变频器的参数进行设定。如图 5-10 所示为通用变频器的内部结构，此类通用变频器具有以下功能。

① 对电机具有全区域自动转矩补偿功能，防止失速功能和过转矩限定运行等。

② 对带励磁释放型制动器电机进行可靠的驱动和调速控制，并保证带励磁释放型制动器电机的制动器能够可靠释放。

③ 具有减少机械振动和降低冲击的功能。

④ 具有运转状态检测显示功能，根据设定机械运行的互锁，使操作人员及时了解和控制变频器的运行状态，对机械进行保护等。

（2）高频变频器　　在混合动力汽车上常采用高速电机，用 PAM 控制方式控制的高速电机用变频器输出的频率可达到 3kHz，在驱动交流电机时，最高转速可达到 18000r/min。

（3）高性能专用变频器　　高性能专用变频器基本上都采用了矢量控制方式，并与专用电

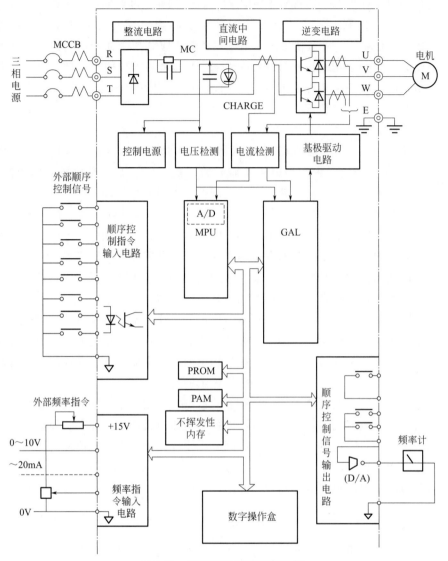

图 5-10 通用变频器的内部结构

机配套使用，在调速性能和对转矩的控制方面都超过了直流伺服系统，而且能够满足特定电机的需要，一般在混合动力汽车上都采用高性能专用变频器进行控制。

高性能专用变频器的主要功能如下。

① 根据驾驶操纵装置输入的信号和各部分传感器的反馈信号自动调节与控制电机的转速及转矩。

② 在恒转矩范围和恒功率的大范围内对电机的转速及转矩进行调节与控制。

③ 限制蓄电池过电压或不足电压。

④ 反馈回收制动能量。

⑤ 具有自动热控制、安全保护系统。

⑥ 在显示屏上显示蓄电池、动力系统和车辆的动态信号等。

⑦ 具有各种不同控制方式变频器的特点。

各种控制方式变频器的应用范围和基本特性对比如表 5-1 所示。

表 5-1　各种控制方式变频器的应用范围和基本特性对比

比较项目		控制方式			
		V/f 控制	转差频率控制	矢量控制 （无速度传感器）	矢量控制 （有速度传感器）
变频器 形式	电压型变频器	适合	适合	不适合①	不适合①
	电流型变频器	适合	适合	适合	适合
	电压型 PWM 变频器	适合	适合	适合	适合
速度传感器		不需要	需要	不需要	需要
速度控制	零速运行	不可	不可	不可	可
	极低速运行	不可	可	不可	可
	速度控制范围	(1:0)～(1:12)	(1:20)～(1:50)	(1:20)～(1:50)	1:1000
	响应速度	慢	快于 V/f 控制	快	快(30～1000rad/s)
	定常精度	转差随负载转矩	模拟控制 0.1% 数字控制 0.1%	0.5%	模拟控制 0.1% 数字控制 0.01%
转矩控制	是否适合	不可	一般不用	适合	适合
	响应速度	—	慢	快	快
电路结构		最简单	简单	最复杂	复杂
特征	优点	(1)结构简单 (2)容易调整 (3)可以用于普通电机	加减速和定常特性优于 V/f 控制	(1)可以进行转矩控制 (2)不需要 PG (3)转矩响应速度快	(1)转矩性能控制好 (2)转矩响应速度快 (3)速度控制范围宽
	缺点	(1)低速时难以保证转矩 (2)不能进行转矩控制 (3)急加速和负载突增时将发生失速	(1)需要设定转差频率 (2)需要高精度的 PG	需要正确设定电机参数	(1)需要正确设定电机参数 (2)需要高精度的 PG

① 由于采用的是电压源，因此无法在逆变电路部分对瞬时电流进行控制。

知识拓展

降压：负责将动力电池 480V 的高压电转换成 12V 电源。DC/DC 转换器在主接触吸合时工作，输出的 12V 电源供给整车用电器工作，并且在低压电池亏电时给低压电池充电。

升压：当动力电池电量不足时，DC/DC 转换器将发电机发出的电供整车低压用电器用电，而多余的量在升压后给动力电池充电及空调供电。

四、新能源汽车上 DC/DC 转换器的技术

实现 DC/DC 转换有两种模式（图 5-11）：一种是线性调节模式；另一种是开关调节模式。

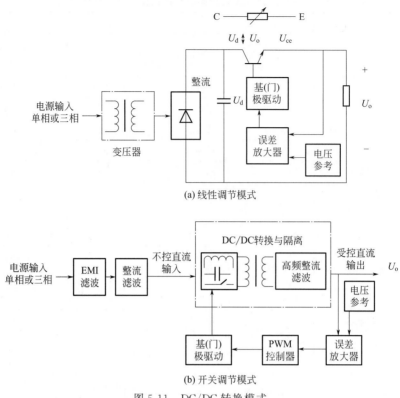

(a) 线性调节模式

(b) 开关调节模式

图 5-11　DC/DC 转换模式

开关调节模式与线性调节模式相比具有以下明显的特点。

（1）功耗小、效率高　在 DC/DC 转换中，电力半导体器件工作在开关状态，工作频率很高，目前这个工作频率已达到数百甚至 1000kHz，这使电力半导体器件功耗减小、效率大幅度提高。

（2）体积小、重量轻　由于频率提高，使脉冲变压器、滤波电感、电容的体积和重量大大减小，同时由于效率提高，散热器体积也减小。还由于 DC/DC 转换器无笨重的工频变压器，所以 DC/DC 转换器体积小、重量轻。

（3）稳压范围宽　DC/DC 转换器的控制方式主要有脉冲频率调制式（PFM）、脉冲宽度调制式（PWM）和混合式，由于 PWM 具有线性度好、负载调整率高和热稳定性好等优点而得到广泛应用。目前 DC/DC 转换中基本使用 PWM 技术，基本原理是通过开关管把直流电斩成方波（脉冲波），通过调节方波的占空比（脉冲宽度与脉冲周期之比）来调节输出电压，对输入电压变化也可通过调节脉宽来进行补偿，所以稳压范围宽。

电压型脉宽调制器是一个电压-脉冲变换装置，用锯齿波作为调制信号的脉宽调制器原理如图 5-12 所示。电压 U_{ctrl} 与锯齿波调制信号比较，输出的 PWM 开关信号为与锯齿波同频率、脉冲宽度与电压 U_{ctrl} 的大小成正比的脉宽调制信号。

知识拓展

DC/DC 转换器一般由控制芯片、电感线圈、二极管、三极管和电容器构成。

在讨论 DC/DC 转换器的性能时，通过控制芯片是不能判断其优劣的。其外围电路的元器件特性和基板的布线方式等，能改变电源电路的性能，因此应进行综合判断。

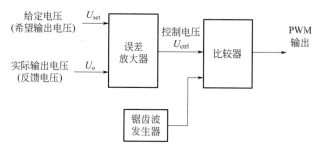

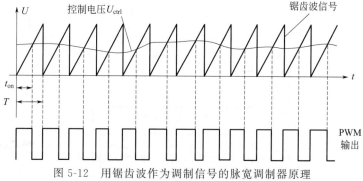

图 5-12　用锯齿波作为调制信号的脉宽调制器原理

五、DC/DC 转换器工作原理

电动汽车上的电源部件除了动力电池之外，还有一个 12V 的铅酸蓄电池，它主要给汽车低压电气设备如灯光系统、仪表系统、娱乐系统、电动车窗、刮水器、除霜器和各种控制器等供电。蓄电池 12V 低压直流电由动力电池的 290～420V 高压直流电经过 DC/DC 转换器转换而来，此系统称为高低压直流电转换系统。该系统的主要部件有动力电池、动力电池高压线束、高压控制盒、高压附件线束、DC/DC 转换器、低压正极线束、低压负极线束、蓄电池。

① 整车 ON 挡上电或充电唤醒上电。

② 动力电池完成高压系统预充电流程。

③ VCU 发给 DC/DC 转换器使能信号。

④ DC/DC 转换器开始工作。

高低压直流电转换工作流程如图 5-13 所示。

六、DC/DC 转换器的电路控制原理

1. 北汽电动汽车电路控制原理

DC/DC 转换器将经过高压控制盒分配的动力电池高压直流电降压变换处理为低压直流电，一方面给低压蓄电池充电；另一方面为灯光、刮水器等车辆常规低压电气提供电源，替代了传统汽车上的发电机系统。DC/DC 转换器的外部电路如图 5-14 所示。

2. 比亚迪电动汽车高压配电箱电气工作原理

高压配电箱管理高压系统电量的通断，在车辆上电和车辆充电时，配电箱内各接触器有效按时序运行通断，保证整车高压系统的安全运行。高压配电箱电气原理如图 5-15 所示。接触器通断时序如下。

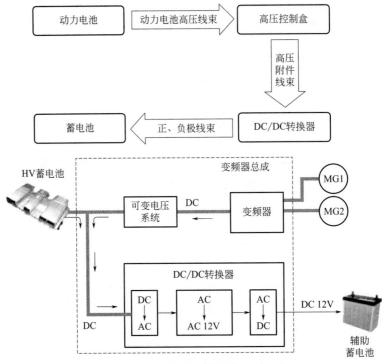

图 5-13　高低压直流电转换工作流程

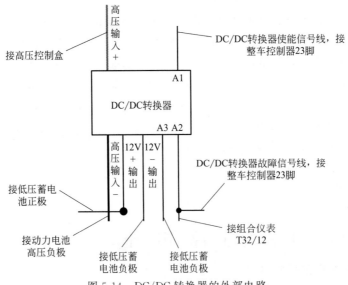

图 5-14　DC/DC 转换器的外部电路

（1）上电时接触器吸合顺序　吸合负极接触器→吸合 DC 预充接触器→吸合 DC 接触器→断开 DC 预充接触器→吸合主预充接触器→吸合主接触器→断开主预充接触器→吸合空调预充接触器→吸合空调接触器→断开空调接触器。

（2）充电时接触器吸合顺序　吸合负极接触器→吸合 DC 预充接触器→吸合 DC 接触器→断开 DC 预充接触器→吸合主预充接触器→吸合充电接触器→断开主预充接触器。

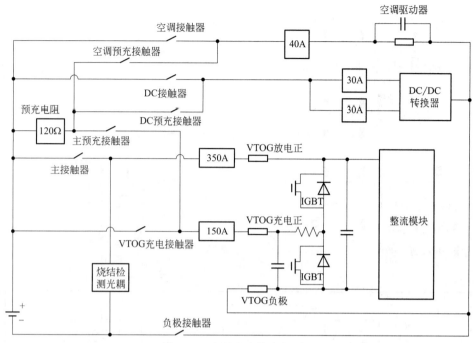

图 5-15　高压配电箱电气原理

第二节

DC/DC 转换器故障诊断

一、比亚迪电动汽车 DC/DC 转换器全面诊断流程

DC/DC 转换器与高压配电箱电路如图 5-16 所示，全面诊断流程如图 5-17 所示。DC/DC 转换器与 EPS 电路如图 5-18 所示。42V 回路诊断流程如图 5-19 所示，12V 回路诊断流程如图 5-20 所示。

二、比亚迪电动汽车 DC/DC 转换器与空调驱动器故障模式下问题的判定

1. DC/DC 转换器与空调驱动器漏电

DC/DC 转换器与空调驱动器漏电分两种情况：一般漏电；严重漏电。DC/DC 转换器与空调驱动器漏电主要是由自身绝缘阻值过小或漏电流过大导致的。

DC/DC 转换器与空调驱动器出现漏电时，仪表会报电池包漏电故障"🔋！"，出现严重漏电时，系统会自动将车辆动力切断进行保护。

若出现电池包漏电情况，应立即将车辆靠路边停靠，联系比亚迪工作人员进行处理。

检测方法如下。

① 用 ED400 读取电池管理器数据流（漏电故障）。

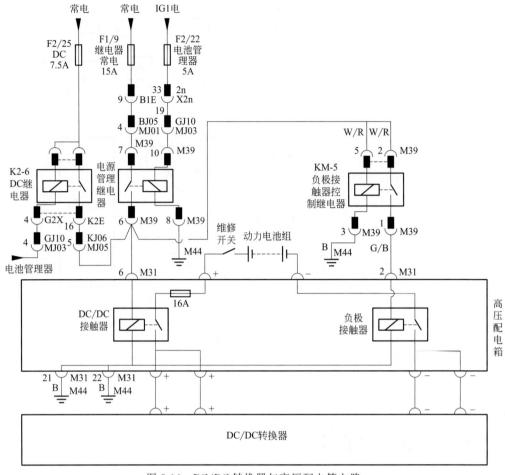

图 5-16　DC/DC 转换器与高压配电箱电路

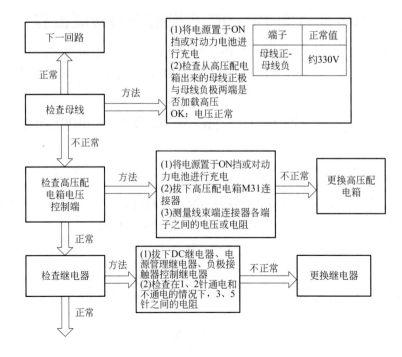

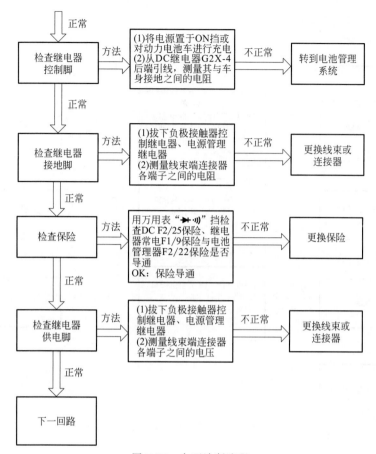

图 5-17　全面诊断流程

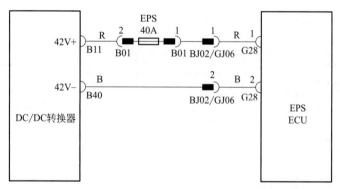

图 5-18　DC/DC 转换器与 EPS 电路

　　② 断电后拔掉 DC/DC 转换器与空调驱动器输入 8 芯线，重新上电读取电池管理器数据流。

　　③ 如果漏电故障未消除，请查找电池包等其他模块。

　　④ 如果漏电故障消除，则接上 DC/DC 转换器与空调驱动器输入，断开输出（压缩机、PTC 加热器以及两个 13.8V 输出，排列组合测试，查找具体的漏电零部件）。

　　⑤ 如果接上 DC/DC 转换器与空调驱动器输入，依次排列组合断开输出，漏电故障均出现，确定 DC/DC 转换器与空调驱动器漏电。

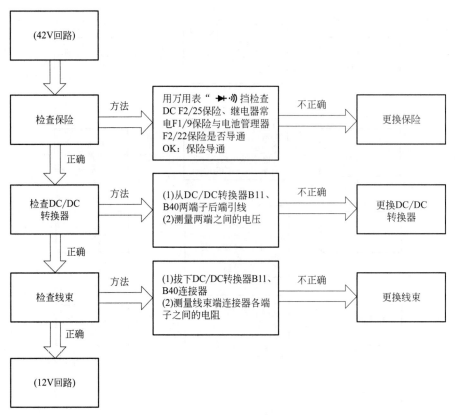

图 5-19　42V 回路诊断流程

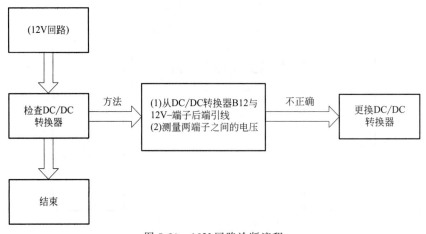

图 5-20　12V 回路诊断流程

⑥ 测量绝缘阻值：测量 DC/DC 转换器与空调驱动器输出（压缩机、PTC 加热器、两个低压输出）对地电阻，低压兆欧级不正常。测量 DC/DC 转换器输入对地电阻，低压兆欧级不正常。

2. DC/DC 转换器与空调没有输入

DC/DC 转换器与空调驱动器的输入电压通过高压配电箱和保险后，由八芯线直接传送过来。

八芯线包括空调的直流高压输入、两路通过 DC/DC 转换器转换成低压的高压输入。出现空调没有高压直流输入时，空调不能工作。出现两路没有输入电压时，低压没有输出。

（1）检测方法（空调没有输入）

① 测试空调制冷、制热是否正常。

② 如果不正常则排查空调自身故障后，测量输入端 A、B 是否有电压（请注意安全保护措施：断开电源，拔下输入接插件，用万用表表头接好 A、B 端，车辆上电测量输入电压）。

③ 如果没有电压，则测量高压配电箱处空调保险是否烧毁。

④ 如果保险未烧毁，应转入高压配电箱的维修（可能是接触器未吸合配电）。

（2）检测方法（DC/DC 转换器没有输入）

① 测试是否有 DC/DC 转换器两路低压输出。

② 如果正常，则检查 DC/DC 转换器与空调驱动器自身；如果不正常，则测量输入端 C、D 和 F、G 端的电压是否正常（请注意安全保护措施：断开电源，拔下输入接插件，分别用万用表表头接好 C、D 和 F、G 端，车辆上电测量输入电压）。

③ 如果没有电压，则测量高压配电箱处 DC/DC 转换器保险是否烧毁。

④ 如果保险未烧毁，应转入高压配电箱的维修（可能是接触器未吸合配电）。

（3）压缩机或 PTC 加热器或低压没有输出、输出异常　压缩机或 PTC 加热器或低压没有输出、输出异常会导致空调不制冷或不制热或蓄电池馈电、转向无助力等故障，检测方法（压缩机或 PTC 加热器或低压没有输出）如下。

① 测量八芯输入是否正常。

② 测试压缩机输入是否正常：如果正常，应查找压缩机自身故障；如果不正常，应查找 DC/DC 转换器与空调驱动器内部故障，通过更换 DC/DC 转换器与空调驱动器验证。

③ 测量 PTC 加热器输入是否正常：如果正常，应查找 PTC 加热器自身故障；如果不正常，应查找 DC/DC 转换器与空调驱动器内部故障，通过更换 DC/DC 转换器与空调驱动器验证。

④ 测量低压输出是否正常（正常值为 13.8V）：如果不正常，应查找 DC/DC 转换器与空调驱动器内部故障，通过更换 DC/DC 转换器与空调驱动器验证。

三、比亚迪电动汽车 DC/DC 转换器故障处理方法

1. DC/DC 转换器输入故障

① DC/DC 转换器输入故障可以分为输入过压和输入欠压。导致 DC/DC 转换器输入故障的原因有两种：DC/DC 转换器自身故障导致对输入的电压范围判断有误；从配电箱出来的母线正、负极电压超出 DC/DC 转换器工作电压范围。

② DC/DC 转换器出现输入保护时会停止工作，应立即将车辆靠路边停放，联系维修工作人员进行处理。

处理方法：在确保安全的情况下，将车辆电源置于 OK 挡，用万用表测量 DC/DC 转换器的高压输入端（图 5-21）C、F 针脚两端电压是否在 200～400V 范围内，若无高压则请检查配电箱；若有高压则请更换功能正常

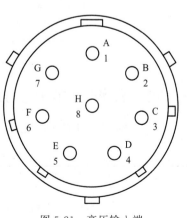

图 5-21　高压输入端

的 DC/VC 转换器与空调驱动器，并将故障件拆卸后交付比亚迪公司进行专业检修。DC/DC 转换器的高压输入端针脚功能定义如表 5-2 所示。

表 5-2　DC/DC 转换器的高压输入端针脚功能定义

针脚	功能定义	针脚	功能定义
A	空调供电高压正	E	空
B	空调供电高压负	F	12V DC I 供电高压正
C	12V DC I 供电高压负	G	12V DC II 供电高压正
D	12V DC II 供电高压负	H	空

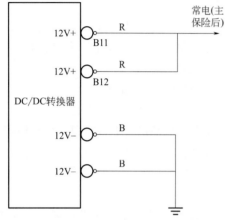

图 5-22　DC/DC 转换器的 12V 回路电路原理

2. DC/DC 转换器输出故障

① DC/DC 转换器输出故障可以分为输出过压、输出欠压和输出过流。在确认 DC/DC 转换器高压输入电压正常的情况下，DC/DC 转换器出现输出故障常为自身内部故障导致。

② DC/DC 转换器出现输出保护时，请立即将车辆靠路边停放，联系维修工作人员进行处理。

处理方法：DC/DC 转换器的 12V 回路电路原理如图 5-22 所示。

将车辆电源置于 OK 挡，用万用表测量 DC/DC 转换器的 12V DC 输出接插件 1、2（图 5-23）对车身接地的电压范围是否为 9～14.49V（输入电压为 260～400V，输出电压为 13.11～14.49V；输入电压为 200～260V，输出电压＞9V），若超出范围则更换功能正常的 DC/DC 转换器与空调驱动器，并将故障件拆卸后交付比亚迪公司进行专业检修。

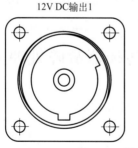
12V DC输出1

12V DC输出2

图 5-23　输出接插件 1、2

四、江淮 A50 DC/DC 转换器故障

（1）江淮 A50 DC/DC 转换器故障码　如表 5-3 所示。

表 5-3　江淮 A50 DC/DC 转换器故障码

故障码编号	故障名称	故障码诊断条件	可能导致故障的原因
P0A94	DC/DC 转换器故障	VCU 检测自身供电低于 11V 持续 2.5s 以上	(1)线束或接插件 (2)DC/DC 转换器

（2）故障码确诊步骤

① 执行故障码确认步骤。

② 将钥匙置于 ON 挡。

③ 检查诊断结果。

④ 是否检查到故障码？

是：进行下一步诊断。

否：检查结束。

（3）诊断步骤

① 检测 DC/DC 转换器输出电压。

a. 将钥匙置于 ON 挡。

b. 检测 DC/DC 转换器输出端与接地之间的电压，如表 5-4 所示。

表 5-4　检测 DC/DC 转换器输出端与接地之间的电压

万用表表笔正极		万用表表笔负极	电压值（大约）
DC/DC 转换器			
接插件	端口号		
F22	92	接地	13V

c. 检测结果是否正常？

是：转至步骤②。

否：转至步骤④。

② 检测低压配电控制器输出电压。

a. 将钥匙置于 LOCK 挡或拔出。

b. 断开低压配电控制器与 VCU 间的接插件。

c. 将钥匙置于 ON 挡。

d. 检测低压配电控制器接插件与接地之间的电压，如表 5-5 所示。

表 5-5　检测低压配电控制器接插件与接地之间的电压（一）

万用表表笔正极		万用表表笔负极	电压值（大约）
低压配电控制器			
接插件	端口号		
F17	10	接地	13V

e. 检测结果是否正常？

是：转至步骤⑤。

否：转至步骤③。

③ 检测低压配电控制器输入电压。

a. 将钥匙置于 LOCK 挡或拔出。

b. 断开低压配电控制器接插件。

c. 将钥匙置于 ON 挡。

d. 检测低压配电控制器接插件与接地之间的电压，如表 5-6 所示。

表 5-6　检测低压配电控制器接插件与接地之间的电压（二）

万用表表笔正极		万用表表笔负极	电压值（大约）
低压配电控制器			
接插件	端口号		
F17	8	接地	13V

e.检测结果是否正常？

是：维修或更换低压配电控制器。

否：维修或更换低压配电控制器与其保险之间的线束。

④ 检测 VCU 的 DC/DC 转换器使能输出。

a.将钥匙置于 LOCK 挡或拔出。

b.断开 VCU 的接插件。

c.将钥匙置于 ON 挡。

d.检测 VCU 和 DC/DC 转换器使能输出端与接地之间的电压，如表 5-7 所示。

表 5-7　检测 VCU 和 DC/DC 转换器使能输出端与接地之间的电压

万用表表笔正极		万用表表笔负极	电压值（大约）
VCU			
接插件	端口号		
F22	92	接地	13V

e.检测结果是否正常？

是：更换 DC/DC 转换器。

否：更换 VCU。

⑤ 检测间歇性故障，检测结果是否正常？

是：进行故障模拟测试。

否：维修或更换故障件。

五、吉利帝豪电动汽车电机控制器 DC/DC 转换器故障

电机控制器 DC/DC 转换器电路如图 5-24 所示。

诊断步骤如下。

（1）检查蓄电池电压

① 操作启动开关使电源模式置于 OFF。

② 用万用表测量蓄电池电压。标准电压为 11～14V。

③ 确认测量值是否符合标准。

④ 如不符合标准则更换蓄电池或为蓄电池充电。

（2）检查电机控制器熔丝 EF18、EF31 和蓄电池正极柱头熔丝是否熔断

① 操作启动开关使电源模式置于 OFF。

② 拔下熔丝 EF31 检查其是否熔断。熔丝额定容量为 10A。

③ 拔下熔丝 EF18 检查其是否熔断。熔丝额定容量为 30A。

④ 拔下蓄电池正极柱头熔丝检查其是否熔断。熔丝额定容量为 150A。

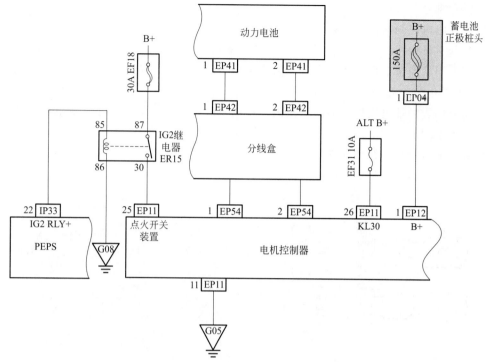

图 5-24　电机控制器 DC/DC 转换器电路

⑤ 如果熔断则检修熔丝线路，更换额定容量熔丝。

（3）检查电机控制器低压电源电压

① 操作启动开关使电源模式置于 OFF。

② 断开电机控制器线束连接器 EP11。

③ 操作启动开关使电源模式至 ON 状态。

④ 用万用表测量电机控制器线束连接器 EP11 端子 25 和车身接地之间的电压值。标准电压为 11～14V。

⑤ 用万用表测量电机控制器线束连接器 EP11 端子 26 和车身接地之间的电压值，如图 5-25 所示。标准电压为 11～14V。

⑥ 确认测量值是否符合标准。

⑦ 如不符合标准则修理或更换线束。

（4）检查电机控制器接地电阻

① 操作启动开关使电源模式置于 OFF。

② 断开电机控制器线束连接器 EP11。

③ 用万用表测量电机控制器线束连接器 EP11 端子 11 和车身接地之间的电阻。标准电阻小于 1Ω。

④ 确认测量值是否符合标准。

⑤ 如不符合标准则修理或更换线束。

（5）检查分线盒线束

① 操作启动开关使电源模式置于 OFF。

② 断开蓄电池负极电缆。

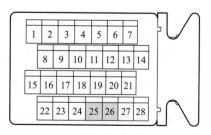

图 5-25　电机控制器线束连接器

③ 拆卸维修开关。

④ 断开电机控制器高压线束连接器 EP54。

⑤ 断开直流母线线束连接器 EP42（分线盒侧）。

⑥ 用万用表测量电机控制器高压线束连接器 EP54 端子 1 和直流母线线束连接器 EP42 端子 1 之间的电阻，如图 5-26 所示。标准电阻小于 1Ω。

⑦ 用万用表测量电机控制器高压线束连接器 EP54 端子 2 和直流母线线束连接器 EP42 端子 2 之间的电阻，如图 5-27 所示。标准电阻小于 1Ω。

⑧ 确认测量值是否符合标准。

⑨ 如不符合标准，则更换分线盒总成。

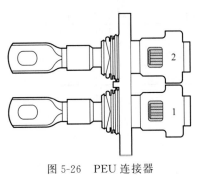

图 5-26　PEU 连接器　　　　　　　图 5-27　分线盒线束连接器

（6）检测 DC/DC 转换器与蓄电池之间的线路

① 操作启动开关使电源模式置于 OFF。

② 断开蓄电池负极电缆。

③ 断开电机控制器线束连接器 EP12。

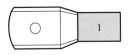

图 5-28　电机控制器线束连接器

④ 断开蓄电池正极电缆。

⑤ 用万用表测量电机控制器线束连接器 EP12 端子 1 和蓄电池正极电缆之间的电阻，如图 5-28 所示。标准电阻小于 1Ω。

⑥ 确认测量值是否符合标准。

⑦ 如不符合标准，则修理或更换线。

六、DC/DC 转换器的绝缘性能检测

检查 DC/DC 转换器的绝缘性能，需使用绝缘表测量高压部件的高压接口绝缘阻值。测量方法如下。

① 将低压蓄电池负极断开。

② 拔掉高压控制盒 11 芯插头。

③ 将绝缘表负表笔与电缆外壳或车身搭铁点充分有效连接，正表笔分别测量端子 A、端子 B，单击测试键进行读数，测得绝缘电阻，与标准值进行比较，判断其绝缘性能是否正常，如图 5-29 所示。

注意：在工作温度 −20～65℃ 和相对湿度 5%～85% 的环境下，高压输入与车身（外壳）绝缘阻值≥20MΩ。

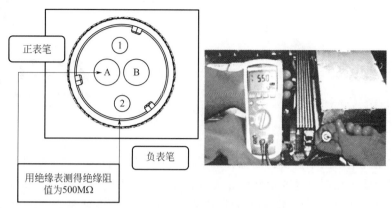

图 5-29　检测 DC/DC 转换器的绝缘性能

七、DC/DC 转换器连接线束的检查与维护

检查 DC/DC 转换器各连接线束有无破损、裂纹、松动，检查和拆装线束接口方法如图 5-30 所示。

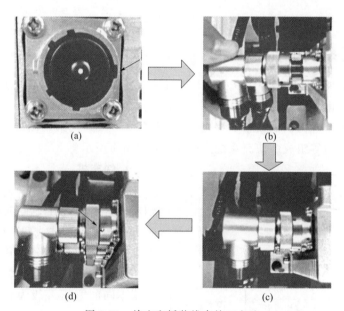

图 5-30　检查和拆装线束接口方法

① 依据所有键位确认插头和插座是否匹配，按照主键位定位两插接器的安装方向，如图 5-30(a) 所示。

② 对准主键位，慢慢将插头推入插座，如图 5-30(b) 所示。

③ 在公母端子正确导向后，向右慢慢旋转公端插头旋口。如感到稍有阻力，可稍稍晃动插头。如阻力很大，则需拔出插头，重新将插头推入插座，如图 5-30(c) 所示。

④ 当听到"嗒"声时，观察图 5-30(d) 中箭头指向的检查孔，如果孔内见到锁止销（红色或银色小圆点）则安装完成，否则需拔出插头重新安装。

第六章
充电系统

充电系统是纯电动汽车主要的能源补给系统，为保障车辆持续行驶提供动力能源。根据动力电池的实时状态控制启动充电和停止充电；并根据动力电池的电量、温度控制充电电流的调节和动力电池加热。充电系统可分为常规充电和快速充电两种方式，也称为慢充和快充，车主可根据充电时长需求来选择充电方式。

第一节
快充系统

一、快充系统的结构

快充系统一般使用工业 380V 三相电，通过功率变换后，直接将高压大电流通过动力电池高压线束给动力电池充电。

快充系统主要部件由供电设备（快充桩）、快充口、快充线束、高压控制盒、动力电池高压线束、动力电池等组成。快充系统充电流程如图 6-1 所示。

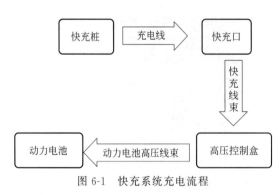

图 6-1　快充系统充电流程

1. 快充桩

充电桩的功能类似于加油站里面的加油机，可以固定在地面或墙壁上，有分体式、便携式、壁挂式和一体式等几种形式，安装于公共建筑（公共楼宇、商场、公共停车场等）和居民小区停车场或充电站内，根据不同的电压等级为各种型号的电动汽车充电。充电桩的输入端与交流电网直接连接，输出端都装有充电插头，用于为电动汽车充电。充电桩一般提供常规充电和快速充电两种充电方式，可以在充电桩提供的人机交互操作界面上使用特定的充电卡，进行相应的充电方式、充电时间、费用数据打印等设置，充电桩显示屏能显示充电量、费用、充电时间等数据。如图 6-2 所示为纯电动汽车快充桩及结构。

2. 快充口

快充口一般位于机舱盖前方车标内部，用于连接快充桩输出端的充电插头，如图 6-3 所示。

当充电口盖板打开时，仪表充电指示灯""应常亮，当关闭充电口盖板时仪表充电指示灯""应熄灭。如果充电口盖板出现问题，则车辆无法正常启动。

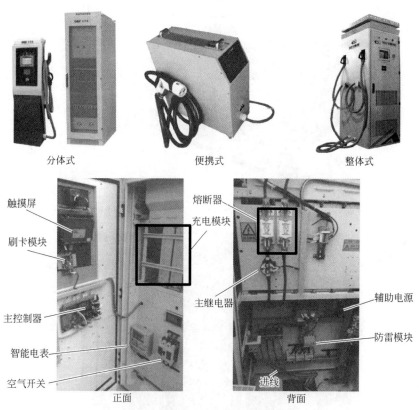

分体式　　　　　　　　便携式　　　　　　　　整体式

触摸屏

刷卡模块

主控制器

智能电表

空气开关

熔断器

充电模块

主继电器

辅助电源

防雷模块

进线

正面　　　　　　　　　　　背面

图 6-2　纯电动汽车快充桩及结构

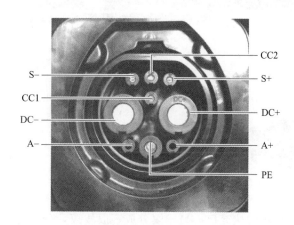

S−　　　　　　　　　　　　　　　CC2

CC1　　　　　　　　　　　　　　S+

DC−　　　　　　　　　　　　　　DC+

A−　　　　　　　　　　　　　　　A+

　　　　　　　　　　　　　　　　PE

图 6-3　快充口

DC＋—直流电源正极，连接直流电源正极与电池正极；DC−—直流电源负极，连接直流电源负极与电池负极；

PE—保护接地，连接供电设备接地线和车辆车身接地线；CC1—充电连接确认（快充桩检测）；

CC2——充电连接确认（车辆检测）；S＋—充电通信 CAN-H，连接快充桩和车辆通信；

S−—充电通信 CAN-L，连接快充桩和车辆通信；A＋—低压辅助电源正，为车辆提供

低压辅助电源；A−—低压辅助电源负，为车辆提供低压辅助电源

注意：快充口 DC＋、DC−端子孔比较粗。

3. 快充线束

快充线束是连接快充口到高压控制盒之间的线束。快充线束及安装位置如图 6-4 所示。

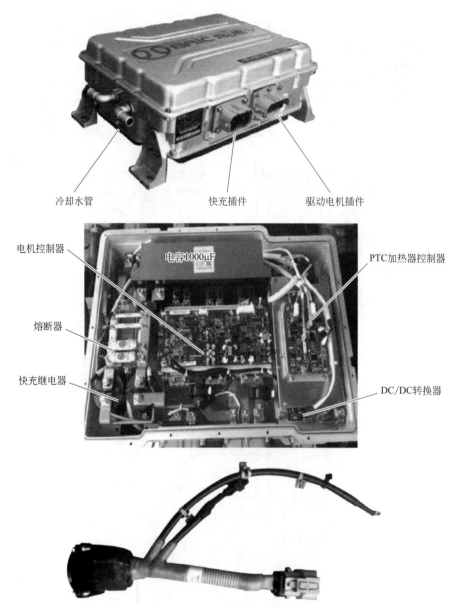

冷却水管　　　　　快充插件　　　　驱动电机插件

电机控制器

电容1000μF

PTC加热器控制器

熔断器

快充继电器

DC/DC转换器

图 6-4　快充线束及安装位置

　　快充线束一端连接车辆的快充口，另一端分成三股线束，分别为接高压控制盒的高压线束、整车低压线束和接车身搭铁点的搭铁线束。

　　连接快充口到高压控制盒之间的线束如图 6-5 所示。

　　快充线束插件连接快充线束端口定义如图 6-6 所示。

　　BMS 与数据采集终端快充 CAN-H 与 CAN-L 之间分别串联了一个 120Ω 的电阻，如图 6-7 所示。从快充口测量 S＋与 S－之间的阻值应为 60Ω，由两个 120Ω 的电阻并联。

　　如整车处于 ON 挡有高压电时，需先进行高压断电后再进行充电。快充时 12V 充电唤醒信号传给充电桩、整车控制器、数据采集终端、仪表等，整车控制器唤醒 BMS。在充电过程中，整车控制器实时监控充电过程，对异常情况进行紧急充电停止，控制部分信息的仪表显示及监控平台信息上传。

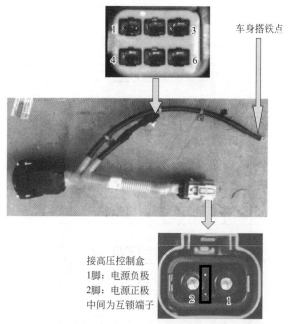

车身搭铁点

接高压控制盒
1脚：电源负极
2脚：电源正极
中间为互锁端子

图 6-5　连接快充口到高压控制盒之间的线束

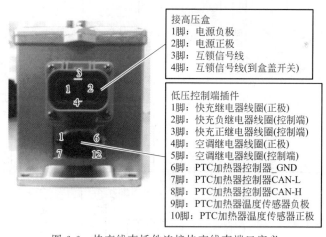

接高压盒
1脚：电源负极
2脚：电源正极
3脚：互锁信号线
4脚：互锁信号线(到盒盖开关)

低压控制端插件
1脚：快充继电器线圈(正极)
2脚：快充负继电器线圈(控制端)
3脚：快充正继电器线圈(控制端)
4脚：空调继电器线圈(正极)
5脚：空调继电器线圈(控制端)
6脚：PTC加热器控制器_GND
7脚：PTC加热器控制器CAN-L
8脚：PTC加热器控制器CAN-H
9脚：PTC加热器温度传感器负极
10脚：PTC加热器温度传感器正极

图 6-6　快充线束插件连接快充线束端口定义

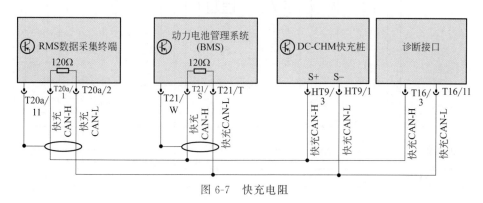

图 6-7　快充电阻

快充口与相关部件之间的线路连接电路原理如图 6-8 所示。

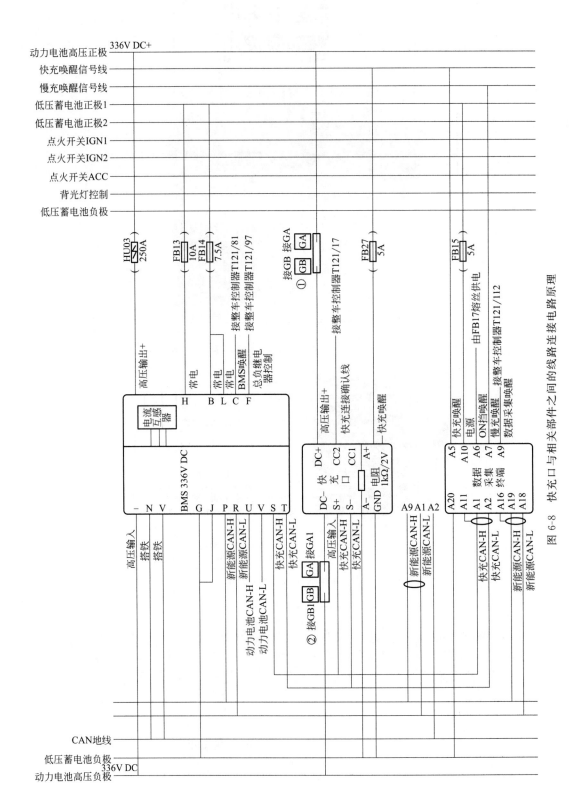

图 6-8　快充口与相关部件之间的线路连接电路原理

4. 高压控制盒

高压控制盒内有 PTC 加热器控制板、PTC 加热器熔断器、空调压缩机熔断器、DC/DC 转换器熔断器、车载充电机熔断器和快充继电器等，如图 6-9 所示。熔断器熔断，则无电流输出，快充继电器不闭合，则无法快充，起到保护高压附件的作用。

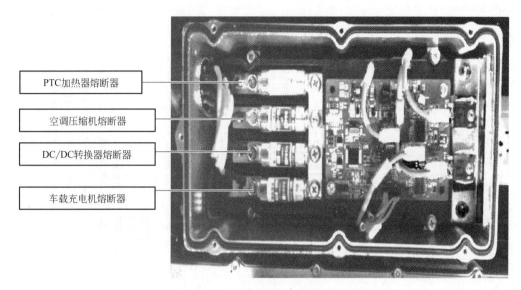

PTC加热器熔断器

空调压缩机熔断器

DC/DC转换器熔断器

车载充电机熔断器

图 6-9 高压控制盒内部结构

如图 6-10 所示为高压控制盒及其相关部件连接关系电路原理。高压控制盒内的快充继电器有两个，为快充正极继电器和快充负极继电器。当点火开关打到 ON 挡时，ON 挡继电器闭合，12V 电源经 SB01 和 FB02 熔丝到达快充正极继电器和快充负极继电器线圈的一端，整车控制器控制线圈另一端搭铁，继电器闭合，高压直流电经快充继电器由高压控制盒的动力电池线束插件输出到动力电池。

二、快充系统的工作原理

快充系统中 K_1、K_2 为充电桩高压正、负继电器；K_3、K_4 为充电桩低压唤醒正、负继电器，供电输出给车辆控制器（VCU）；K_5、K_6 为电池高压正、负继电器；检测点 1 即 CC_1 为充电桩检测快充插头与车辆连接状态识别信号；检测点 2 即 CC_2 为车辆控制器（VCU）检测快充插头与车辆连接状态识别信号。

当 CC_1、CC_2 两个检测点检测到的电压值符合要求之后，即认为充电桩与车辆可靠连接，K_3、K_4 继电器闭合，充电桩输出 12V 低压唤醒电源到车辆控制器（VCU），两者进行身份辨认，"握手"成功之后，VCU 报送动力电池的充电需求，充电桩报送供电能力，两者匹配，VCU 和 BMS 控制 K_5、K_6 闭合，充电桩控制 K_1、K_2 闭合，即进入充电阶段。VCU 发送充电请求及充电状态报文，充电桩反馈充电机状态报文，当车辆及充电桩判定充电结束之后，断开 K_1、K_2、K_5、K_6，充电截止，断开 K_3、K_4，充电完成，原理如图 6-11 和图 6-12 所示。

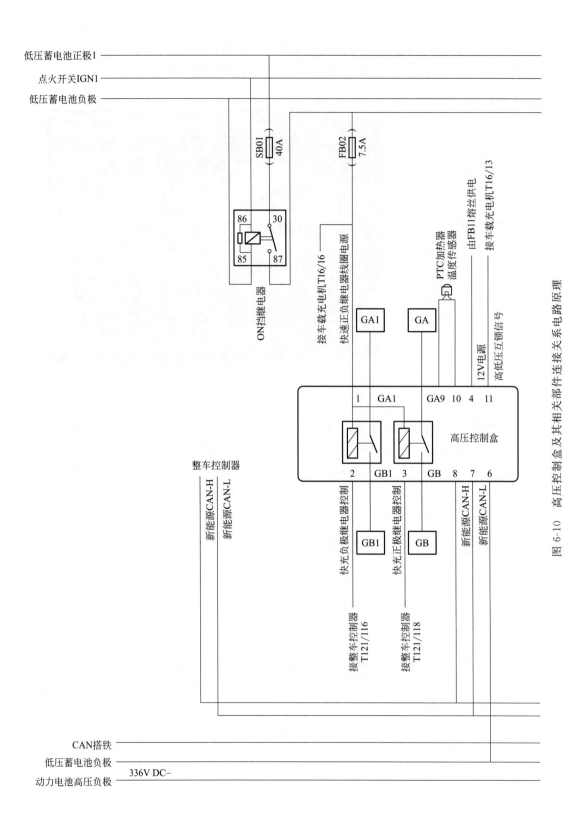

低压蓄电池正极1

点火开关IGN1

低压蓄电池负极

SB01 40A

FB02 7.5A

ON挡继电器

86 30

85 87

接车载充电机T16/16

快速正负继电器线圈电源

PTC加热器温度传感器

由FB11熔丝供电

接车载充电机T16/13

12V电源

高低压互锁信号

GA1

GA

高压控制盒

1 GA1 GA9 10 4 11

2 GB1 3 GB 8 7 6

整车控制器

新能源CAN-H

新能源CAN-L

快充负极继电器控制

快充正极继电器控制

新能源CAN-H

新能源CAN-L

GB1

GB

接整车控制器T121/116

接整车控制器T121/118

CAN搭铁

低压蓄电池负极

动力电池高压负极 336V DC-

图6-10 高压控制盒及其相关部件连接关系电路原理

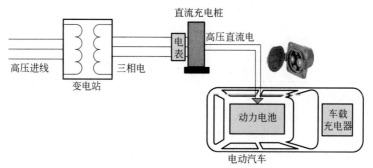

图 6-11　快充原理

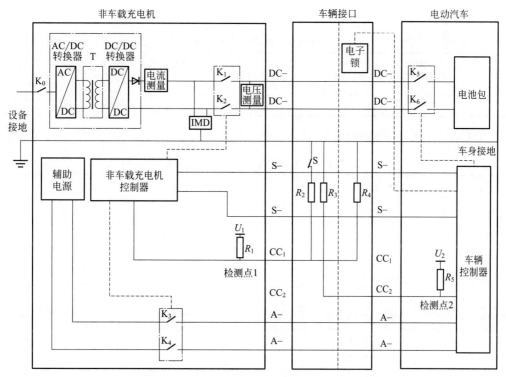

(a) 系统工作原理

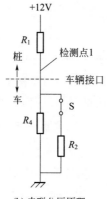

(b) 串联分压原理

图 6-12　快充系统工作原理

CC_1 检测为充电枪检测， CC_1 电压即检测点 1 的电压如表 6-1 所示。

表 6-1　检测点 1 的电压

检测点 1 的电压/V	S 开关（枪头）	枪头与座的状态	备注
12	断开	断开	S 开关按下
6	闭合	断开	—
6	断开	闭合	—
4	闭合	完全闭合	S 开关闭合

CC_2 检测的是充电枪枪头与座的闭合，向车辆控制装置进行反馈，所以检测点 2 的电压如表 6-2 所示。

表 6-2　检测点 2 的电压

检测点 2 的电压/V	枪头与车辆直流快充口状态
12	断开
6	完全闭合

直流充电控制导引电路参数如表 6-3 所示。

表 6-3　直流充电控制导引电路参数

对象	参数名称	符号	单位	标准值	最大值	最小值
直流充电桩	R_1 等效电阻	R_1	Ω	1000	1030	970
	上拉电压	U_1	V	12	12.6	11.4
	测试点 1 的电压	U_{1a}	V	12	12.8	11.2
		U_{1b}	V	6	6.8	5.2
		U_{1c}	V	4	4.8	3.2
充电枪端	R_2 等效电阻	R_2	Ω	1000	1030	970
	R_3 等效电阻	R_3	Ω	1000	1030	970
车辆端	R_4 等效电阻	R_4	Ω	1000	1030	970
	R_5 等效电阻	R_5	Ω	1000	1030	970
	上拉电压	U_2	V	12	12.6	11.4
	测试点 2 的电压	U_{2a}	V	12	12.8	11.2
		U_{2b}	V	6	6.8	5.2

充电枪插好时 CC_1 检测电压为 4V，K_3、K_4 闭合输出唤醒电源 A+、A-，VCU 发出检测信号，CC_2 电压为 6V（也有可能是 2.5V），车辆与充电桩通过 S+、S- 进行通信，然后闭合 K_1、K_2 进行绝缘检测。完成后，断开 K_1、K_2，闭合 K_5、K_6，再闭合 K_1、K_2 进行充电。

如果快充充不了电，应该检测 A+ 保险是否熔断；充电口上 CC_1 与 PE 之间的阻值是否为 1kΩ；充电枪上 CC_2 与 PE 之间的阻值是否为 1kΩ；S+、S- 的阻值是否为 60Ω 或 120Ω 及对正负极短路。

三、快充系统的控制原理

快充系统控制原理如图 6-13 所示。

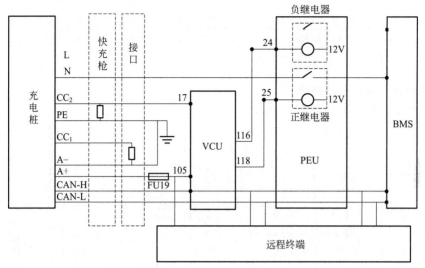

图 6-13　快充系统控制原理

插上充电枪后，CC_1 检测充电枪是否插好，充电枪插好后，给 A＋、A－提供 12V 电压唤醒控制单元 VCU。

CC_2 检测的是充电枪枪头与座的闭合。没插上充电枪时 VCU 端子 17 是不能构成回路的。CC_2 检测的是电阻（电阻在充电枪上，插好充电枪后通过串联分压的原理来检测充电枪是否插到位，不需要回到 VCU）与充电桩、VCU、BMS 之间通过数据总线发送的正常电流强度需求，BMS 主负继电器闭合，充电桩开始给高压蓄电池充电。

四、比亚迪快充系统的工作原理及控制原理

1. 比亚迪快充系统的工作原理

比亚迪直流充电枪插枪后，直流充电桩检测到充电口上的 CC_1 信号，然后输出 12V 低压辅助电源（A＋）；低压辅助电压直接供给 K02 直流充电继电器，该继电器吸合后，BMS、"四合一"控制器等获得双路电源；BMS 检测到直流充电感应信号（即充电枪上 CC_2信号）后，BMS 与直流充电桩进行 CAN 交互；直流充电桩输入高压直流电（DC＋、DC－），通过"四合一"控制器内的高压配电箱给动力电池充电，如图 6-14 所示。

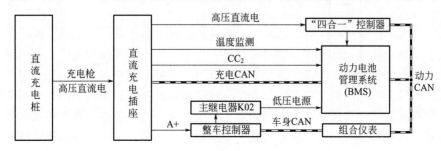

图 6-14　比亚迪直流充电工作原理

📖知识拓展

如果数据流中 BMS 显示有直流充电感应信号，而且仪表显示充电枪已插入并亮起充电指示灯，根据直流充电电路图以及直流充电控制逻辑可发现 CC_1、CC_2、 A+ 、 A- 电路正常，控制电池包与"四合一"控制器预充完成。但从 VTOG 数据流中发现直流充电目标输入电压为 0V，直流充电实际输入电压为 0V，直流充电实际输入电流为 0A，由此推断 BMS 与直流充电桩无法通信或者"四合一"控制器损坏。

2. 比亚迪快充系统的控制原理

比亚迪快充系统充电控制原理如图 6-15 所示。

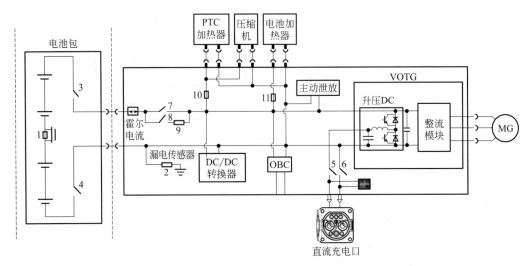

图 6-15　比亚迪快充系统充电控制原理

1—维修开关；2—漏电传感器；3—正极接触器；4—负极接触器；5—直流充电正极接触器；6—直流充电负极接触器；7—放电主接触器；8—预充接触器；9—预充电阻；10—空调保险；11—电池加热器保险

工作流程为：直流充电口→直流充电正极接触器、直流充电负极接触器→VTOG 检测到母线上的电压达到所有单节电池累加电压总和→闭合主接触器→正极接触器、负极接触器工作→开始交流充电。

📖知识拓展

比亚迪双向逆变充放电技术集驱动电机、车载充电器、直流充电站三者功能于一身，既可把电网的交流电变成直流电实现充电，又能把电池里的直流电反向变成交流电对车外用电器供电。

① V→G（车对电网）模式：电动汽车不仅能通过电网充电，还能将电反馈给电网，以实现削峰填谷。比如，在晚上用电低谷时期，可以对电动汽车进行充电，将能量保存在电池里，然后在白天用电高峰期，由车辆向电网并网放电，将储备的电反馈给电网，这在一定程度上减轻了电网的供电负担，从而实现削峰填谷。现在中国高峰电力使用很紧张，若以后电动车普及，靠每家电动汽车的贡献，也能起到一定程度的稳定电力的作用。那电动汽车将不但是一种驾驶工具，更是一种利于民生的电力传导工具。这也是比亚迪所能考虑到的，让车不仅仅只是车。

② V→V（车对车）模式：可实现车辆之间互相充电，进一步扩大了电动汽车可充电范围，可作为紧急救援车对因电力不足导致无法运行的车辆进行充电。比如，如果您驾驶着一辆比亚迪电动汽车，路遇一辆没电抛锚的电动汽车，而附近又找不到充电站，您可伸出援助之手，在车对车充电的模式下，半小时充电量可达 20kW·h，可续驶 100km。

VTOG 主要包含控制板、驱动板、采样板、泄放电阻、预充电阻、电流霍尔、接触器等元器件，如图 6-16 所示。

双向交流逆变式电机控制器（VTOG）的主要功能如下。

（1）驱动控制

① 采集油门、制动、挡位、旋变信号等控制电机正向、反向驱动。

② 具有高压输出电压和电流控制限制功能。

③ 具有电压跌落、过流、过温、IPM 过温、IGBT 过温保护、功率限制、扭矩控制限制等功能。

④ 具备电控系统防盗、能量回馈控制、主动泄放、被动泄放控制等功能。

注意：IPM（Intelligent Power Module）是指智能功率模块，把功率开关器件（IGBT）和驱动电路集成在一起，而且内有过电压、过电流和过温等故障检测电路，并可将检测信号送到 CPU。

图 6-16　电机控制器（VTOG）的结构

（2）充、放电控制　交、直流转换，双向充、放电控制功能；自动识别单相、三相相序并根据充电电流控制充电方式，根据充电设备识别充电功率，控制充电方式；断电重启功能，即在电网断电又供电时，可继续充电。

另外，车辆具有对电网放电功能、对用电设备供电功能及对车辆充电功能，即 VTOG、VTOL 和 VTOV。

工作原理如下。

① OK 灯点亮条件：电池管理器收到 VTOG 反馈的预充完成信号。

② 预充过程：启动车辆时，为缓解对高压系统的冲击，电池管理器先吸合预充接触器，电池包的高压电经过预充接触器串联的限流电阻后加载到 VTOG 母线上，VTOG 检测到母线上的电压达到与所有单节电池累加电压总和相差小于 50V 时，通过 CAN 通道向电池管理器反馈一个预充完成信号，电池管理器收到预充完成信号后控制主接触器吸合，断开预充接触器，如图 6-17 所示。

③ 电机控制器防盗：启动防盗锁的是电机控制器（VTOG），即在整车上 OK 电之前，电机控制器也需要对码。如果电机控制器未进行匹配，整车无法上 OK 电，如图 6-18 所示。

在更换电机控制器（目前采用更换"四合一"控制器总成方式）时，使用 VDS1000 先对原车的 VTOG 进行密码清除，然后再对换上的备件进行防盗编程。VDS1000 附加功能中有"电机控制器编程""电机控制器密码清除"，如图 6-19 所示。

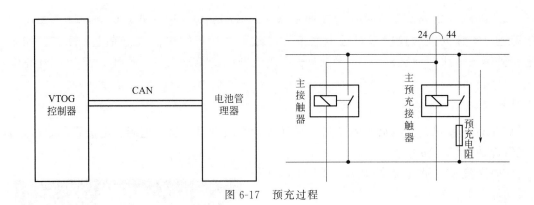

图 6-17　预充过程

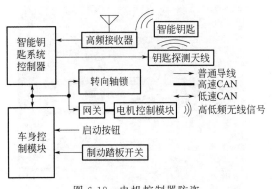

图 6-18　电机控制器防盗

图 6-19　电机控制器密码清除

五、快充系统的充电条件

结合动力电池相关知识以及快充原理图可以得出，快充系统完成正常充电需要满足以下条件。

① 充电连接确认信号 CC_1、CC_2 正常。

② BMS 供电电源 12V 正常。

③ 充电唤醒信号 12V 输出正常。

④ 充电桩、整车控制器、BMS 之间通信正常。

⑤ 动力电池电芯温度为 5～45℃。

⑥ 单体电池最高电压与最低电压差＜300mV。

⑦ 单体电池最高温度与最低温度差＜15℃。

⑧ 绝缘性能＞500Ω/1V。

⑨ 实际单体最高电压不大于额定单体电压 0.4V。

⑩ 高、低压电路连接正常（远程开关处于关闭状态）。

知识拓展

快充，顾名思义就是能够快速给电动汽车充满电的方法，使用非车载充电机并采用大电流直接给动力电池充电，短时间内就能将动力电池电量充到 80% 左右。快速充电的电流一般为 150～400A，充电电压为 200～750V，充电功率大于 50kW。比如特斯拉的超级充电站可在 40min 内将动力电池电量充至 80%。

快充的控制策略是当电池某个单体达到设定电压时即停止充电，没有末端恒压小电流充电和电量修正，所以在车辆多次连续快充时会出现充不满现象，可以在使用快充后再用慢充充满即可。

第二节
慢充系统

一、慢充系统的结构

电动汽车在进行慢充时，高压交流电经过慢充口到达 PEU，在 PEU 内进入车载充电机并转化为直流高压电，从 PEU 输出到动力电池。慢充系统使用交流 220V 单相民用电，通过车载充电机整流变换，将交流电变换为高压直流电给动力电池供电。

慢充系统主要部件有供电设备、慢充口、慢充线束、车载充电机、高压控制盒和动力电池等。慢充系统充电流程如图 6-20 所示。

1. 供电设备

慢充系统的供电设备主要有慢充桩、家用交流慢速充电线（又称为充电宝）、直接供电等几种形式，因直接供电无安全保护装置，故一般不采用，如图 6-21 所示。

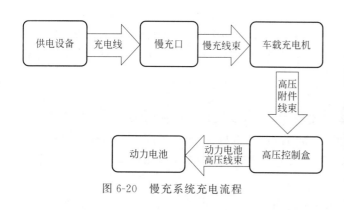

图 6-20 慢充系统充电流程

图 6-21 慢充充电

（1）慢充桩 2014 年及以后生产的纯电动车辆随车配备双弯头充电线总成，该类型充电线分为 16A 和 32A 两种，如图 6-22 所示。

注意：充电枪的插头接车端短些，接充电桩端长些。

（2）充电宝 三相端接家用三相插座，另一端接车辆慢充口，如图 6-23 所示。

2. 慢充口

北汽新能源车辆的慢充口大多数在传统汽车的加油口位置，用于连接慢充桩，如图 6-24 所示。

当充电口盖板打开时，仪表充电指示灯"📷"应常亮，当关闭充电口盖板时仪表充电指示灯"📷"应熄灭。如果充电口盖板出现问题，则车辆无法正常启动。

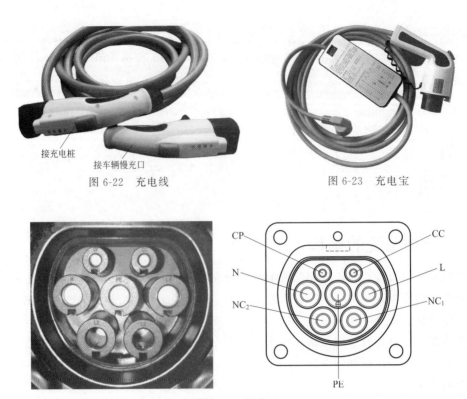

接充电桩　　接车辆慢充口

图 6-22　充电线　　　　　　　　　　图 6-23　充电宝

CP　　　　　　　　　　　　CC

N　　　　　　　　　　　　L

NC₂　　　　　　　　　　NC₁

PE

图 6-24　慢充口

CC—充电连接确认；CP—控制确认；L—相线；N—零线；PE—保护接地；NC₁，NC₂—备用触头

3. 慢充线束

慢充线束即连接慢充口与车载充电机之间的线束，其作用为将慢充桩输入的 220V 交流电输送到车载充电机。慢充线束的一端接车载充电机，另一端为慢充口。慢充线束的安装位置如图 6-25 所示。

4. 车载充电机

车载充电机的作用是将输入的 220V 交流电转换为动力电池所需的 290～420V 高压直流电，实现电池电量的补给，在工作过程中需要协调充电桩、BMS 等部件。车载充电机有风冷和水冷两种冷却形式，相对于传统工业电源，车载充电机具有效率高、体积小、耐受恶劣工作环境等特点。车载充电机的外观如图 6-26 所示。

车载充电机上共有三个指示灯，如图 6-27 所示。对车辆进行充电时，应查看指示是否正常。

POWER 灯：电源指示灯，当接通交流电后该指示灯亮。

RUN 灯：充电指示灯，当充电机接通电池进入充电状态后该指示灯亮。

FAULT 灯：报警指示灯，当充电机内部有故障时该指示灯亮。

（1）车载充电机工作流程　交流供电；低压唤醒整车控制器；BMS 检测充电需求；BMS 给车载充电机发送工作指令并闭合继电器；车载充电机开始工作，进行充电；电池检测充电完成后，给车载充电机发送停止指令；车载充电机停止工作；电池继电器断开。

（2）慢充线束　连接慢充口到车载充电机之间的线束，如图 6-28 所示。慢充口电路如图 6-29 所示。

车载充电机 —— DC输入保险

直流充电
负极接触器 —— 直流充电
正极接触器

车载充电机
输入保险 —— DC降压模块

直流充电接触器
烧结检测 —— 空调保险

(a) 比亚迪E5 PEU内部车载充电机安装位置

交流充电输入　　直流充电–　直流充电+　连接压缩机　连接PTC水加热器

(b) 比亚迪E5 PEU外部慢充线束安装位置

图 6-25　慢充线束的安装位置

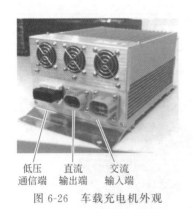

低压　　直流　　交流
通信端　输出端　输入端

图 6-26　车载充电机外观

图 6-27　车载充电机指示灯

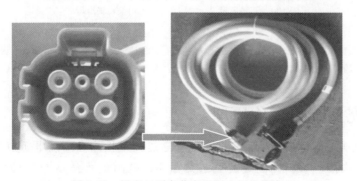

图 6-28　慢充口到车载充电机之间的线束

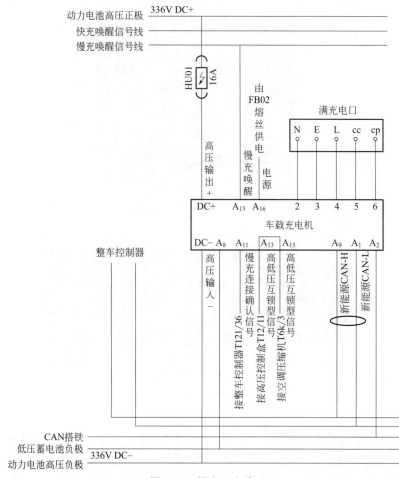

图 6-29　慢充口电路

（3）车载充电机端子　端子接口如图 6-30 所示，低压控制端子如图 6-31 所示。

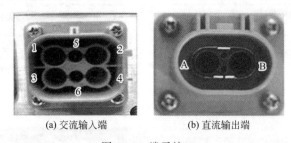

(a) 交流输入端　　　　(b) 直流输出端

图 6-30　端子接口

A—电源负极；B—电源正极；1—L（交流电源）；2—N（交流电源）；
3—PE［车身接地（搭铁）］；4—空；5—CC（充电连接确认）；6—CP（控制确认线）

二、慢充系统的工作原理

① 当车辆插头与车辆插座插合后，充电桩通过测量检测点 4 的电压值来判断供电插头与插座是否完全连接，车辆控制装置通过测量 RC 电阻值来确认车辆接口是否完全连接（CC 检测）。

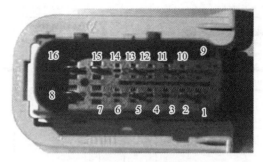

图 6-31　低压控制端子

1—CAN-L；2—CAN-GND；3,4,6,7,10,12,14—CP（预留）；5—互锁输出（到高压盒低压插件）；8—GND；
9—新能源 CAN_H；11—CC 信号输出；13—互锁输入（到空调压缩机低压插件）；15—12V+OUT；16—12V+IN

② 如果充电桩无故障，并且供电接口已完全连接，则 S_1 从 +12V 连接状态切换至 PWM 连接状态，充电桩控制装置发出 PWM 信号。充电桩通过检测点 1 的电压值来判断充电装置是否完全连接。车辆控制装置通过测量检测点 2 的 PWM 信号，判断充电连接装置是否已完全连接（CP 检测）。

③ 在车载充电机（OBC）自检没有故障，并且电池组处于可充电状态时，车辆控制装置闭合 S_2。

④ 当电动汽车和充电桩建立电气连接后，车辆控制装置通过判断检测点 2 的 PWM 信号占空比确认供电设备的最大可供电能力，并且通过判断 RC 电阻值来确认电缆的额定容量。车辆控制装置对充电桩当前提供的最大供电电流值、车载充电机的额定输入电流值及电缆的额定容量进行比较，将其最小值设定为车载充电机当前最大允许输入电流，当设置完成后，车载充电机开始对电动汽车进充电，其原理如图 6-32 和图 6-33 所示。

注意：充电桩通过 CC 连接确认信号并检测充电线可耐受的电流，把 S_1 开关从 12V 端切换到 PWM 端，当检测点 1 电压降到 6V 时，充电桩 K_1/K_2 开关闭合输出电流，充电机最大功率受电网控制。

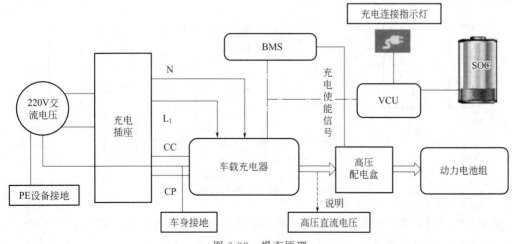

图 6-32　慢充原理

CP—控制确认线；CC—充电连接确认；N,L_1—交流电源；PE—车身搭铁

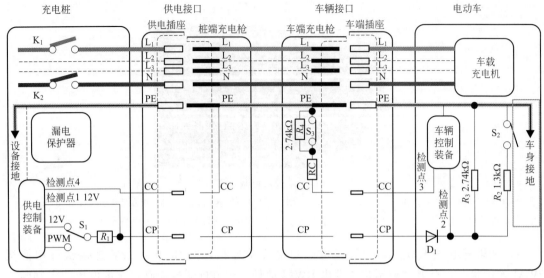

图 6-33　慢充控充电原理

📖 **知识拓展**

检测点 1：判断充电枪是否插好，插好后输出占空比信号。

检测点 2：判断车辆端充电枪是否插好，收到占空比信号并判断充电桩的功率。

检测点 3：CC 判断车辆端充电枪是否插好，判断充电线的载流能力。

检测点 4：检测充电桩端充电枪是否插好。

三、慢充系统的控制原理

充电枪连接：通过充电机反馈到整车控制器（VCU），再唤醒仪表显示连接状态（负触发）；充电机同时唤醒整车控制器（VCU）和动力电池 BMS（正触发），VCU 唤醒仪表启动显示充电状态（负触发）；动力电池正、负主继电器由 VCU 发出指令经 BMS 控制闭合，慢充系统的控制如图 6-34 所示。

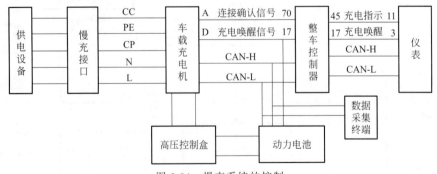

图 6-34　慢充系统的控制

慢充系统启动，充电桩提供交流电，蓄电池低压唤醒整车控制器，动力电池 BMS 检测充电需求并给车载充电机发送工作指令，动力电池继电器闭合，车载充电机开始工作，进行充电，当电池检测充电完成后，BMS 给车载充电机发送停止指令，车载充电机停止工作，动力电池继电器断开，充电结束。

整个充电过程归纳为六个阶段：物理连接完成、低压辅助上电、充电握手阶段、充电参数配置阶段、充电阶段和充电结束阶段，如图 6-35 所示。在各个阶段，充电机和 BMS 如果在规定的

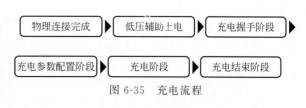

图 6-35　充电流程

时间内没有收到对方报文或没有收到正确报文，即判定为超时，超时时间为 5s（除特殊规定外）。

当出现超时后，BMS 或充电机发送错误报文，并进入错误处理状态。在对故障处理的过程中，根据故障的类别，分别进行不同的处理。在充电结束阶段中，如果出现了故障，直接结束充电流程。

四、比亚迪慢充系统的工作原理及控制原理

1. 比亚迪慢充系统的工作原理

当充电枪插入充电口后，车辆控制装置通过充电连接确认端子 CC 与充电枪进行信息交互（握手），VTOG 内车载充电器检测到充电枪内的电阻 R_c 后确定充电枪额定容量（功率 3.3kW 以下的充电盒 CC 与 PE 之间阻值为 680Ω，7kW 的充电盒 CC 与 PE 之间阻值为 220Ω），系统通过充电控制端子 CP 接收到充电控制信号（PWM 信号）。当充电接口已连接好后，则开关 S_1 从 +12V 连接状态切换至 PWM 信号（占空比信号），供电设备中的供电控制装置通过监测检测点 1 上的电压值变化来判断充电连接装置是否完成连接，车辆控制装置通过监测检测点 2 上的 PWM 信号来判断供电设备的额定容量，确认充电连接装置交互是否完成。高压电控总成 VTOG 检测到这两个信号之后会发送充电连接确认信号 CC 到电池管理系统（BMS）和车身控制单元（BCM），由 BCM 控制双路供电继电器工作，通过双路供电唤醒 DC/DC 转换器模块、车载充电器模块（OBC）、电池管理系统（BMS）、网关以及组合仪表等单元。当 BMS 在被唤醒之后设置车载充电器（OBC）最大允许输入电流，启动充电，先检测 VTOG 发送的充电连接确认信号 CC，然后控制电池包里面的分压接触器、正极接触器、负极接触器、预充接触器、主接触器和交流充电接触器工作，BMS 得电后执行充电程序并拉低仪表充电指示灯信号，仪表充电连接指示灯点亮，激活仪表显示充电状态，从而实现外部电源对车辆的慢充。慢充系统工作原理如图 6-36 所示。

2. 比亚迪慢充系统的控制原理

比亚迪慢充系统控制原理如图 6-37 所示。

交流充电口→OBC（车载充电机）→预充接触器、预充电阻（预充电阻和预充接触器串联，充电前需要闭合预充接触器，让较小的电流进入 VOTG 电机控制器给控制器电容充电，电容电压和高压系统电压相同时）→闭合放电主接触器→断开预充接触器→正极接触器、负极接触器闭合→开始直流充电。

五、慢充系统的充电条件

① 充电线连接确认信号正常。

② 充电机供电电源 220V 和 12V 正常，充电机工作正常。

③ 充电唤醒信号 12V 输出正常。

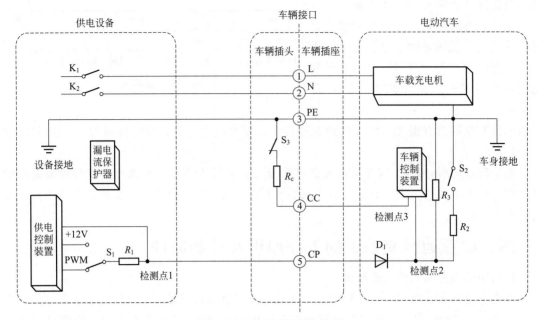

图 6-36　慢充系统工作原理

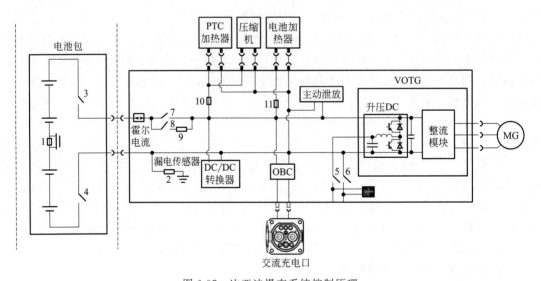

图 6-37　比亚迪慢充系统控制原理

1—维修开关；2—漏电传感器；3—正极接触器；4—负极接触器；5—直流充电正极接触器；6—直流充电负极接触器；7—放电主接触器；8—预充接触器；9—预充电阻；10—空调保险；11—电池加热器保险

④ 充电机、整车控制器、BMS 之间通信正常，主继电器闭合，发送电流强度需求。

⑤ 0℃＜动力电池电芯温度＜45℃。

⑥ 单体电池最高电压与最低电压差＜300mV。

⑦ 单体电池最高温度与最低温度差＜15℃。

⑧ 绝缘性能＞500Ω/1V。

⑨ 实际单体最高电压不大于额定单体电压 0.4V。

⑩ 高、低压电路连接正常，远程控制开关关闭状态。

第三节
快充、慢充系统故障诊断

一、北汽电动汽车快充桩与车辆无法通信故障

① 首先确保充电设备已经与北汽新能源所有车辆匹配调试过，车辆能够正常行驶，如图 6-38 所示。

② 整车控制器（VCU）和动力电池管理系统（BMS）软件版本号为最新，快充测试时连接良好，如图 6-39 所示。

图 6-38　车辆进行过匹配调试

图 6-39　快充测试时连接良好

③ 检测车辆快充口各连接端子有无损坏。

a. 快充口连接端子导电圈脱落，如图 6-40 所示。

b. 连接端子导电正常，如图 6-41 所示。

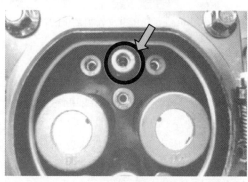

图 6-40　快充口连接端子导电圈脱落

图 6-41　连接端子导电正常

④ 确定快充口和快充枪全部良好，无烧蚀和锈蚀现象，测试充电仍显示通信故障，则对快充口进行测量，如图 6-42 所示。

⑤ 测量快充口 8 针与车身负极的阻值小于 0.5Ω，如果测 8 针与接线端子不导通，则更

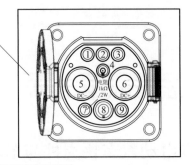

图 6-42 快充口进行测量

换快充线束；如果 8 针与接地阻值不符，可能是螺栓松动、接触面锈蚀、螺纹处油漆未处理干净所致。

注意：如果快充口 8 针与车身连接不良，会出现快充桩无法操作、无法与车辆通信的情况。

⑥ 测量 4 针和 7 针的电阻值是否为 (1000±50)Ω，如果阻值与标准不符则更换快充线束，如图 6-43 所示。

⑦ 车辆与快充桩连接良好，启动充电，测试充电唤醒信号是否正常，看仪表是否被唤醒。

a.未唤醒：测量前机舱低压电气盒内的 FB27 熔丝是否损坏，如损坏，则检查线路后更换，如图 6-44 所示。

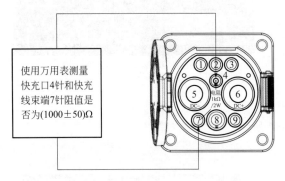

图 6-43 测量 4 针和 7 针的电阻

图 6-44 低压电气盒内的 FB27 熔丝

b. 如果正常，则用万用表测量车辆该保险是否有快充唤醒电压，无电压则断开充电枪（点火开关处于关闭状态），检查低压线束端快充线束连接插件端子有无退针、锈蚀、端子接触不实等现象。若有问题则进行修复，若没有则测量快充口 9 针和快充线束端 2 针是否导通，如不导通则更换快充线束，若导通则继续测量，如图 6-45 所示。

c.测量低压线束端快充线束连接插件 2 针和前机舱低压电气盒 16 芯绿色插件 A5 针是否导通。若不导通则检查线束，如不能有效修复则更换低压线束；若导通且插件端子良好而 FB27 熔丝没有唤醒电压，则更换前机舱低压电气盒，如图 6-46 所示。

d.测量前机舱低压电气盒 FB27 熔丝和背面的 J8/A7 是否导通。若不导通则更换前机舱低压电气盒；若导通则对低压线束继续进行检测，如图 6-47 所示。

e.测量前机舱低压电气盒 FB27 熔丝和背面的 J11/A10 是否导通。若不导通则更换前机舱低压电气盒；若导通则对低压线束继续进行检测，如图 6-48 所示。

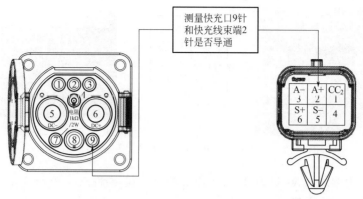

图 6-45　测量快充口 9 针和快充线束端 2 针是否导通

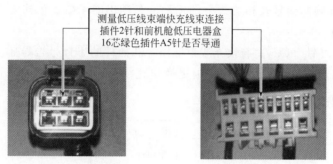

图 6-46　测量低压线束端快充线束连接插件是否导通

图 6-47　测量 FB27 熔丝和背面的 J8/A7 是否导通

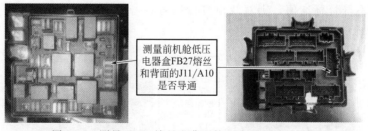

图 6-48　测量 FB27 熔丝和背面的 J11/A10 是否导通

f.测量低压线束前机舱低压电气盒红色 16 芯插件 J8/A7（插件背面有标注）和 VCU 插件 T121/105 是否导通。若不导通则检查线束；如对线束不能有效修复则应更换，如图 6-49 所示。

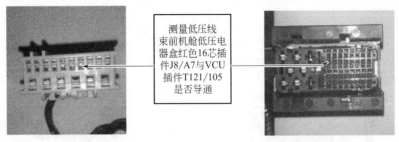

图 6-49　测量 J8/A7 和 VCU 插件 T121/105 是否导通

g. 以上一步为例测试 VCU 60 针与组合仪表的 32 芯插件的 4 针是否导通。若不导通则检查线束；若导通则检查仪表。

h. 快充时仪表已经被唤醒，则从第 f 步直接对低压线束进行检查。

⑧ 检查完快充唤醒信号及相关线束都正常，车辆仍旧不能通信连接，则对车辆端连接确认信号进行检测。

a. 测量快充口 2 针（CC₂）与快充线束低压 6 芯插件的 1 针是否导通。若不导通则检查有无退针，必要时需修复，如无法修复则更换快充线束；若导通则对低压线束继续进行检测，如图 6-50 所示。

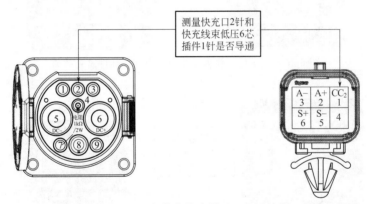

图 6-50　测量 2 针（CC₂）与快充线束低压 6 芯插件的 1 针是否导通

b. 测量低压线束端快充连接插件 1 针与整车控制器（VCU）插件的 17 针导通，阻值应小于 0.5Ω。如不符合标准值，则对线束进行检查；若不能有效修复则应更换，如图 6-51 所示。

图 6-51　测量 1 针与整车控制器（VCU）插件的 17 针导通

⑨ 对车辆进行快充测试，若不能通信连接则继续检测。关闭点火开关，测量 1 针和 3

针的电阻值是否为（60±5）Ω，如阻值不符则根据电路图检查相关电路。

a.测量快充口1针和快充线束端5针，如果不导通则更换快充线束，如图6-52所示。

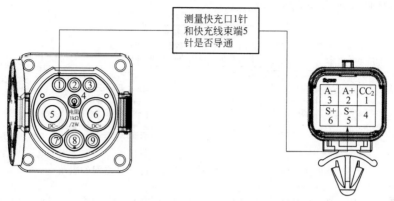

图6-52　测量快充口1针和快充线束端5针

b.测量快充口3针和快充线束端6针，如果不导通则更换快充线束，如图6-53所示。

c.测量低压线束端快充线束连接插件5针与6针之间的阻值是否为（60±5）Ω，如图6-54所示，如果不符则根据电路图继续检测。

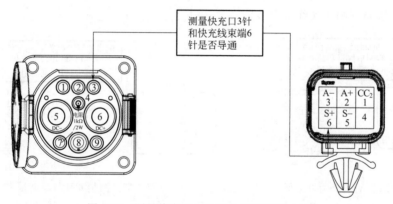

图6-53　测量快充口3针和快充线束端6针

d.测量低压线束端快充线束连接插件5针与动力电池低压插件T针之间的阻值应小于0.5Ω，如图6-55所示，并检查插件端子有无锈蚀和虚接现象，如不符合标准，则对线束进行修复，若无法修复则更换线束总成。

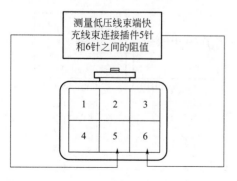

图6-54　测量低压线束端快充线束连接插件　　图6-55　测量5针与动力电池低压插件T针之间的阻值

e.测量低压线束端快充线束连接插件 5 针与数据采集终端插件 2 针之间的阻值应小于 0.5Ω，如图 6-56 所示，并检查插件端子有无锈蚀和虚接现象，如不符合标准，则对线束进行修复，若无法修复则更换线束总成。

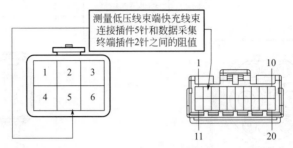

图 6-56　测量 5 针与数据采集终端插件 2 针之间的阻值

f.测量低压线束端快充线束连接插件 6 针与动力电池低压插件 S 针之间的阻值应小于 0.5Ω，如图 6-57 所示，并检查插件端子有无锈蚀和虚接现象，如不符合标准，则对线束进行修复，若无法修复则更换线束总成。

g.测量低压线束端快充线束连接插件 6 针与数据采集终端插件 1 针之间的阻值应小于 0.5Ω，如图 6-58 所示，并检查插件端子有无锈蚀和虚接现象，如不符合标准，则对线束进行修复，若无法修复则更换线束总成。

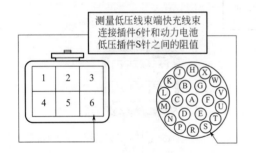

图 6-57　测量 6 针与动力电池低压
插件 S 针之间的阻值

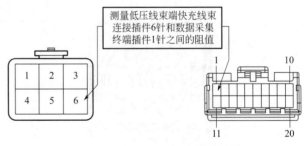

图 6-58　测量 6 针与数据采集终端
插件 1 针之间的阻值

h.若测量结果不在（60±5）Ω 范围内，则根据快充 CAN 总线所涉及的终端电阻和线束走向进行检查，如图 6-59 所示。快充 CAN 总线上的两个终端电阻分别安装在数据采集终端和动力电池上，进行并联后的电阻值是 60Ω。根据原理图，断开数据终端和动力电池低压插件。

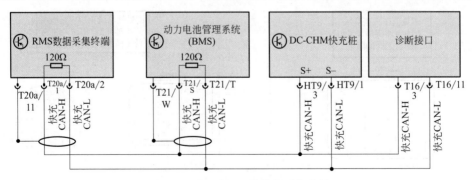

图 6-59　BMS 与 RMS 数据采集终端

i. 测量低压线束端快充线束连接插件是否为无穷大，如图 6-60 所示，如果不符合标准则检查线束插件是否有进水现象、线束是否有磨损（外侧保护层开裂、内部线束老化开裂）现象，如不能有效修复则更换低压电机线束。

j. 如果断开数据端和动力电池低压插件后测低压电机线束端快充线束连接插件 5 针和 6 针之间的阻值是无穷大，则对数据采集终端的 20 芯插件 1 针和 2 针进行测量，电阻值应为（120±5）Ω，否则更换数据采集终端，如图 6-61 所示。

k. 如果符合标准，则对动力电池的 S 针和 T 针进行测量，电阻值应为（120±5）Ω，如果不符合标准则联系动力电池厂家售后人员进行维修，如图 6-62 所示。

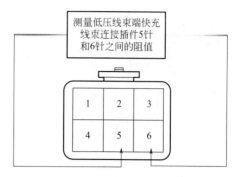

图 6-60　测量低压线束端快充线束连接插件阻值

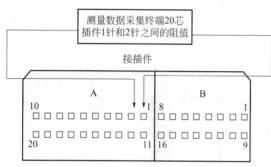

图 6-61　对采集终端 20 芯插件 1 针和 2 针进行测量

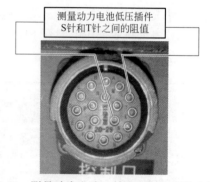

图 6-62　测量动力电池 S 针和 T 针之间的电阻值

⑩ 测量 7 针与车身负极的阻值应小于 0.5Ω，如果阻值不符，则进行以下操作。

a. 检查快充线束与低压线束连接的 6 针插件是否有退针、虚接现象，如图 6-63 所示，用新能源专用端子测试工具进行测试，看端子是否有母端连接过松现象。

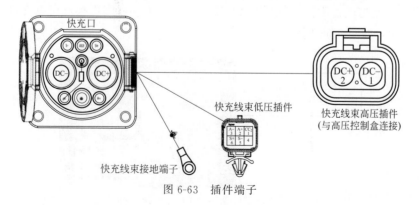

图 6-63　插件端子

b. 检查低压线束的接地点有无松动，接触面是否锈蚀，螺纹处油漆是否未处理干净。接地点在左侧纵梁前方上部，如图 6-64 中箭头所示。

c. 测量低压线束端快充线束连接插件 3 针和搭铁点端子的阻值应小于 0.5Ω，如图 6-65

所示，若测量值与标准不符，则检查线束，如不能有效修复则更换低压线束。

⑪ 如果车辆与快充桩还不能通信连接，则确认 VCU 及 BMS 软件版是否为最新。

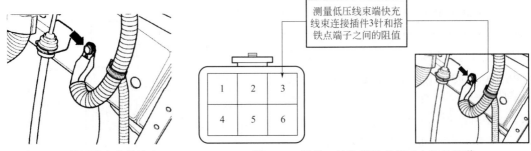

图 6-64　低压线束的接地点　　　　　图 6-65　测量 3 针和搭铁点端子之间的阻值

二、北汽电动汽车快充桩与车辆通信正常但无充电电流故障

① 快充桩显示连接正常，动力电池信息显示正常，如图 6-66 所示。

② 检查前机舱低压电气盒 FB22 熔丝是否损坏，如图 6-67 所示。如果损坏则对低压线束进行检测，若未损坏则检查熔丝。

图 6-66　快充桩显示

图 6-67　电气盒 FB22 熔丝

③ 无电压测量熔丝盒的供电端子与 FB22 熔丝，如不导通则更换低压电气盒，若导通则检查低压主保险，如图 6-68 所示。

图 6-68　测量供电端子与 FB22 熔丝是否导通

④ 检查 PEU 低压插件 3 针和 27 针有无电压（有电压则直接由步骤⑦开始），如图 6-69所示。

⑤ 无电压检查前机舱低压电气盒熔丝 FB22 与背面 J8 插件的 B1 针，若不导通则更换低

压电气盒，如图 6-70 所示。

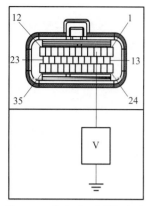

图 6-69　检查 PEU 低压插件
3 针和 27 针有无电压

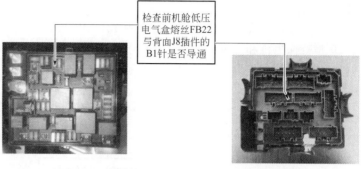

图 6-70　检查 FB22 与背面 J8 插件的 B1 针

⑥ 测量低压线束前机舱低压电气盒红色 16 芯插件 J8 的 B1 针与 PEU 低压插件 3 针和 27 针是否导通，如图 6-71 所示。若不导通则对低压线束进行检查，若不能有效修复则应更换；如导通则检查高压控制盒快充继电器的负极控制信号。

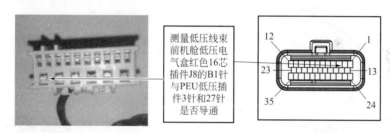

图 6-71　测量 J8 的 B1 针与 PEU 低压插件导通性

⑦ 检查快充负极继电器控制信号，快充启动后测量 PEU 低压插件 29 针是否有搭铁控制信号。如有搭铁信号则检查 PEU 低压插件 28 针是否有搭铁控制信号，如果也有搭铁信号，插件端子良好，则更换快充继电器，如图 6-72 所示。

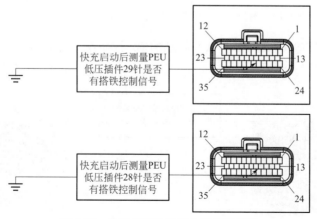

图 6-72　检查快充负极继电器控制信号

三、北汽电动汽车车载充电机与充电桩连接故障

① 首先确保充电桩状态良好，符合国家标准，与北汽新能源各种电动汽车进行过调试并通过。

② 确认充电桩提供的工作电压范围为187～253V。

③ 检查充电枪和充电口的各连接端子无烧蚀和损坏现象。

④ 连接好充电线后，查看仪表连接示灯状态。

a.仪表充电连接灯不亮。

b.测量充电桩端充电枪的N针和车辆端的N针导通，阻值小于0.5Ω，若不符合则更换充电线总成，如图6-73所示。

测量充电桩端充电枪的N针和车辆端的N针导通

充电桩端充电枪　　　　　　　　　　车辆端充电枪

图6-73　测量充电桩端充电枪的N针和车辆端的N针导通

c.测量充电桩端充电枪的L针和车辆端的L针导通，阻值小于0.5Ω，若不符合则更换充电线总成，如图6-74所示。

测量充电桩端充电枪的L针和车辆端的L针导通

充电桩端充电枪　　　　　　　　　　车辆端充电枪

图6-74　测量充电桩端充电枪的L针和车辆端的L针导通

d.测量充电桩端充电枪的PE针和车辆端的PE针导通，阻值小于0.5Ω，若不符合则更换充电线总成，如图6-75所示。

测量充电桩端充电枪的PE针和车辆端的PE针导通

图6-75　测量充电桩端充电枪的PE针和车辆端的PE针导通

e.测量充电桩端充电枪的 CP 针和车辆端的 CP 针导通，阻值小于 0.5Ω，若不符合则更换充电线总成，如图 6-76 所示。

图 6-76　测量充电桩端充电枪的 CP 针和车辆端的 CP 针导通

f.测量充电桩端充电枪的 CC 针和 PE 针导通，阻值小于 0.5Ω，若不符合则更换充电线总成，如图 6-77 所示。

g.测量充电桩端充电枪的 CC 针和 PE 针的阻值，16A 充电线阻值应为（680.0±20.4）Ω，32A 充电线阻值应为（220.0±6.6）Ω，若不符合则更换充电线总成。

注意：测量时充电枪的解锁锁止按键需要保持弹起状态。

h.检查车辆充电枪解除锁止按钮是否卡滞，未能完全复位，如图 6-78 所示。

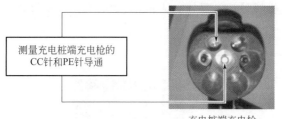 

图 6-77　测量充电桩端充电枪的 CC 针和 PE 针导通　　图 6-78　检查车辆充电枪解除锁止按钮

i.充电线状态正常，启动充电后，充电机不工作，首先检查插件端子有无烧蚀、虚接故障，继续对充电线束进行检测，测量充电口 L 针与充电线束充电机插件 1 针导通，阻值小于 0.5Ω，若不符合标准则更换充电线束，如图 6-79 所示。

图 6-79　测量充电口 L 针与充电线束充电机插件 1 针导通

j.测量充电口 N 针与充电线束充电机插件 1 针导通，阻值小于 0.5Ω，若不符合标准则更换充电线束，如图 6-80 所示。

k.测量充电口 PE 针与充电线束充电机插件 3 针导通，阻值小于 0.5Ω，若不符合标准则更换充电线束，如图 6-81 所示。

图 6-80　测量充电口 N 针与充电线束充电机插件 1 针导通

图 6-81　测量充电口 PE 针与充电线束充电机插件 3 针导通

l. 测量充电口 CC 针与充电线束充电机插件 5 针导通，阻值小于 0.5Ω，若不符合标准则更换充电线束，如图 6-82 所示。

图 6-82　测量充电口 CC 针与充电线束充电机插件 5 针导通

m. 测量充电口 CP 针与充电线束充电机插件 6 针导通，阻值小于 0.5Ω，若不符合标准则更换充电线束，如图 6-83 所示

图 6-83　测量充电口 CP 针与充电线束充电机插件 6 针导通

n. 充电线束检查完毕，恢复好后进行充电测试，如果充电机的指示灯都不亮，则更换车载充电机。

o.如果车载充电工作正常但无直流输出，则检查 PEU 内的车载充电机的熔断器是否损坏，如图 6-84 所示，如损坏则更换。

图 6-84　PEU 内的车载充电机的熔断器

四、北汽电动汽车慢充充电唤醒信号故障检查

① 检查前机舱低压电气盒 FB22 熔丝是否损坏，如图 6-85 所示，如损坏则对低压线束进行检测，若未损坏则要检查保险丝低压供电。

② 无电压测量熔丝盒的供电端子与 FB22 熔丝是否导通，如不导通则更换低压电气盒，若导通则检测低压主保险，如图 6-86 所示。

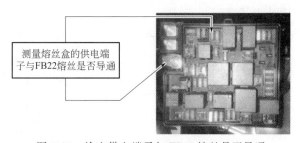

测量熔丝盒的供电端子与FB22熔丝是否导通

图 6-85　FB22 熔丝　　　　　图 6-86　检查供电端子与 FB22 熔丝是否导通

③ 有电压测量 FB22 熔丝与熔丝盒背面 J6 插件的 A8 针是否导通，如图 6-87 所示，如不导通则更换低压电气盒，若导通则检查低压线束。

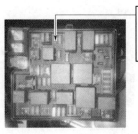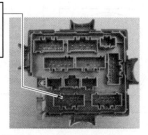

检查前机舱低压电气盒FB22熔丝与背面J6插件的A8针是否导通

图 6-87　检查熔丝与熔丝盒背面 J6 插件的 A8 针是否导通

④ 检测低压线束前机舱低压电气盒黑色插件 J6 的 A8 针与车载充电机的低压插件 A 针是否导通，如图 6-88 所示。若不导通要查线束，如不能有效修复则应更换；若导通并且插件良好则继续检测唤醒信号。

⑤ 检测低压线束车载充电机的低压插件 C 针与整车控制器（VCU）插件的 113 针是否

检测低压线束前机舱低压电气盒黑色插件J6的A8针与车载充电机的低压插件A针是否导通

图 6-88 检查 A8 针与车载充电机的低压插件 A 针是否导通

导通，如图 6-89 所示。若不导通则检查线束，如不能有效修复则应更换；若导通并且插件良好则继续检测唤醒信号。

检测低压线束车载充电机的低压插件C针与整车控制器VCU插件的113针是否导通

图 6-89 检测低压线束车载充电机的低压插件

⑥ 连接好低压线束，充电状态下测量 VCU 插件 113 针有无电压，若无电压则更换充电机，如图 6-90 所示。

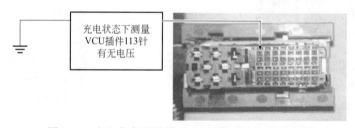

充电状态下测量VCU插件113针有无电压

图 6-90 充电状态下测量 VCU 插件 113 针有无电压

⑦ VCU 插件 113 针有电压，线束恢复后，若仪表无充电指示，则检查充电连接确认信号，如图 6-91 所示。

检测低压线束车载充电机的低压插件R针与整车控制器VCU插件的36针是否导通

图 6-91 检查充电连接确认信号

⑧ 连接好低压线束，充电状态下测量 VCU 插件 36 针有无电压，电压应低于 0.5V，否则检查充电线束和车载充电机，如图 6-92 所示。

⑨ 检查动力电池主负继电器控制信号，检测整车控制器插件 81 针与动力电池低压插件 C 针是否导通。若不导通则检查线束，如不能有效修复则应更换；若导通则继续检查线束，如图 6-93 所示。

图 6-92　充电状态下测量 VCU 插件 36 针有无电压

图 6-93　检测控制器插件 81 针与动力电池低压插件 C 针是否导通

五、快充系统常见故障

1. 常见故障

（1）快充桩与车辆无法通信　快充桩与车辆无法通信的主要原因有唤醒线路熔丝损坏，搭铁点搭铁不良，快充枪、快充口、快充线束、低压电气盒、整车控制器、动力电池低压控制插件等部件的低压辅助电源针脚、连接确认针脚、快充 CAN 针脚等损坏、退针、烧蚀、锈蚀，动力电池和数据采集终端快充 CAN 总线间的电阻不符合。

（2）快充桩与车辆通信正常但无充电电流　快充桩与车辆通信正常但无充电电流的主要原因有高压控制盒快充继电器线路熔丝损坏、主熔丝损坏、低压电气盒损坏、高压控制盒损坏、快充线束损坏，动力电池 BMS 快充唤醒失常。

2. 快充桩与车辆无法通信故障

排除"快充桩与车辆无法通信"故障，首先检查线路连接情况，然后检查快充系统各部件低压辅助电源、连接确认信号、快充 CAN 线路等的针脚情况以及电压、电阻等是否符合要求。排除"快充桩与车辆通信正常，无充电电流"故障时，显然没有了低压通信的问题，应检查高压供电线路的熔丝、线束、继电器等有无问题，检查动力电池与高压控制盒连接插件的电压，检查动力电池 BMS 快充唤醒信号是否正常，检查高压控制盒快充连接端子电压是否正常，有电压则联系动力电池厂家售后对动力电池进行检测，无电压则更换高压控制盒。

诊断思路如下。

（1）检查快充桩与快充口连接是否良好　检查车辆快充口各连接端子有无损坏；快充口和快充枪有无烧蚀和锈蚀现象；快充口 PE 端与车身搭铁是否导通（标准阻值在 0.5Ω 以下）；快充口 CC_1 与 PE 之间的阻值是否符合要求，阻值应为 $(1000\pm50)\Omega$。

（2）检测充电唤醒信号是否正常　如未唤醒则可能是唤醒线路熔丝 FB 损坏，快充口及快充线束损坏，低压电气盒损坏，应逐步检查熔丝电阻、熔丝电压（12V）；检测快充口 A＋与快充线束 A＋、低压电气盒 A5 是否导通，如不导通，则更换或维修。

（3）检查车辆端连接确认信号是否正常　如快充唤醒信号及相关线束都正常，车辆仍旧不能通信连接，则对车辆端连接确认信号进行检测。可能是快充口及快充线束损坏，整车控制器针脚损坏，动力电池低压控制插件损坏，应逐步检查快充口 CC_2 与快充线束 CC_2、整车控制器插件 17 针是否导通，检查快充口 S－与快充线束整车低压线束插件 S－是否导通；检查快充口 S＋与快充线束整车低压线束插件 S＋是否导通；如不导通，则更换或维修；检查快充线束 S＋与 S－之间的阻值应为（60±5）Ω；检查快充线束整车低压线束插件 S－与动力电池低压插件 T 针及数据采集终端插件 2 针是否导通，阻值应小于 0.5Ω；检查快充线束整车低压线束插件 S＋与动力电池低压插件 S 针及数据采集终端插件 1 针是否导通，阻值应小于 0.5Ω；断开快充线束与数据终端和动力电池低压插件，检查快充线束整车低压线束插件 S＋与 S－之间的阻值应为无穷大，分别检查动力电池和数据采集终端快充 CAN 总线间的电阻，应该都为 120Ω，若不是，应更换或维修。检查快充线束整车低压线束插件 A－与车身搭铁是否导通，若不导通，应更换或维修。

3. 快充继电器检测

当车辆检测到快充连接和通信等一切情况适合快充时，并根据实时通信，使快充桩输出功率与车辆动力电池的接收能力相匹配。VCU 会闭合快充继电器，让车辆进行快充。

在车上，还配备了快充口直流母线温度监测，VCU 根据快充口直流母线的温度是否过高，来决定是否停止快充功能，其工作逻辑判断如图 6-94 所示。

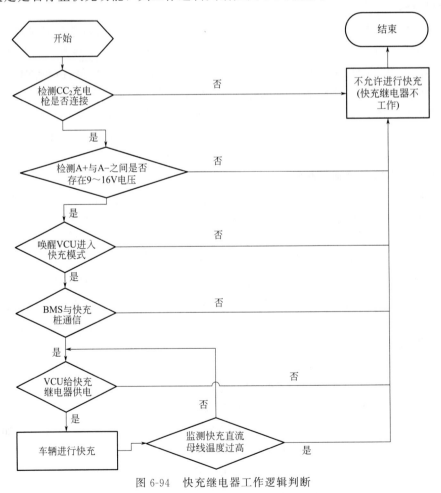

图 6-94　快充继电器工作逻辑判断

4. 快充继电器电路排查

（1）检查快充继电器电源　拔下 PDU 35 针插件，用万用表直流电压挡测量 35 针插件 4 号针脚与蓄电池负极之间应该有 12V 电压，如无电压则检查保险 FB02 是否烧坏，如保险正常则检查保险与 35 针插件 4 号针脚线路是否导通，如图 6-95 所示。

（2）检查快充正极继电器控制电路　拔下 PDU 35 针插件，用万用表欧姆挡测量 35 针插件 24 号针脚与 VCU 118 号针脚之间应导通，如不导通则进行线路处理，如图 6-96 所示。

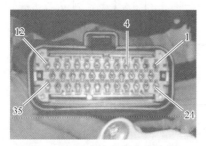

图 6-95　检查快充继电器电源

图 6-96　检查快充正极继电器控制电路

（3）检查快充负极继电器控制电路　拔下 PDU 35 针插件，用万用表欧姆挡测量 35 针插件 25 号针脚与 VCU 116 号针脚之间应导通，如不导通则进行线路处理，如图 6-97 所示。

六、比亚迪纯电动汽车交流充电指示灯常亮的故障

（1）故障现象　一辆比亚迪 e5 轿车行驶 1 万多千米，在不插充电枪时，打开点火开关无法正常上电，OK 指示灯熄灭且充电指示灯点亮。点火开关置于 OFF 挡，插枪充电，车辆仪表盘上红色的充电指示灯依旧点亮，但车辆无法正常进行慢充。

图 6-97　检查快充负极继电器控制电路

（2）故障分析　车辆处于正常交流充电（慢充）模式状态时，双向逆变充放电式电机控制器（VTOG）会首先检查交流充电口的充电连接确认信号 CC，以及控制引导信号 CP。当确认完成物理连接后唤醒电池管理系统（BMS），再由 BMS 控制车载充电机进行充电。此时，控制接触器 K3 闭合，开始充电。

根据已知故障现象，开始进行故障诊断。将诊断仪与车辆连接，进入车辆 BMS 通道，未读取到故障码存储。将点火开关置于 OFF 挡，读取 BMS 充电时的相关数据流，显示为"充电不允许，无电感应交流且充电接触器不吸合"。

根据比亚迪 e5 车型充电系统的构成和原理进行故障分析。

纯电动汽车交流充电通常是指车辆按照相应充电模式，通过传导的方式，调整交流电源为与车辆匹配的电压或电流，为纯电动汽车动力电池补充电能的过程。纯电动汽车交流充电系统的典型结构主要包括交流充电设施、充电连接装置以及车载充电机 3 个部分，如图 6-98 所示。

纯电动汽车交流充电系统的接口按照 GB/T 20234.2—2015 的规定，使用 7 针接口，端子分别是 CC、CP、N、L、NC_1、NC_2 和 PE。其接口形状及端子含义如图 6-99 所示。

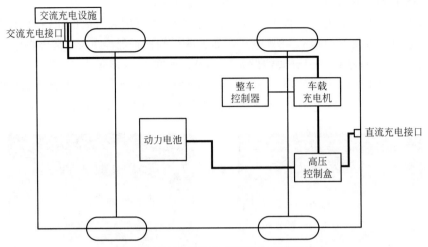

图 6-98 纯电动汽车交流充电系统简图

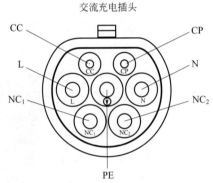

图 6-99 交流充电系统接口形状及端子含义

CC—充电确认；CP—控制引导；N—中性线；L—A 相；NC$_1$—B 相；NC$_2$—C 相；PE—搭铁

纯电动汽车交流充电系统工作电路如图 6-100 所示，充电流程如下。

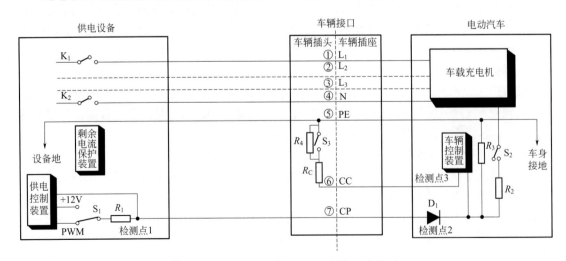

图 6-100 纯电动汽车交流充电系统工作电路

① CC 充电连接确认。充电枪与车辆充电插座连接后，车辆不可行驶。检测点 3 与 PE 之间的电阻值是车辆控制装置用来判断充电枪与车辆插座是否完全连接的依据。配备有电子锁的车辆在确认完全连接后，电子锁在开始供电前锁定充电枪，并保持到充电结束。

② CP 控制引导确认。在确认供电接口已完全连接且充电设备无故障后，供电控制装置开始发出脉宽调制（PWM）信号，通过开关 S_1 送出。此时，测量检测点 1 或检测点 4 的电压为充电连接装置是否完全连接的判断依据，由供电控制装置进行测量。而车辆控制装置则通过测量检测点 2 处的 PWM 信号，判断充电连接装置是否已正常连接。

③ 充电能力匹配。电动汽车与充电设施通过能力匹配，在确保安全的前提下，达到最高的充电效率。匹配时，当前充电设施可提供的最大充电电流由检测点 2 的 PWM 信号占空比 D_1 来决定。

④ 启动充电。在充电连接装置已完全连接得到车辆控制系统确认后，BMS 被唤醒，设置车载充电机最大允许输入电流，启动充电。

⑤ 过程监测。充电过程中，当供电设备供电能力发生波动时，车辆控制装置可通过实时测量检测点 2 的 PWM 信号占空比变化，调整车辆实际充电电流，从而完成车辆充电设施周期性的供电能力监测，确保在出现能力无法匹配时及时停止充电，预防车辆损坏。

⑥ 充电结束。在充电过程中，当 BMS 监测到充电完成，或当达到车辆设置的结束条件、驾驶员对车辆实施了停止充电的指令时，开关 S_2 断开，车载充电机停止充电。

将待修车辆的实际故障现象以及诊断仪的故障提示，与交流充电过程相结合，寻找故障原因。首先，连接交流充电器，使用 VDS 诊断仪扫描各控制单元，可读取到 VTOG、BMS 等控制单元，说明控制确认信号已经被 VTOG 检测到。而车辆断开交流充电枪后依旧出现交流充电指示灯常亮的情况，则意味着 VTOG 始终能接收到控制确认信号。根据电路图分析可能出现的故障原因如下。

a. 充电枪故障，造成误插枪信号。

b. 控制确认信号线路故障，造成误插枪信号。

c. VTOG 故障（局部短路），造成误插枪信号。

根据故障点分析，结合电路图（图 6-101），逐步进行以下检测。

a. 在断电状态下，测量充电枪 CC 与 PE 端子之间电阻值为 680Ω，正常，排除充电枪本身故障。

b. 连接车辆充电枪与插座，关闭点火开关，测量 B28（A）-1 插接器 13 针与搭铁之间的电阻小于 1Ω。而正常值应大于 10kΩ，此测量值表示存在短路故障。

c. 断开 BJB01（B）插接器，测量 BJB01（A）插接器 13 针与搭铁之间的电阻小于 1Ω。由此判断短路点位置在交流充电插座到 BJB01（A）插接器之间的线路上。

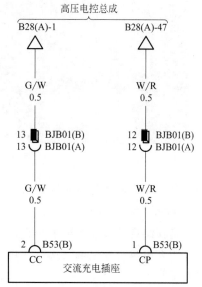

图 6-101　比亚迪 e5 交流充电口控制电路

d. 断开 B53（B）插接器，测量交流充电插座 CC 与 PE 端子之间的电阻大于 10kΩ，交流充电插座内部无短路。至此，确定短路位置位于 B53（B）插接器至 BJB01（A）插接器这段线束上。

（3）故障排除　更换相应的换线束后，排除故障。

七、比亚迪电动汽车无法交流慢充电故障

（1）故障现象　一辆比亚迪电动汽车行驶 800 多千米，使用交流慢充无法进行充电，需要检修。

（2）故障分析　首先要了解车辆充电机结构、物理连接的流程、充电步骤以及车辆车载充电器的充电过程，如图 6-102 和图 6-103 所示。

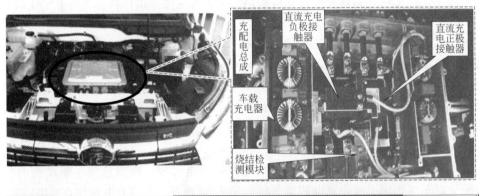

图 6-102　车载充电机内部结构

了解了车辆的充配电总成的内部结构与充电过程后，诊断步骤与分析如下。

① 故障验证。将充电枪插上后，查看组合仪表充电状态，充电连接指示灯"🔌"点亮，但是在组合仪表显示屏上一直显示"充电连接中，请稍后……"的字样，如图 6-104 所示，说明充电枪与充电端口正在连接中，充电枪的连接电阻正常，充电口的 CC 端口 5V 电压输出正常。

② 使用诊断仪读取系统故障码，则显示"P157016"，含义为：车载充电器交流测电压低，如图 6-105 所示。

故障可能原因：外部交流供电设备故障、车载充电器内部交流保险故障、充电口接口端子不接触故障、充电口至充配电总成线束故障、车载充电器（OBC）故障。

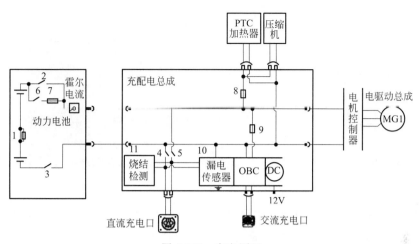

图 6 103　充电原理

1—MSD开关＋主保险；2—主正接触器；3—负极接触器；4—直流充电负极接触器；5—直流充电正极接触器；
6—预充接触器；7—预充电阻；8—空调/PTC加热器保险；9—OBC/DC保险；10—漏电传感器；11—烧结检测

图 6-104　组合仪表显示充电状态

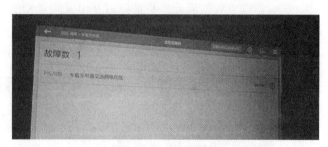

图 6-105　读取故障码

③ 读取车载充电器系统数据流（含电压与电流），如图 6-106 所示。

数据流分析如下。

故障状态显示"正常"，交流侧电压只有 5V，需要进行验证故障生成原因的 1～6 项。直流侧电压为 358V，则说明 OBC/DC 保险正常。如果车辆可以正常行驶，而只有数据流的直流电压异常，则在系统中储存"交流侧电压低的故障"，需要检查其保险。

测量交流保险输入端，电压正常，而测量保险输出端电压只有 12V（AC）。

测量交流保险导通状态，显示为无穷大，说明交流保险内部断路，如图 6-107 所示。

图 6-106　读取数据流

图 6-107　测量交流保险导通状态

CP 占空比信号分析如图 6-108 所示。

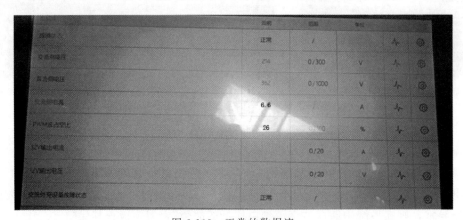

图 6-108　CP 占空比信号分析

PWM 波占空比为 26%，说明交流供电设备的 CP 信号正常，并且外部交流供电设备与车载充电器交互成功。若 CP 信号异常，数据流一直显示 0 或者 100%，则说明 CP 信号异常。

"交流外充设备故障状态" 则显示状态数据，此数据为 "正常"。若外部充电设备数据异常，则在本项目中显示 "异常" 状态数据。

④ 根据以上数据流分析并且使用万用表测量 OBC 交流保险和交流电压，正常，则故障锁定在 "车载充电器（OBC）故障"。

（3）故障排除　更换车载充电器总成后故障排除，如图 6-109 所示。

图 6-109　正常的数据流

第七章
整车控制器与CAN网络

第一节
整车控制器

一、整车控制器概述

整车控制器通过各种状态信息（启动钥匙、充电信号、加速/制动踏板位置、当前车速和整车是否有故障信息等）来判断当前需要的整车工作模式（充电模式和行驶模式），然后根据当前的参数和状态及前一段时间的参数及状态，计算出当前车辆的转矩能力，按当前车辆需要的转矩，计算出合理的最终实际输出的转矩。例如，当驾驶人踩下加速踏板时，整车控制器向电机控制单元发送电机输出转矩信号，电机控制系统控制电机按照驾驶人的意图输出转矩。整车控制原理如图7-1所示。

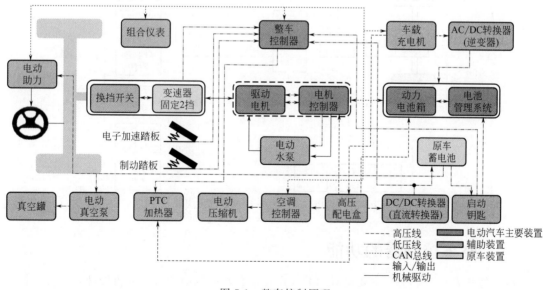

图 7-1　整车控制原理

二、整车控制系统的组成

整车控制系统是电动汽车的"神经"，承担着能量与信息传递的功能，对电动汽车的动力性、经济性、安全性和舒适性等有很大的影响，是电动汽车的重要组成部分。

纯电动汽车的整车控制系统通常包含低压电气控制系统、高压电气控制系统和整车网络化控制系统三部分。

低压电气控制系统主要由辅助蓄电池和若干低压电气设备组成，低压电气控制系统采用直流 12V 或 24V 电源，一方面为灯光、刮水器等车辆的常规低压电气供电，另一方面为整车控制器、高压电气设备的控制电路和辅助部件供电。燃油汽车与纯电动汽车的低压电气控制系统的主要区别在于：燃油汽车的辅助蓄电池由发电机来充电，而纯电动汽车的辅助蓄电池由动力电池通过 DC/DC 转换器来充电。

高压电气系统主要由动力电池、驱动电机和功率转换器等大功率、高压的电气设备组成，根据车辆行驶的功率需求完成从动力电池到驱动电机的能量变换与传输过程。

整车网络化控制系统主要包括整车控制器、电机控制器、BMS、车身控制管理系统、信息显示系统和通信系统等。整车控制器是整车控制系统的核心，承担了数据交换与管理、故障诊断、安全监控、驾驶人意图解析等功能。各子系统之间的信息传递通过网络通信系统实现，目前常用的通信协议是 CAN 协议，具有较好的可靠性、实时性和灵活性。

整车控制系统必须具有可靠性、容错性、电磁兼容性和环境适应性等，以保障纯电动汽车整车的安全和可靠运行。

纯电动汽车整车控制系统的组成如图 7-2 所示。

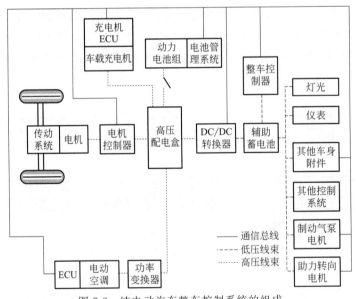

图 7-2　纯电动汽车整车控制系统的组成

三、整车控制器的功能

（1）驾驶人意图解析　主要是对驾驶人操作信息及控制命令进行分析处理，也就是将驾驶人的加速踏板信号、挡位信号和制动信号根据某种规则转化成电机的需求转矩命令。因而驱动电机对驾驶人操作的响应性能完全取决于整车控制的加速踏板位置，直接影响驾驶人的控制效果和操作感觉。

（2）驱动控制　根据驾驶人对车辆的操纵输入（加速踏板、制动踏板以及选挡开关）、车辆状态、道路及环境状况，经分析和处理，向 VMS 发出相应的指令，控制电机的驱动转矩来驱动车辆，以满足驾驶人对车辆驱动的动力性要求，同时根据车辆状态，向 VMS 发出相应指令，保证安全性和舒适性。

（3）制动能量回收控制　整车控制器根据加速踏板和制动踏板的开度、车辆行驶状态信息以及动力电池的状态信息（如 SOC 值）来判断某一时刻能否进行制动能量回收，在满足安全性能、制动性能以及驾驶人舒适性的前提下，回收部分能量，包括滑行制动和刹车制动过程中的电机制动转矩控制。

根据加速踏板和制动踏板信号，制动能量回收可以分为两个阶段，如图 7-3 所示，简单的划分条件是：阶段一是在车辆行驶过程中驾驶人松开加速踏板但没有踩下制踏板开始；阶段二是在驾驶人踩下制动踏板后开始。

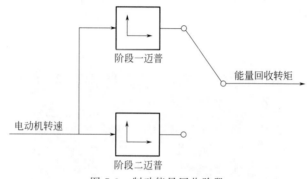

图 7-3　制动能量回收阶段

制动能量回收的原则：制动能量回收不应该干预 ABS 的工作。当 ABS 进行制动力调节时，制动能量回收不应该工作；当 ABS 报警时，制动能量回收不应该工作；当电驱动系统发生故障时，制动能量回收不应该工作。

（4）充电过程控制　与电池管理系统共同进行充电过程中的充电功率控制，整车控制器接收到充电信号后，应该禁止高压系统上电，保证车辆在充电状态下处于行驶锁止状态；并根据电池状态信息限制充电功率，保护电池。

（5）高压电上下电控制　根据驾驶人对行车钥匙开关的控制，进行动力电池的高压接触器开关控制，以完成高压设备的电源通断和预充电控制。上下电流程处理：协调各相关部件的上下电流程，包括电机控制器、电池管理系统等部件的供电，预充继电器、主继电器的吸合和断开时间等。

（6）防溜车功能控制　纯电动汽车在坡上起步时，驾驶人从松开制动踏板到踩下加速踏板的过程中，会出现整车向后溜车的现象。在坡上行驶过程中，如果驾驶人踩下加速踏板的深度不够，整车会出现车速逐渐降到 0 然后溜车的现象，如图 7-4 所示。

为了防止纯电动汽车在坡上起步和运行时向后溜车，在整车控制策略中增加了防溜车功能。防溜车功能可以保证车辆在坡上起步时，向后溜车小于 10cm；在坡上运行过程中如果动力不足，车速会慢慢降到 0，然后保持 0 车速，不再向后溜车。

（7）故障诊断与处理　连续监视整车电控系统，进行故障诊断，

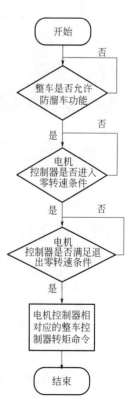

图 7-4　防溜车功能控制

并及时进行相应安全保护处理。根据传感器的输入及通过 CAN 总线通信得到的电机、电池、充电机等信息，对各种故障进行判断、等级分类、报警显示；存储故障码，供维修时查看。

（8）电动化辅助系统管理　电动化辅助系统包括电动空调、电制动、电动助力转向。整车控制器应该根据动力电池以及低压电池状态，对 DC/DC 转换器、电动化辅助系统进行监控。

（9）车辆状态的实时监测和显示　整车控制器应该对车辆的状态进行实时检测，并且将各个子系统的信息发送给车载信息显示系统，其过程是通过传感器和 CAN 总线，检测车辆状态、动力系统和相关电气附件及其相关各子系统状态信息，驱动显示仪表将状态信息和故障诊断信息通过数字仪表显示出来，如图 7-5 所示。

（10）整车能量优化管理　通过对电动汽车的电机驱动系统、电池管理系统、传动系统以及其他车载能源动力系统（如空调、电机等）的协调和管理，提高整车能量利用效率，延长续驶里程。

图 7-5　车辆状态的实时监测和显示

四、行车控制分级

（1）正常模式　按照驾驶人意愿、车辆载荷、路面情况和气候环境的变化，调整车辆的动力性、经济性和舒适性。

（2）跛行模式　当车辆某个系统出现中度故障时，此时将不采纳驾驶人的加速请求，启动跛行模式，最高车速 9km/h。

（3）停机　当车辆某个系统出现严重故障时，控制器将停止发出指令，进入停机状态。

五、整车控制的策略

（1）控制分级　一级控制如图 7-6 所示，二级控制如图 7-7 所示。

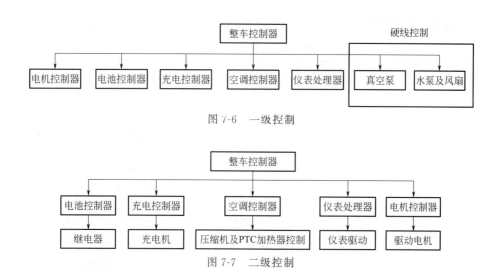

图 7-6　一级控制

图 7-7　二级控制

（2）动力输出控制　动力输出控制如图 7-8 所示。

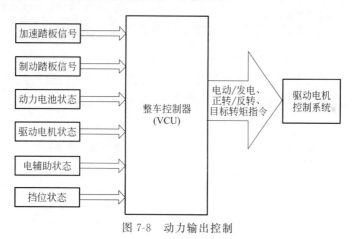

图 7-8　动力输出控制

（3）信号优先等级控制　信号优先等级控制如图 7-9 所示。

图 7-9　信号优先等级控制

第二节
整车控制器故障诊断

一、整车控制器的故障分级及处理方式

（1）故障分级　整车控制器根据电机、电池、EPS（电动助力转向系统）、DC/DC 转换器等零部件故障，整车 CAN 网络故障以及整车控制器硬件故障进行综合判断，确定整车的

故障等级，并进行相应的控制处理。一般将电动汽车的故障分为四级，如表 7-1 所示。

表 7-1　故障分级及处理

等级	名称	故障后处理	故障列表
一级	致命故障	紧急断开高压	电机控制器直流母线过电压故障、BMS 故障
二级	严重故障	驱动电动零转矩，动力电池放电 20A，限制功率	电机控制器相电流过电流、IGBT（绝缘栅双极型晶体管）、旋变传感器等故障，电机节点丢失故障，挡位信号故障
三级	一般故障	跛行	加速踏板信号故障
		降功率	电机控制器电机超速保护
		限功率＜7kW	跛行、SOC＜1%、BMS 单体欠电压、内部通信、硬件等故障
		限速＜15km/h	低压欠电压故障、制动故障
四级	轻微故障	四级故障属于维修提示，只有仪表显示，但是整车控制器不对整车进行限制 四级能量回收故障，仅停止能量回收，行驶不受影响	电机控制器、电机系统温度传感器、直流欠电压故障、整车控制器硬件、DC/DC 转换器异常等故障

（2）报警指示灯符号解释　当整车控制器在对自身及各子系统进行监测过程中发现故障问题时将会点亮仪表中相应的指示灯，主要故障指示灯的名称、故障原因及工作条件见表 7-2 所示。

表 7-2　主要故障指示灯的名称、故障原因及工作条件

序号	指示灯	名称	异常闪烁	常亮	工作条件
1		12V 蓄电池充电故障报警灯	—	DC/DC 转换器未工作，12V 蓄电池电压异常，DC/DC 转换器故障	总线信号，来自 VCU，ON
2		动力系统故障灯	仪表丢失 VCU 报文	车辆发生动力系统故障	总线信号，来自 VCU，ON
3		充电线连接指示灯	—	充电枪连接至充电口	硬线信号，来自 VCU，ON/OFF
4		制动故障报警灯	仪表丢失 ABS 报文	制动系统故障，制动液液位低，EBD 故障	硬线信号，来自 VCU 和 ABS（BCM），ON
5		电机故障报警灯	—	电机系统故障	总线信号，来自 VCU，ON
6		高压断开报警灯	—	高压动力系统未启动	总线信号，来自 VCU，ON
7		动力电池故障灯	—	动力电池发生故障	总线信号，来自 VCU，ON
8		ABS 故障灯	仪表丢失 ABS 信号	ABS 故障	总线信号，来自 ABS（BCM），ON
9		驱动电机过热报警灯	—	驱动电机系统过热	总线信号，来自 VCU，ON

（3）纯电动轿车动力电池故障分级及处理方式　如图7-10所示。

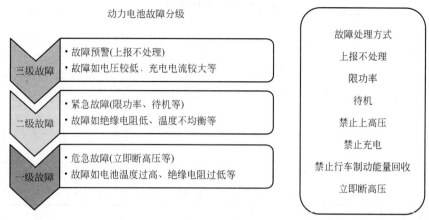

图 7-10　纯电动轿车动力电池故障分级及处理方式

二、整车控制器故障诊断及处理

1. RAM 故障（表 7-3）

表 7-3　RAM 故障

故障名称	RAM 故障
故障码	P060144
故障处理方式	·VCU 初始化不完成 ·仪表显示通信故障
可能导致故障的原因	·电磁干扰 ·内存损坏
故障可能造成的影响	ECU 无法完成初始化,高压无法上电
建议的维修措施	更换零部件

2. ROM 故障（表 7-4）

表 7-4　ROM 故障

故障名称	ROM 故障
故障码	P060545
故障处理方式	·1bit:记录 DTC ·2bit:VCU 初始化不完全;仪表显示通信故障
可能导致故障的原因	·电磁干扰 ·非正常掉电
故障可能造成的影响	ECU 无法完成初始化,高压无法上电
建议的维修措施	·重新刷新程序 ·更换零部件

3. EEPROM 故障（表 7-5）

表 7-5　EEPROM 故障

故障名称	EEPROM 故障
故障码	P062F46
故障处理方式	记录 DTC
可能导致故障的原因	·电磁干扰 ·非正常掉电
故障可能造成的影响	以后可能有加速踏板自学习参数等,目前主要为故障码,BMS 集成控制器会存储可用容量等
建议的维修措施	更换零部件
备注	BMS 集成控制器上电时检测到当前故障进行 OCV 校验

4. EPS 故障（表 7-6）

表 7-6　EPS 故障

故障名称	EPS 故障(ON 挡上电)
故障码	P063509
故障处理方式	仪表点亮 EPS 故障灯(或文字),若无,则点亮系统故障灯
可能导致故障的原因	·EPS 传感器故障 ·EPS 电机故障 ·EPS 电源故障等 ·EPS 车速信号异常
故障可能造成的影响	车辆行驶时无转向助力
建议的维修措施	·检查是否有 EPS 助力转向车速信号驱动通道故障,若有则优先排查此故障 ·检查线束和接插件 ·更换部件

5. 挡位故障（表 7-7）

表 7-7　挡位故障

故障名称	挡位故障
故障码	P078001
故障处理方式	·仪表挡位指示灯闪烁 ·若车速≥5km/h,保持为上一挡位 ·若车速<0,默认为 N 挡
可能导致故障的原因	·接插件锈蚀 ·线束断开或接插件未插 ·线路老化或短路 ·接插件锈蚀 ·线束断开或接插件未插 ·线路老化或短路
故障可能造成的影响	无法正确识别当前挡位,影响车辆行驶安全性
建议的维修措施	·检查线束和接插件 ·更换部件

6. 加速踏板信号错误故障（表 7-8）

表 7-8　加速踏板信号错误故障

故障名称	加速踏板信号错误故障
故障码	P060D1C
故障处理方式	若 STATE30 进入跛行工况,则仪表点亮 MIL 灯,报警音短鸣
可能导致故障的原因	·接插件锈蚀 ·线束断开或接插件未插 ·线路老化或短路
故障可能造成的影响	无法正确识别当前油门踏板开度,影响车辆行驶安全性
建议的维修措施	·检查线束和接插件 ·更换部件

7. 加速踏板信号校验错误故障（表 7-9）

表 7-9　加速踏板信号校验错误故障

故障名称	加速踏板信号校验错误故障
故障码	P060D64
故障处理方式	若 STATE30 进入跛行工况,则仪表点亮 MIL 灯,报警音短鸣
可能导致故障的原因	·接插件锈蚀 ·线束断开或接插件未插 ·线路老化或短路
故障可能造成的影响	无法正确识别当前油门踏板开度,影响车辆行驶安全性
建议的维修措施	·检查线束和接插件 ·更换部件

8. DC/DC 转换器故障（表 7-10）

表 7-10　DC/DC 转换器故障

故障名称	DC/DC 转换器故障
故障码	P0A9409
故障处理方式	·点亮蓄电池故障灯 ·在 DC/DC 转换器故障触发未恢复的前提下,若电压低于 10.5V 持续 10s 且在 STATE30 延时 8s 后进入限速 1km/h,点亮 MIL 灯,报警音二级(在 DC/DC 转换器故障恢复后才不限速)
可能导致故障的原因	·DC/DC 转换器过温 ·DC/DC 转换器输入电压异常 ·DC/DC 转换器输出过压等
故障可能造成的影响	导致蓄电池电压异常,影响各控制器低压供电

9. 制动助力系统低真空度故障（表7-11）

表7-11　制动助力系统低真空度故障

故障名称	制动助力系统低真空度故障
故障码	C002192
故障处理方式	仪表点亮 MIL 灯,点亮制动系统故障灯/文字,报警音短鸣;能量回收工况制动转矩系数增大为 1.3 倍进行施加;整车以 15km/h 最高车速限行(STATE30)
可能导致故障的原因	·制动频繁;超过每隔 1s 深踩制动踏板的频次 ·真空助力系统泄漏
故障可能造成的影响	制动助力系统不能正常工作,制动距离可能增大
建议的维修措施	·检查线束和接插件 ·更换部件

10. 制动助力系统传感器故障/相对压力传感器故障（表7-12）

表7-12　制动助力系统传感器故障/相对压力传感器故障

故障名称	制动助力系统传感器故障/相对压力传感器故障
故障码	C004701
故障处理方式	仪表点亮 MIL 灯,点亮制动系统故障灯/文字,报警音短鸣;能量回收工况制动转矩系数增大为 1.3 倍进行施加;整车以 15km/h 最高车速限行(STATE30);保持真空泵能(或以默认电压代替采集到的相对压力传感器电压,以保证真空泵工作)
可能导致故障的原因	真空度传感器线束断路、短路失效故障
故障可能造成的影响	制动助力系统不能正常工作,制动距离可能增大
建议的维修措施	·检查线束和接插件 ·更换部件
备注	此处的默认电压对应的压力值应保证大于 15kPa、小于 50kPa

11. 大气压力传感器故障（表7-13）

表7-13　大气压力传感器故障

故障名称	大气压力传感器故障(绝对压力传感器故障)
故障码	C004601
故障处理方式	仪表将点亮制动系统故障灯/文字;当相对真空压力传感器与绝对真空压力传感器同时发生故障时,按相对真空压力传感器故障执行 注意:此时采用相对真空压力传感器数据进行控制,设定的真空泵启停压力阈值仅适用于平原地区
可能导致故障的原因	真空度传感器线束断路、短路失效故障
故障可能造成的影响	制动助力系统不能正常工作,制动距离可能增大
建议的维修措施	·检查线束和接插件 ·更换部件

12. 真空泵电气系统故障（表7-14）

表7-14　真空泵电气系统故障

故障名称	真空泵电气系统故障(真空泵驱动通路开路)
故障码	C002101
故障处理方式	仪表点亮 MIL 灯,点亮制动系统故障灯/文字,报警音短鸣;能量回收工况制动转矩增大为 1.3 倍进行施加;整车以 15km/h 最高车速限行(STATE30)
可能导致故障的原因	· 真空泵本体故障 · 真空泵供电线路断路故障 · 真空泵保险熔断故障
故障可能造成的影响	制动助力系统不能正常工作,制动距离可能增大
建议的维修措施	· 检查线束和接插件 · 更换部件

13. 真空泵常转故障（表7-15）

表7-15　真空泵常转故障

故障名称	真空泵常转故障
故障码	C002194
故障处理方式	仪表点亮 MIL 灯,点亮制动系统故障灯/文字,报警音短鸣;能量回收工况制动转矩增大为 1.3 倍进行施加;整车以 15km/h 最高车速限行(STATE30);若车速低于 16km/h,则停止真空泵工作
可能导致故障的原因	真空泵驱动通道开路
故障可能造成的影响	制动助力系统不能正常工作,制动距离可能增大
建议的维修措施	· 检查线束和接插件 · 更换部件

14. 制动助力系统泄漏故障（表7-16）

表7-16　制动助力系统泄漏故障

故障名称	制动助力系统泄漏故障
故障处理方式	仪表点亮 MIL 灯,点亮制动系统故障灯/文字,报警音短鸣;能量回收工况制动转矩增大为 1.3 倍进行施加;整车以 15km/h 最高车速限行(STATE30)
可能导致故障的原因	真空助力系统泄漏
故障可能造成的影响	制动助力系统不能正常工作,制动距离可能增大
建议的维修措施	· 检查线束和接插件 · 更换部件

15. 蓄电池电压低故障（表7-17）

表7-17　蓄电池电压低故障

故障名称	蓄电池电压低故障
故障码	U300316
故障处理方式	· 点亮蓄电池故障灯 · 高压下电,点亮 MIL 灯,报警音短鸣

可能导致故障的原因	·蓄电池老化 ·DC/DC 转换器未正常工作 ·负载短路
故障可能造成的影响	各控制器供电异常导致无法正常工作
建议售后处理方式	若低压重新上电后故障消失,则不需要派工,否则需要派工
建议的维修措施	·检查 DC/DC 转换器工作状态,若存在 DC/DC 转换器故障,则先检修 DC/DC 转换器 ·检查供电线束及接插件 ·更换蓄电池
备注	不禁止高压上电,有此故障时不检测其他故障

16. 蓄电池电压过高故障 (表 7-18)

表 7-18　蓄电池电压过高故障

故障名称	蓄电池电压过高故障
故障码	U300317
故障处理方式	·DC/DC 转换器使能关闭 ·DC/DC 转换器使能关闭后 2s,若故障没恢复,则执行高压下电并点亮蓄电池故障灯,报警音短鸣 ·增加中间等级的过渡状态,在策略上改进 ·监测电压处理,高于 15.5V 持续××s,进入限速,不恢复 ·高于 16V 持续××s,断高压电,不恢复
可能导致故障的原因	DC/DC 转换器输出电压反馈电路故障导致输出电压过高
故障可能造成的影响	各控制器供电异常导致无法正常工作
建议的维修措施	检查 DC/DC 转换器工作状态,若存在 DC/DC 转换器故障,则先检修 DC/DC 转换器

17. 与 MCU 通信丢失故障 (表 7-19)

表 7-19　与 MCU 通信丢失故障

故障名称	与 MCU 通信丢失故障(180～600ms 发首帧报文)
故障码	U011087
故障处理方式	仪表点亮 MIL 灯,报警音二级,整车进入零转矩工况(延时 8s);车速是由 ABS 提供的
可能导致故障的原因	·电磁干扰 ·CAN 接收器无法正常工作 ·电机控制器 CAN 发送异常
故障可能造成的影响	无法高压上电或车辆行驶中无法接收到电机工作状态;造成高压自检状态超时下电
建议的维修措施	·断开蓄电池的连接,1min 后检测终端电阻阻值是否为(60±5)Ω,若异常则检查各控制器电阻匹配和线束 ·分别测量 CAN-H 和 CAN-L 两路信号,排查信号对电源、对地等短路情况 ·排查电磁干扰的影响 ·更换控制器

18. 与 BMS 通信丢失故障 (表 7-20)

表 7-20　与 BMS 通信丢失故障

故障名称	与 BMS 通信丢失故障
故障码	U0U187
故障处理方式	行车工况 STATE30,整车限功率处理(延时 8s)[$P=10$kW 可标定(容量标定)],仪表点亮 MIL,报警音二级
可能导致故障的原因	・电磁干扰 ・电池管理系统故障 ・电池管理系统节点线束故障
故障可能造成的影响	・无法接收到电池管理系统报文 ・可能导致无法高压上电 ・造成 BMS 自检超时下电
建议的维修措施	・检查线束和接插件 ・更换部件
备注	VCU 应继续计算可用容量,仪表续驶里程的显示应根据估算的母线电流继续计算(估算时应考虑偏差)。若估算电流无效,则续驶里程＝上周期续驶里程－K×实际行驶距离(0<K≤1)

19. 落锁信号故障 (表 7-21)

表 7-21　落锁信号故障

故障名称	落锁信号故障
故障码	P103A01
故障处理方式	仪表文字提示(动力电池未安装好,请检查);若未高压上电,则禁止高压上电
可能导致故障的原因	接插件处松动或未连接
故障可能造成的影响	车辆无法高压上电
建议的维修措施	检查电池安装状态

20. 高低压互锁故障 (表 7-22)

表 7-22　高低压互锁故障

故障名称	高低压互锁故障
故障码	P0A0A94
故障处理方式	仅上报,不处理
可能导致故障的原因	接插件处松动或未连接
故障可能造成的影响	无法高压上电或造成高压下电
建议的维修措施	检测接插件连接是否正常、牢固
备注	要求负极闭合前 STATE12 完成检测,发送检测完成信息

21. BMS 自检异常故障 (表 7-23)

表 7-23　BMS 自检异常故障

故障名称	BMS 自检异常故障(初始化)
故障码	P103804
故障处理方式	记录 DTC

可能导致故障的原因	BMS 自检异常
故障可能造成的影响	系统长时间不能完成高压上电
建议的维修措施	更换 BMS 部件

22. MCU 自检异常故障（表 7-24）

表 7-24　MCU 自检异常故障

故障名称	MCU 自检异常故障（初始化）
故障码	P103904
故障处理方式	记录 DTC
可能导致故障的原因	MCU 自检异常
故障可能造成的影响	系统长时间不能完成高压上电
建议的维修措施	更换 MCU 部件

23. 放电回路故障（表 7-25）

表 7-25　放电回路故障

故障名称	放电回路故障
故障码	P103564
可能导致故障的原因	PTC 加热器或电机高压泄放回路未正常工作
故障可能造成的影响	整车断开高压继电器后线路上电压仍较高
建议的维修措施	・检测是否有其他故障发生，如没有，则检查 PTC 加热器 ・检查旋变接插件是否松动。如果接插件松动，则对接插件进行紧固处理；如果不存在接插件松动现象，则更换电机控制器

24. 高压自检超时故障（表 7-26）

表 7-26　高压自检超时故障

故障名称	高压自检超时故障
故障码	P103464
故障处理方式	・禁止高压上电 ・仪表点亮 MIL 灯，报警音短鸣
可能导致故障的原因	电机控制器在规定时间内未完成高压自检
故障可能造成的影响	整车高压下电
建议的维修措施	电机控制器进行软硬件检测

25. BMS 自检超时故障（表 7-27）

表 7-27　BMS 自检超时故障

故障名称	BCU 自检超时故障
故障码	P103364

故障处理方式	・整车高压下电 ・仪表点亮 MIL 灯,报警音短鸣
可能导致故障的原因	BMS 自检计数器未更新
故障可能造成的影响	整车高压下电
建议的维修措施	BMS 控制器进行软硬件检测

26. 电机转矩响应异常故障（表 7-28）

表 7-28　电机转矩响应异常故障

故障名称	电机转矩响应异常故障
故障码	P103164
故障处理方式	・整车高压下电 ・仪表一级报警音 ・仪表点亮 MIL 灯(平台观测)
可能导致故障的原因	电机无法正常工作
故障可能造成的影响	电机无法正确响应整车指令,车辆无法正常行驶
建议的维修措施	・检查线束和接插件 ・更换部件

27. 高压系统电压校验错误故障（表 7-29）

表 7-29　高压系统电压校验错误故障

故障名称	高压系统电压校验错误故障
故障码	P103064
故障处理方式	记录 DTC
可能导致故障的原因	电压传感器失效或高压继电器断开
故障可能造成的影响	影响车辆正常行驶或正常充电
建议的维修措施	检查主正、主负继电器状态

28. 与 BMS 软件版本不兼容故障（表 7-30）

表 7-30　与 BMS 软件版本不兼容故障

故障名称	与 BMS 软件版本不兼容故障
故障码	U031264
故障处理方式	・禁止高压上电 ・整车控制仪表点亮 MIL,报警音短鸣
可能导致故障的原因	BMS 程序版本未更新或 VMS 程序版本未更新
故障可能造成的影响	整车无法正常高压上电
建议的维修措施	确认控制器版本,重新刷新程序

29. 与 MCU 软件版本不兼容故障（表 7-31）

表 7-31　与 MCU 软件版本不兼容故障

故障名称	与 MCU 软件版本不兼容故障
故障码	U031164
故障处理方式	・禁止高压上电 ・整车控制仪表点亮 MIL 灯，报警音短鸣
可能导致故障的原因	电机控制器程序版本未更新或 VMS 程序版本未更新
故障可能造成的影响	整车无法正常高压上电
建议的维修措施	确认控制器版本，重新刷新程序

30. 总线关闭故障（表 7-32）

表 7-32　总线关闭故障

故障名称	总线关闭故障
故障码	U007388
故障处理方式	不允许 CAN 控制器自动复位，进入 BUS-OFF 后，可隔 50 次尝试复位一次，每复位一次计数器累加 1。如果计数器累加到 10，则节点每秒尝试复位一次
可能导致故障的原因	・电磁干扰 ・控制器故障 ・连接线束故障
故障可能造成的影响	根据出现问题的零部件功能不同，可能导致部分功能失效或者整车瘫痪
建议的维修措施	・断开蓄电池的连接，1min 后检测终端电阻阻值是否为（60±5）Ω，若异常则检查各控制器电阻匹配和线束 ・分别测量 CAN-H 和 CAN-L 两路信号，排查信号对电源、对地等短路情况 ・排查电磁干扰的影响 ・更换控制器

第三节
CAN 网络

在整车的网络管理中，整车控制器是信息控制中心，负责信息的组织与传输、网络状态的监控、网络节点的管理、信息优先权的动态分配以及网络故障的诊断与处理等功能。通过 CAN（EVBUS）线协调电池管理系统、电机控制器、空调系统等模块相互通信。

一、电动汽车整车网络拓扑

电动汽车整车网络拓扑如图 7-11 所示。

二、CAN 报文的组成

CAN 报文是指发送单元向接收单元传送数据的帧。通常所说的 CAN 报文是指在 CAN 线（内部 CAN、整车 CAN、充电 CAN）上利用控制单元和 CAN 连接收到的十六进制报文。

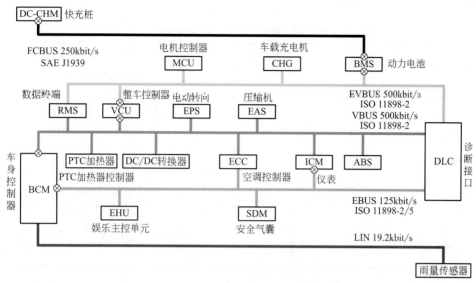

图 7-11　电动汽车整车网络拓扑

通常接收到的 CAN 报文由很多部分组成，如图 7-12 所示，解析报文时用到的主要是帧 ID 和数据两部分。

序号	传输方向	第几路CAN	时间标识	帧ID	帧格式	帧类型	数据长度	数据
0x00000000	接收	0	0x000380ce	181056F4	数据帧	扩展帧	0x05	ce 18 1a 0e 01
0x00000001	接收	0	0x000381d7	1812F456	数据帧	扩展帧	0x06	2a 18 a0 0f 06 00
0x00000002	接收	0	0x00038300	181056F4	数据帧	扩展帧	0x05	ce 18 1a 0e 01
0x00000003	接收	0	0x000383da	1812F456	数据帧	扩展帧	0x06	2a 18 a0 0f 06 00
0x00000004	接收	0	0x00038532	181056F4	数据帧	扩展帧	0x05	ce 18 1a 0e 01

图 7-12　CAN 报文的组成

（图注）根据需要的ID找到相应的数据帧　　需要解析的部分

1. 帧 ID 的组成

接收到的十六进制的 ID 实际上由 29 位标识符转换而来，目前大多数的通信协议中都直接给出了相应的帧 ID，不需要换算，如表 7-33 所示。

表 7-33　帧 ID 的组成

P	R	DP	PF	PS	SA
3	1	1	8	8	8

表 7-33 中，P 为优先级，有 3 位，可以有 8 个优先级（0～7）；R 为保留位，有 1 位，固定为 0；DP 为数据页，有 1 位，固定为 0；PF 为报文的代码，有 8 位；PS 为报文的目标地址（也就是报文的接收方），有 8 位；SA 为报文的源地址（也就是报文的接收方），有 8 位。

2. 数据段的组成

数据段一般由 1～8 个字节（Byte）组成，代表通信协议中相应的含义。每个字节有 2 个字符，分为高 4 位和低 4 位。有的数据需要相邻的 2 个字节组合才能表示，则需要分为高字节和低字节，如表 7-34 所示。

表 7-34　BMS 与 VCU 之间的报文

OUT	IN	ID						通信周期	位置	数据名
电池管理系统	整车控制器	PGN＝6352						100ms	1Byte	Ubus(电池系统测量总线电压值)低字节 注:两字节数据中低字节在前,高字节在后; 同一字节中高位在前,低位在后
		P	R	DP	PF	PS	SA		2Byte	Ubus(电池系统测量总线电压值)高字节
									3Byte	Ibattery(－/＋)(电池充/放电电流)低字节
									4Byte	Ibattery(－/＋)(电池充/放电电流)高字节
									5Byte	SOC(电池模块 SOC)
		6	0	0	24	208	243		6Byte	最高电池模块电压低字节
									7Byte	最高电池模块电压高字节
									8Byte	保留

三、CAN 报文的解析

例如：某款电动车无法进行慢充。

① 首先插上充电枪后确认充电回路已形成（充电机直流输出端能测到电池电压）。

② 再找到通信协议中 BMS 的慢充部分，如表 7-35 所示。

表 7-35　电动汽车 BMS 慢充部分通信协议

字节	位	信号名称	物理含义	范围	物理范围	分辨率	偏移量
0	0 1	CAN_CHARGE_HV_ CTRL_CMD	充电器高压 控制指令	00～11	11:充电器开启高压 00:充电器关断高压 其他:充电器关断高压	—	—
	2 3 4 5 6 7						
1 2	High Low	CAN_CHARGECURRENT_ CMD	充电电流 指令	0～1000	0～100A	0.1A/bit	0
3 4	High Low	CAN_CHARGEVOLTAGE_ LIMIT	最高允许充 电电压	0～4000	0～400V	0.1V/bit	0

③ 然后通过整车控制器（VCU）接收到 CAN 报文，如表 7-36 所示。

表 7-36　通过 VCU 收到的 CAN 报文

序号	传输方向	时间标识	帧 ID	帧格式	帧类型	数据长度	数据
651	接收	0x0008fd12	0x00000400	数据帧	标准帧	0x08	c8 9c 09 33 50 86 5b 00
652	接收	0x0008fd14	0x00000402	数据帧	标准帧	0x08	d0 cc 03 97 97 00 09 33

序号	传输方向	时间标识	帧 ID	帧格式	帧类型	数据长度	数据
653	接收	0x0008fd17	0x00000404	数据帧	标准帧	0x08	00 00 00 00 00 00 00 00
654	接收	0x0008fd1a	0x00000403	数据帧	标准帧	0x08	03 00 3c 0d 8e 00 00 00
655	接收	0x0008fd1d	0x00000406	数据帧	标准帧	0x08	00 00 00 00 00 00 00 00

④ 接着找到 ID：403（0x00000403 数据帧，标准帧 0x08 03 00 3c 0d 8e 00 00 00）进行解析。控制指令：03 转换为二进制，为充电器开启高压，说明 BMS 允许充电；充电电流需求＝60（003c 转换为十进制）×0.1（分辨率）＋0（偏移量）＝6A；充电电压需求＝3470（0d8e转换为十进制）×0.1（分辨率）＋0（偏移量）＝347V。

总之，在充电回路形成、BMS 允许充电、充电需求正常的情况下，充电机仍然无输出，肯定是充电机本身有问题。

四、各子系统控制逻辑介绍

1. 换挡控制

正确理解驾驶人意图，识别车辆合理的挡位，在基于模型开发的挡位管理模块中得到很好的优化。挡位管理控制能在出现故障时做出相应处理，保证整车安全，在驾驶人出现换挡误操作时通过仪表提示驾驶人，使驾驶人能迅速纠正。挡位管理控制原理如图 7-13 所示。

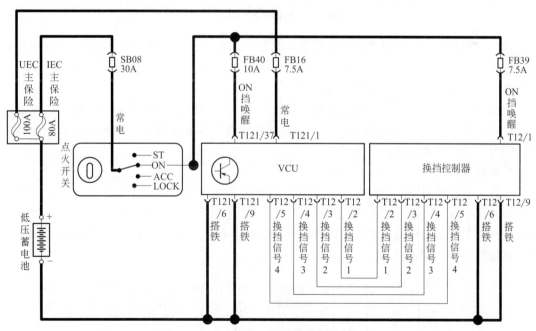

图 7-13　挡位管理控制原理

检测标准：换挡机构输入 VCU 的是 4 路模拟电压信号，信号输入后首先进行高低有效性判断和故障诊断。高有效用 1 表示，低有效用 0 表示，如表 7-37 所示。

高有效判断区间：大于等于 2.8V 且小于等于 4.95V。

低有效判断区间：大于等于 0.1V 且小于等于 0.90V。

表 7-37　挡位信号输入判断

挡位	挡位信号 1	挡位信号 2	挡位信号 3	挡位信号 4
R	1	1	0	0
N	1	0	0	1
D	0	1	0	1
S	0	1	1	0

2. 加速踏板

（1）控制原理　加速踏板控制原理如图 7-14 所示。

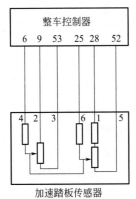

针脚	定义
1	信号2电源
2	信号1电源
3	信号1接地
4	输出信号1
5	信号2接地
6	输出信号2

图 7-14　加速踏板控制原理

（2）检测方法　检测加速踏板传感器 1 信号：踏板开度从 0～100% 变化，用万用表直流电压挡测量插件 4 针对地有 0.74～4.34V 的电压，否则检查传感器电源和地线；如果输入电源和地线正常，则为传感器内部故障。

检测加速踏板传感器 2 信号：踏板开度从 0～100% 变化，用万用表直流电压挡测量插件 6 针对地有 0.36～2.24V 的电压，否则检查传感器电源和地线；如果输入电源和地线正常，则为传感器内部故障。

3. 车载充电机

车载充电机控制原理如图 7-15 所示。车载充电机在充电过程与整车控制器（VCU）进行通信，当车身充电口连接上充电线时，CC 与 PE 之间导通，此时充电机对整车控制器发出信号，整车控制器再向仪表发出信号，仪表充电指示灯点亮。同时充电机发出充电唤醒信号（正触发），车辆不能行驶。

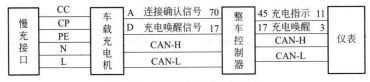

图 7-15　车载充电机控制原理

4. DC/DC 转换器控制

DC/DC 转换器控制原理如图 7-16 所示。DC/DC 转换器接到供能信号后，在充电或启动车辆时利用高压直流电，变压后给低压蓄电池充电。

5.电机控制器控制

整车控制器（VCU）给电机控制器（MCU）发出转矩需求和故障通信，包括电机转速、电机温度、控制温度信号，反馈给 VCU 都是通过 CAN 线实现的。能量回收的启动也由 VCU 控制。电机控制器控制如图 7-17 所示。

6.动力电池管理系统（BMS）

VCU 给 BMS 发出电能需求和故障通信，包括电池电量、电池温度、电压、电流信号，反馈给 VCU 都是通过 CAN 线实

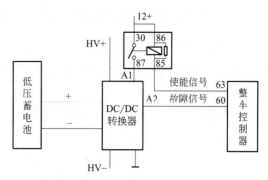

图 7-16　DC/DC 转换器控制原理

现的。主负继电器由整车控制器控制，主正继电器由 BMS 控制，其控制原理如图 7-18 所示。

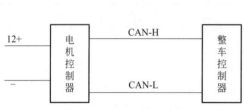

图 7-17　电机控制器控制

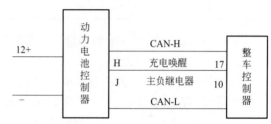

图 7-18　电池控制器控制原理

第四节
CAN 网络故障诊断

一、CAN 总线的常见故障

① CAN 线是否正常，一般可以通过在诊断口测量 CAN-H 和 CAN-L 的电阻来判断。通过测量，如果电阻值为 $60\sim70\Omega$，则 CAN 主线可以正常通信；如果无限大，则表明断路；如果无限小，则表明短路。

② 测量 CAN-H 和 CAN-L 的对地电压；正常情况下，CAN-H 的对地电压为 $2.5\sim3.5V$；正常情况下，CAN-L 的对地电压为 $1.5\sim2.5V$；如果在 0V 左右表明对地短路，如果大于正常值，则可能对电源短路。

③ 总线各模块通过 CAN 线进行诊断；诊断口的 6 针和 14 针分别为高速网的 CAN-H 和 CAN-L。3 针和 11 针分别为车载低速网的 CAN-H 和 CAN-L。

④ 各模块都记录有与 CAN 通信相关的故障码，用于判断 CAN 通信是否正常。

⑤ 通过诊断仪读出通信异常时，先检查 CAN 线是否有故障，如果 CAN 正常，再检查模块。

二、CAN 总线的检测

（1）故障形式 CAN 总线故障形式主要有 CAN-H 和 CAN-L 短路、CAN-H 对正极短路、CAN-H 对地短路、CAN-H 断路、CAN-L 对正极短路、CAN-L 对地短路和 CAN-L 断路共七种。

（2）故障码 CAN 网络故障码（DTC）如表 7-38 所示。

表 7-38　CAN 网络故障码

项目	含义
内部错误 DTC	各 ECU 执行内部检查,如果其中一个发现内部 ECU 有问题,则会提出一个内部错误 DTC,指示该 ECU 需要更换
失去通信 DTC	失去通信 DTC(和总线关闭 DTC)是在 ECU 之间的通信出现问题时提出的,问题可能出在连接导线或 ECU 本身上
信号错误 DTC	各 ECU 对某些输入回路执行诊断测试,以确定此回路功能是否正常(有无断路或短路)。如果一个回路未通过诊断测试,则会相应设置一个 DTC(注意:并非对所有输入都检测是否有错误)

（3）CAN 总线终端电阻的测量 终端电阻可以用万用表进行测量，如图 7-19 所示。

① 拆下蓄电池的电源线。

② 等待约 5min，直到所有的电容器充分放电。

③ 连接万用表至 DLC 接口，测量电阻值。

④ 将 ABS 总泵插头拔下，检测总的阻值是否发生变化，并分析测量结果。

图 7-19　终端电阻测量

由于两个终端电阻是并联的，所以测量的结果为每一个终端电阻大约为 120Ω，而总值为 60Ω 时，可以判断连接电阻是正常的，但是终端电阻不一定就是 120Ω，其相应的阻值依赖于总线的结构。如果在总的阻值测量后，将一个带有终端电阻的控制单元插头拔下，显示阻值发生变化，这是测量的一个控制单元的终端电阻阻值。一个带有终端电阻的控制单元插头被拔下后测量其阻值没有发生变化，则说明系统中存在问题，可能是被拔下的控制单元终端电阻损坏或是 CAN-BUS 出现断路。如果在拔下控制单元后显示的阻值变化无穷大，则可能是连接中的控制单元终端电阻损坏，或是到该控制单元的 CAN-BUS 出现故障。

（4）CAN 总线电压的测量 CAN 总线电压的测量如图 7-20 所示，其测量值范围如表 7-39 所示。

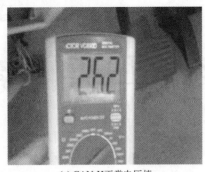 

(a) CAN-H正常电压值   (b) CAN-L正常电压值

图 7-20　CAN 总线电压的测量

表 7-39　CAN 总线电压的测量值

连接端子	线色	测试条件	正常值/V
CAN-H-车身接地	P	始终	2.5～3.5
CAN-L-车身接地	V	始终	1.5～2.5

第八章
空调系统与采暖系统

第一节
空调系统

汽车空调系统是实现对车厢内空气进行制冷、加热、换气和空气净化的装置。制冷的功能是吸收进入车内的空气中所含的热量和水分，它可以为乘车人员提供舒适的乘车环境，降低驾驶人的疲劳强度，提高行车安全。

一、空调系统的组成

电动汽车空调的组成主要有三部分：制冷系统、暖风系统、送风系统。

制冷系统的组成与传统车辆类似，由空调压缩机、冷凝器、膨胀阀、蒸发器及管路组成，只是空调压缩机改为电动形式的压缩机。某电动汽车的空调系统组成如图8-1所示。

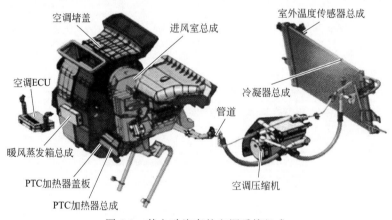

图 8-1　某电动汽车的空调系统组成

二、空调制冷剂的循环过程

电动汽车空调制冷系统的工作原理和传统燃油汽车是一样的，利用空气的热传递效应将空气中的热量向低温处传播。当蒸发器处于低温时，会吸收外部热量，以制冷剂作为传导介质被压缩机抽走，制冷剂经压缩机压缩后温度上升，此时制冷剂温度比外部环境温度高出许多，高温制冷剂流入冷凝器，通过电风扇向外界排放热量，降低温度，然后经膨胀节流作用生成低温制冷剂流入蒸发器，进行工作循环，不断地吸取车厢内的热量，从而达到降温效果。当制冷系统工作时，制冷剂以不同的状态在这个密闭系统内循环流动，每个循环又有四个基本过程，如图8-2所示。

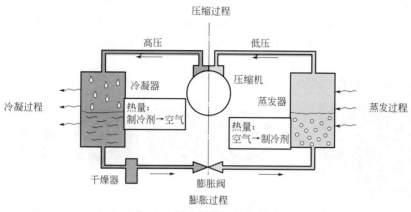

图 8-2　制冷剂循环过程原理

三、空调系统的主要部件

1. 电动空调压缩机

电动汽车空调驱动方式与传统汽车空调不同，采用电机驱动。电动空调压缩机固定在车辆的底盘上，一般在电动空调压缩机上集成有压缩机控制器。空调压缩机控制器将高压直流电转换成三相交流电而驱动空调压缩机。电动压缩机上布置有高压插头和低压插头，压缩机本体上有制冷剂循环的进出管路。全封闭的电机-涡旋式压缩机如图8-3所示。

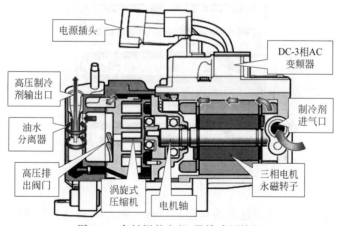

图 8-3　全封闭的电机-涡旋式压缩机

电动汽车空调一般使用涡旋式压缩机，包括一个定涡盘和一个动涡盘，这两个相互啮合的涡盘，其线型是相同的，它们相互错开180°安装在一起，即相位角相差180°。涡旋式压缩机的基本构造和工作原理如图8-4所示，其定涡盘固定在机架上，而动涡盘由电机直接驱动。动涡盘是不能自转的，只能围绕定涡盘做很小回转半径的公转运动。当驱动电机旋转带动动涡盘公转时，制冷气体通过滤芯吸入定涡盘的外围部分，随着驱动轴的旋转，动涡盘在定涡盘内按轨迹运转，使动、定涡盘之间形成由外向内体积逐渐缩小的六个腔：A腔、B腔、C腔、D腔、E腔和F腔，制冷气体在动、定涡盘所组成的六个月牙形压缩腔内被逐步压缩，最后从定盘中心孔通过阀片将被压缩后的制冷气体连续排出。

在压缩机的整个工作过程中，所有工作腔均由外向内逐渐变小且处于不同的压缩状况，从而保证涡旋式压缩机能连续不断地吸气、压缩和排气。虽然涡旋式压缩机每次排出制冷剂的气量较少，为 $27\sim30cm^3$，但由于其动涡盘可做高达 $9000\sim13000r/min$ 的公转，所以它的总排量足够大，能满足车辆空调制冷的需求，当然压缩机的功耗也较大，可达 $4\sim7kW$。

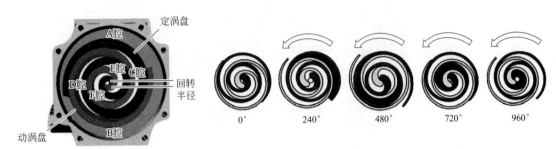

图 8-4　涡旋式压缩机的基本构造和工作原理

2. 冷凝器

冷凝器是用于将制冷剂所含热量释放，并将制冷剂由气态转变成液态的热交换器。冷凝器安装在车辆的前部，风扇将风吹过散热装置，以利于排出热量。来自压缩机的制冷剂以高温高压的气态形式从顶部进入冷凝器。经过冷凝器时，冷凝剂释放所含的大量热量并凝集在底部。在冷凝器出口，制冷剂处于高压低温液态。冷凝器的工作原理如图 8-5 所示。

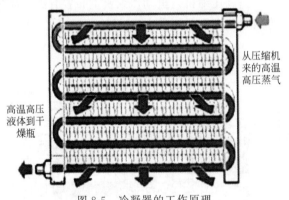

图 8-5　冷凝器的工作原理

3. 膨胀阀

膨胀阀的作用是使从冷凝器过来的高温高压液体制冷剂通过膨胀阀的节流降压成为容易蒸发的低温低压雾状制冷剂进入蒸发器，即分开了制冷剂的高压侧和低压侧。膨胀阀可以自动调节制冷剂流量，它根据制冷负荷的改变和压缩机转速的变化，自动调节制冷剂进入蒸发器的流量以满足制冷循环的需要。膨胀阀的外观和内部的结构原理如图 8-6 所示。

4. 蒸发器

蒸发器是一个热交换器，减压后的制冷剂以液/气态进入蒸发器，蒸发器中的制冷剂吸收进入车内的外部空气的热量，制冷剂蒸发。在蒸发器出口处，制冷剂呈低压低温气态。

在蒸发器处安装有蒸发器温度传感器来测量蒸发器温度，当蒸发器低于一定温度时空调停止运转，防止蒸发器结霜、结冰。当蒸发器温度高于一定温度时，空调系统才能重新接

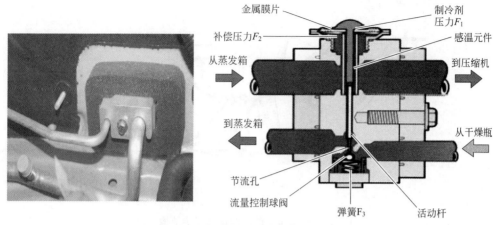

图 8-6　膨胀阀外观和内部的结构原理

通，是空调电气控制系统的一个保护性传感元件。如图 8-7 所示为蒸发器结构和蒸发器温度传感器的安装。

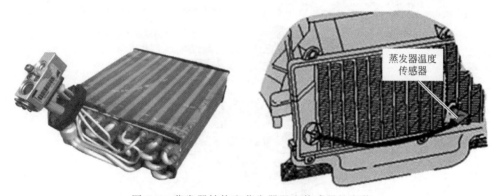

图 8-7　蒸发器结构和蒸发器温度传感器的安装

四、空调送风系统

空调送风系统的作用是把经过冷却或加热的空气通过特定的风道送到驾驶室内相应的位置。送风系统主要由鼓风机、风道、阻风门和出风口等组成。某车型的空调送风系统结构如图 8-8 所示。

空调控制器一般与空调面板制成一体，控制电机调节和控制系统中的各个风门，使之按需要移动到各种位置，引入内部或外部的空气通过不同的风道实现各种送风模式。如图 8-9 所示为风道内部元件及结构。

五、风道总体布置

① 图 8-10 中的内外循环风门为工作的两个位置，根据驾驶人的选择，来决定空气的来源是新鲜空气还是车内空气。

a.选择内循环时，风门将关闭车外新鲜空气道，空气自驾驶室内被鼓风机吸入，经过空调滤芯后进入鼓风机。

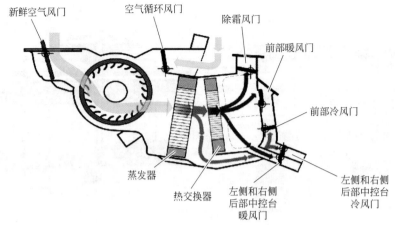

新鲜空气风门　空气循环风门　除霜风门　前部暖风门　前部冷风门　蒸发器　热交换器　左侧和右侧后部中控台暖风门　左侧和右侧后部中控台冷风门

图 8-8　某车型的空调送风系统结构

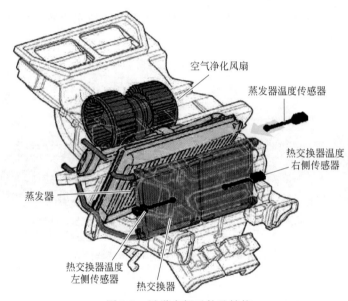

空气净化风扇　蒸发器温度传感器　热交换器温度右侧传感器　蒸发器　热交换器温度左侧传感器　热交换器

图 8-9　风道内部元件及结构

　　b.选择外循环时，风门将关闭车内空气的通道，新鲜空气被鼓风机吸入，经过空调滤芯后进入鼓风机。

　　② 图 8-10 中的冷暖风门为工作的两个位置，根据驾驶人的选择，来决定风门的位置。

　　a.如果选择制冷功能，冷暖风门将关闭空气通往 PTC 加热器的通道，自鼓风机来的空气经过蒸发器进行制冷后直接进入排风口进行模式分配控制。

　　b.如果选择自然风，冷暖风门将关闭空气通往 PTC 加热器的通道，自鼓风机来的空气经过不工作的蒸发器（不进行制冷）后直接进入排风口进行模式分配控制。

　　c.如果选择制热功能，冷暖风门将关闭蒸发器后通往排气口的通道，自鼓风机来的空气经过不工作的蒸发器（不进行制冷）后，进入 PTC 加热器进行热交换（制热），然后流入排风口进行模式分配控制。

　　③ 图 8-10 中的模式风门只表示了其工作时的两个极限位置，并且这两个风门是联动控制，就是说由一个电机来带动。根据两个风门所处位置组合成四种模式，即形成除霜、吹

面、吹足除霜及吹面吹足。

a.除霜模式：风门1关闭前上出风口，风门2关闭中部和脚部出风口；空气全部通往前挡风玻璃底部，进行除霜。

b.吹面模式：风门1关闭除霜出风口，风门2关闭中部和脚部出风口；空气全部通往前出风口，吹向面部。

c.吹足除霜模式：风门2处于半开半闭状态，一部分空气被送往中部及足部出风口，由于有的车没配备中部出风口，所以这一部分的空气全部被送往除霜及前上部出风口；此时风门1将关闭前上部出风口，所以这部分空气被送往除霜出风口。

d.吹面吹足模式：风门1关闭除霜出风口，风门2处于半开半闭状态。一部分空气通往前上出风口，吹向面部；另一部分空气通过足部出风口，吹向足部。

④ 温度传感器。

a.环境温度传感器：安装于前保险杠中间，用于环境温度的监测及空调和暖风系统的温度控制。

b.制冷温度传感器：安装于蒸发器后，由一种热敏材料制成，监测空气制冷温度。

c.PTC加热器温度传感器：安装于PTC加热器内，由一种热敏材料制成，用于监测制热的温度。

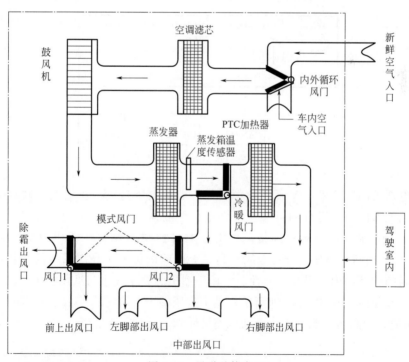

图 8-10　风道总体布置

六、空调系统的控制原理

整车控制器（VCU）采集到空调 A/C 开关信号、空调压力开关信号、蒸发器温度信号、风速信号以及环境温度信号，经过运算处理形成控制信号，通过 CAN 总线传输给空调控制器，由空调控制器控制空调压缩机高压电路的通断，如图 8-11 所示。

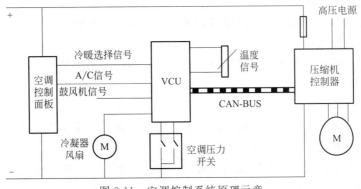

图 8-11　空调控制系统原理示意

七、空调电动压缩机的控制电路

电动汽车空调电动压缩机电路原理如图 8-12 所示。

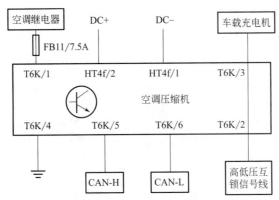

图 8-12　电动汽车空调电动压缩机电路原理

　　空调继电器控制压缩机 12V 低压电源，低压电源电压是空调压缩机控制器的通信信号传输及控制功能得以正常运行的可靠保证。整车控制器（VCU）通过数据总线（CAN-H、CAN-L）与空调压缩机控制器相连接，再由压缩机控制器控制空调压缩机的高压电源线（DC＋与 DC－）通断。高压互锁信号线在高压上电前确保整个高压系统的完整性，使高压电处于一个封闭的环境内，提高安全性。空调压缩机的高压线束与低压线束相互独立，线束的各个端子定义如图 8-13 和图 8-14 所示，其中高压端子 B 与 DC＋对应，为高压电源正极，A 与 DC－对应，为高压电源负极。电动压缩机针脚定义如表 8-1 所示。

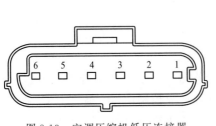

图 8-13　空调压缩机低压连接器

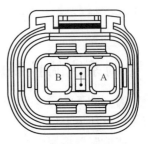

图 8-14　空调压缩机高压线连接

表 8-1　电动压缩机针脚定义

图示	接插件	端口	接口定义	备注
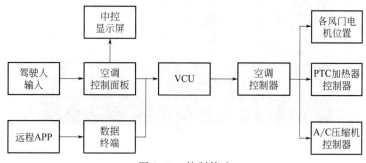	高压两芯 （动力接口）	A	高压正	控制器与动力 电池埋接
		B	高压负	
	低压六芯 （控制信号接口）	1	12V DC 正极	控制器与低压控制 系统连接
		2	高低压互锁信号	
		3	高低压互锁信号	
		4	接地	
		5	CAN-H	
		6	CAN-L	

八、空调控制面板的控制策略

电动汽车上，空调分两种控制方式：一种是车内控制；另一种是远程 APP 控制。这两种控制的方式只是输入端有所区别，均通过 VCU 和空调控制器来实现工作，其具体的控制策略如图 8-15 所示。空调控制电路如图 8-16 所示。

图 8-15　控制策略

空调控制面板如图 8-17 和图 8-18 所示。

① 驾驶人在车辆"READY"后，空调控制面板将通过 CAN 线将驾乘人员输入的信息传递给空调控制器，空调控制器据此来启动 PTC 加热器或空调压缩机并且控制各风门电机的运转，最后将空调控制器面板信息显示在中控液晶屏上。当在空调控制面板上输入关闭空调系统的指令时，VCU 将断开空调控制继电器，空调系统停止工作。

② 车辆在远程控制的状态下，一旦有远程操作，将通过数据终端 VCU 唤醒空调控制器、PTC 加热器控制器及电动压缩机控制器。然后，空调控制器将根据数据终端传输来的信息启动 PTC 加热器或空调压缩机，并且按照既定的模式运行；在远程控制的模式下，风量、风门位置和温度等对应加热或制冷，系统会有一个固定数值，不可选择。远程控制发出停止或达到系统默认的最大运行时间值时，VCU 将断开空调控制继电器，空调系统停止工作。

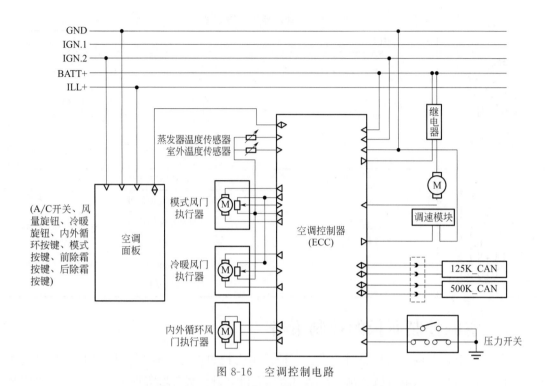

图 8-16　空调控制电路

图 8-17　空调控制面板

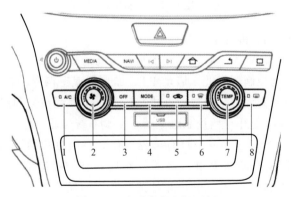

图 8-18　电动汽车空调面板

1—A/C开关；2—风速＋/风速－；3—空调关闭键；4—模式调节键；5—内外循环模式；
6—前除霜快捷键；7—温度＋/温度－；8—后除霜快捷键

九、制冷剂充注

1. 电动汽车空调系统制冷剂的回收、充注设备

（1）制冷剂鉴别仪的作用　主要用于检验制冷剂的类型、纯度、非凝性气体以及其他杂质，能鉴别 R134a、R12、R22、HC、AIR 五种成分的纯度，鉴别结果以比例（％）显示，精度为 0.1％，如图 8-19 所示。

① 制冷剂鉴别仪的显示如下。

PASS：制冷剂纯度达到 98％或更高。通过检验，可以回收。

FAIL：R12 或 R134a 的混合物，任意一种纯度达不到 98％，即混合物太多。

FAIL CONTAMINATED：未知制冷剂，如 R22 或 HC 含量为 4％或更多，则不显示含量。

NO REFRIGERANT-CHK HOSE CONN：空气含量达到 90％或更高，说明没有制冷剂。

② 制冷剂鉴别仪的使用方法如下。

a. 给仪器通电，仪器自动开机后让仪器预热 2min。

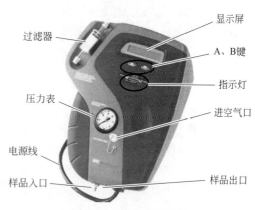

图 8-19　制冷剂鉴别仪

b. 在预热过程中，需要将当地的海拔输入仪器的内存中。

c. 系统标定。仪器将会通过进空气口吸入环境空气约 1min。

d. 把采样管的入口端接到车辆空调系统或制冷剂罐的出口上，按 A 键开始进行分析。

e. 分析完成，显示分析结果，检测完毕。

（2）制冷剂回收充注机　利用它可以进行制冷剂回收、净化、抽真空和充注，能进行冷冻机油的回收、充注，还能进行空调系统检漏等作业，如图 8-20 所示。

图 8-20　制冷剂回收充注机

制冷剂回收充注机操作面板功能如图 8-21 所示。

（3）空调歧管压力表组与注入阀　利用它和注入阀可以进行制冷剂充注、添加冷冻机油，与抽真空机配合可以进行空调系统抽真空等作业，是汽车空调系统故障诊断与排除以及汽车空调系统维修必不可少的设备，如图 8-22 所示。

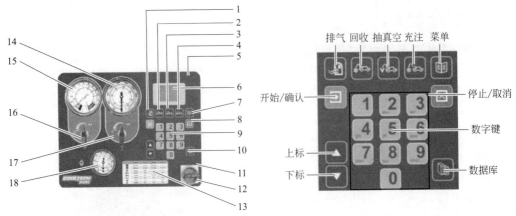

图 8-21　制冷剂回收充注机操作面板功能

1—排气，运行排气功能的快捷键；2—回收，回收空调系统的制冷剂；3—抽真空，将空调系统进行抽真空；4—充注，向空调系统充注制冷剂；5—菜单，进入菜单程序的快捷键；6—显示屏，显示操作信息；7—开始/确认，开始/确认程序的进行；8—停止/取消，停止/取消程序的进行；9—键盘，输入数据键；10—数据库，进入数据库的快捷键；11—上下键，上下选择键；12—电源开关，开机或关机；13—多语言对照表，多种语言表达对照；14—高压表，显示空调系统高压端压力；15—低压表，显示空调系统低压端压力；16—低压阀，控制空调系统低压端与设备的通断；17—高压阀，控制空调系统高压端与设备的通断；18—工作罐压力表，显示工作罐的压力

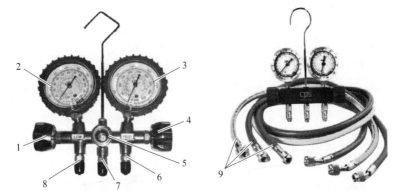

图 8-22　空调歧管压力表组与注入阀

1—低压侧手动开关；2—低压表；3—高压表；4—高压侧手动开关；5—视窗；6—高压侧软管（红）；
7—充注罐软管（黄）；8—接低压侧软管（蓝）；9—三色软管

2. 电动汽车空调系统制冷剂回收、充注作业

（1）制冷剂充注流程

① 检查空调系统部件安装情况。此过程中主要核对管路、冷凝器、膨胀阀、压缩机等各主要连接部件是否齐全，是否安装到位，确认各连接点未漏装 O 形圈、螺栓拧紧。

② 抽真空。空调高低压充注阀均连接制冷剂充注机，打开阀门后开始抽真空，根据实际情况持续 5~10min，若结束后压力值仍偏高或认为原系统内水分含量偏多，此过程可酌情反复进行多次。

③ 保压。抽真空完毕后关闭高低压软管阀门，保持压力表工作，10min 后观察压力值变化，若无明显反弹，则可认为此空调系统密封正常，可进行后续充注工作。

④ 制冷剂充注。按照车辆前舱指示标签所要求的充注量数值充注相应重量的制冷剂，充注过多或过少均影响空调使用效果。充注中注意采用优质、含水率低的制冷剂产品。

注意：若采用简易方式充注，建议采用低压端充注方式，同时制冷剂罐体倒置，以保证液态制冷剂压力满足充注过程；若在简易充注中仅由单一充注阀充注，在观察称量数值发现充注困难时，可在充注中启动压缩机。

（2）制冷剂回收作业

① 打开电源开关，如图 8-23 所示。

② 按"回收"键，进入回收程序，如图 8-24 所示。

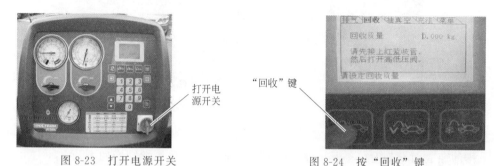

图 8-23　打开电源开关　　　　　　　　　图 8-24　按"回收"键

③ 选择回收量，如图 8-25 所示。

④ 按菜单要求，进行管路连接，将高低压快速接头正确连接至制冷系统的检测接口，如图 8-26 所示。

图 8-25　选择回收量　　　　　　　　　　图 8-26　进行管路连接

注意：顺时针拧开高低压开关时，速度应慢一些，防止冷冻机油被制冷剂带出系统。

⑤ 打开仪器上的高低压阀。

⑥ 仪器自动启动管路自清洁功能，如图 8-27 所示。

⑦ 进行制冷剂回收，如图 8-28 所示。

图 8-27　仪器自动启动管路自清洁功能　　　图 8-28　进行制冷剂回收

⑧ 在回收过程中，应不断观察压力表指针，当压力到达负压时，压缩机开始抽真空，如图8-29所示。应及时按"取消"键，停止回收，防止损坏回收机中的压缩机。

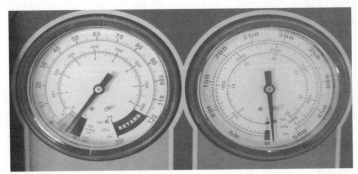

图8-29　制冷剂回收时压力表显示

⑨ 回收结束后，显示回收的制冷剂量，仪器准备进行排废油，如图8-30所示。
⑩ 排油瓶表面有刻度，查看排油瓶内的废油液面并记录，如图8-31所示。

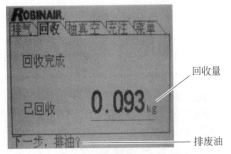

图8-30　仪器准备进行排废油

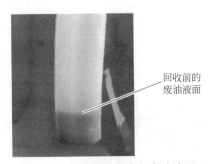

图8-31　查看排油瓶内的废油液面

⑪ 显示仪器正在排废油，如图8-32所示。
⑫ 排油结束，仪器自动停止，如图8-33所示。

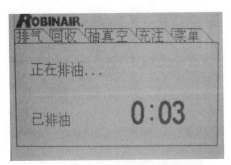

图8-32　显示仪器正在排废油

图8-33　排油结束

（3）制冷剂的充注作业
① 按"抽真空"键，仪器进入抽真空设置，如图8-34所示。
② 按"数字"键，选择抽真空时间，并按"确认"键进行抽真空，如图8-35所示。
注意：时间可以选择短些。

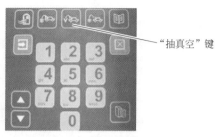

图 8-34 按"抽真空"键

图 8-35 选择抽真空时间

③ 打开高低压阀，如图 8-36 所示。

④ 抽真空至系统真空度低于 -90kPa，根据提示关闭低压阀、打开高压阀，如图 8-37 所示。按"取消"键，停止抽真空。

图 8-36 打开高低压阀

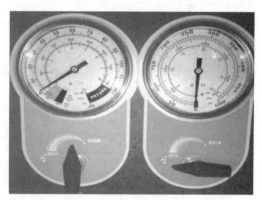

图 8-37 关闭低压阀，打开高压阀

⑤ 保持真空度至少 15min，检查压力表示值变化。

a. 如压力未上升，则进行微小泄漏量的检查。

b. 如压力有回升，则继续抽真空。如累计抽真空时间超过 30min，压力仍回升，则可以判定制冷装置有泄漏，应检修制冷装置。

⑥ 在抽真空时，仪器同时进行工作罐中制冷剂的净化，如图 8-38 所示。

⑦ 抽真空时间到后，仪器真空泵自动停止工作，如图 8-39 所示。

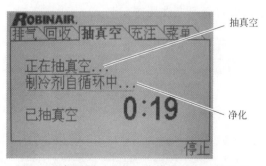

图 8-38 仪器同时进行工作罐中制冷剂的净化

图 8-39 仪器真空泵自动停止工作

⑧ 按"确认"键，仪器对系统进行泄漏检测，如图 8-40 所示。

注意：观察高低压表，表针无回升。

⑨ 检漏结束，准备充注冷冻机油，建议补充量为：排出量＋20mL。

⑩ 采用单管充注，关闭低压阀（防止冷冻机油进入压缩机），打开高压阀，如图 8-41 所示。

图 8-40　仪器对系统进行泄漏检测

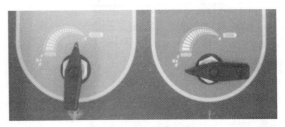

图 8-41　打开高压阀

⑪ 根据界面提示，查看注油瓶的液面位置，如图 8-42 所示。

⑫ 在充注过程中，必须一直观察注油瓶内的液面，达到补充量后及时按"确认"键，暂停充注冷冻机油，确认充注量达到要求后，按"取消"键结束充注冷冻机油，如图 8-43 所示。

⑬ 充注冷冻机油结束，准备充注制冷剂。

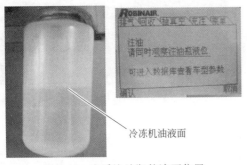

图 8-42　查看注油瓶的液面位置

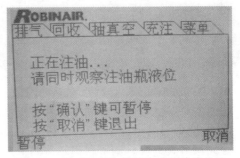

图 8-43　按"取消"键结束充注冷冻机油

（4）充注制冷剂

① 查阅《车辆使用手册》，确认制冷装置中制冷剂的类型及充注量，如图 8-44 所示。

② 检查工作罐中的制冷剂净重，当质量不足 3kg 时，应予以补充，如图 8-45 所示。

注意：工作罐内制冷剂达到充注量的 3 倍，即可满足充注要求。

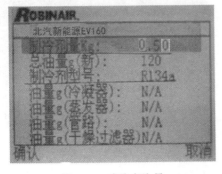

图 8-44　确认充注量

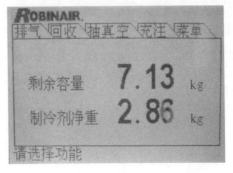

图 8-45　检查工作罐中的制冷剂净重

③ 按"确认"键，进入制冷剂充注界面，如图 8-46 所示。

④ 按"数字"键，选择充注制冷剂量 0.250kg，如图 8-47 所示。

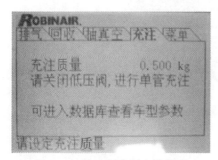

图 8-46　进入制冷剂充注界面

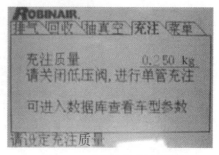

图 8-47　选择充注制冷剂量

⑤ 根据界面要求，采用单管充注，关闭低压阀（防止液态制冷剂进入压缩机），逆时针旋转低压快速接头（防止充注的制冷剂从低压检测口出来），打开高压阀，如图 8-48 所示。

⑥ 按"确认"键进行制冷剂充注，如图 8-49 所示。

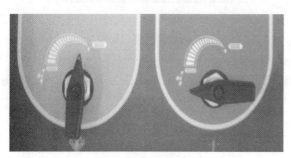

图 8-48　打开高压阀

图 8-49　按"确认"键进行制冷剂充注

⑦ 充注结束，根据界面显示，高压快速接头逆时针旋转，将充注管与制冷系统断开，准备对管路进行清洁，如图 8-50 所示。

图 8-50　充注结束

⑧ 仪器对管路清洁后，按"确认"键退出，如图 8-51 所示。

⑨ 关闭控制面板上的阀门。

⑩ 将高低压软管从车上取下。

⑪ 打开空调，如图 8-52 所示。

图 8-51　按"确认"键退出

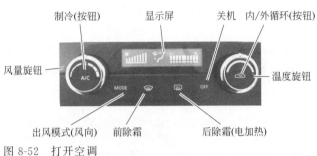

图 8-52　打开空调

⑫ 进行出风口温度检测（空调运转时长为 5～6min，出风口温度为 0～5℃）、泄漏查找、压力检测（低压侧压力为 0.147～0.192MPa，高压侧压力为 1.37～1.62MPa）。

⑬ 完成充注作业。

第二节
采暖系统

电动汽车没有了传统燃油汽车的发动机，就没有了热源，因此电动汽车的空调暖风系统工作原理与传统燃油汽车也有所区别，电动汽车的空调暖风系统是利用 PTC 加热器通电加热车内的空气来达到制热效果的。

一、采暖 PTC 加热器结构

电动汽车空调暖风系统 PTC 加热器的整体结构如图 8-53 所示。PTC 加热器技术参数如表 8-2 所示。

表 8-2　PTC 加热器技术参数

项目	技术要求	试验条件
额定输入电压	同动力电池电压	336V
额定功率	3500W	环境温度：(25±1)℃ 施加电压：(384±1)V DC 风速：4.5m/s
功率偏差率	−10%～+10%	

项目	技术要求	试验条件
冷态最大起始电流	20A	环境温度:(25±1)℃ 施加电压:(336±1)V DC
单级冷态电阻	80～300Ω	在(25±1)℃环境下,放置30min后测量

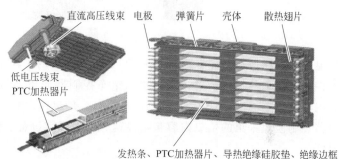

(a) PTC加热电阻内部结构

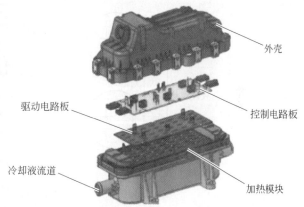

(b) PTC加热电阻外部结构

图 8-53　电动汽车空调暖风系统 PTC 加热器的整体结构

二、采暖的原理

空调暖风功能由 PTC 加热器提供。打开空调控制面板上的暖风开关,PTC 加热器开始工作,鼓风电机的风经过 PTC 加热器芯体后,热风源源不断地送进车厢,如图 8-54 所示。

在起始阶段,PTC 电阻比较固定,PTC 加热器加热效果明显。随着温度上升,PTC 电阻变大,而电流变小,加热效果就变差,这样能有效保护 PTC 加热室的温度,能进行有效的自我控制。在车辆上,PTC 加热器的控制主要还是通过切断其工作加大回路的方式来进行。PTC 加热器控制器会感知热交换室的温度和驾驶室内的温度,来确定 PTC 加热器的工作状况。

三、采暖控制电路

某车型 PTC 加热电阻由高压供电,由整车控制器或空调控制器控制搭铁回路。PTC 加

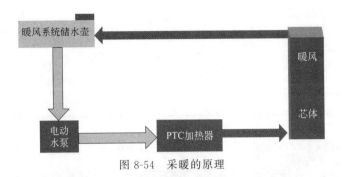

图 8-54 采暖的原理

热电阻的电路原理如图 8-55 所示，PTC 加热电阻的工作由专门的控制模块控制，PTC 加热器控制模块采集加热请求，同时根据整车控制器或压缩机控制器控制信号、PTC 加热器总成内部传感器温度反馈等信号综合控制 PTC 加热器通断，如图 8-56～图 8-58 所示。PTC 加热器控制模块采集的信息内容包括风速、冷暖程度设置、出风模式、加热器启动请求、环境温度。

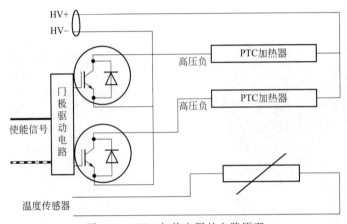

图 8-55　PTC 加热电阻的电路原理

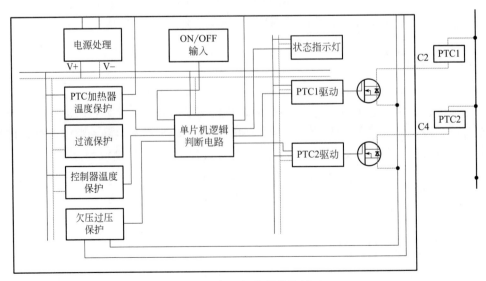

图 8-56　PTC 加热器模块原理

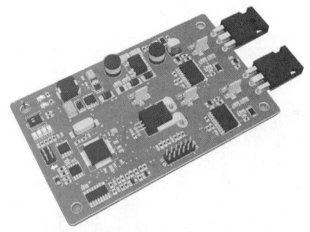

图 8-57　PTC 加热器模块结构

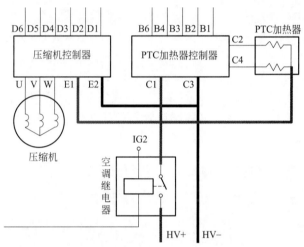

图 8-58　PTC 加热器加热原理

　　电加热器共有两级加热，第一级功率为 1kW，第二级功率为 1.5kW。电加热器表面布置温度传感器，当温度传感器采集的温度信号高于 95℃时，空调控制器将自动断开电加热器电源输入。电加热器表面布置温度开关，当温度开关采集的温度信号高于 139℃时，将会自动断开电加热器电源输入。当车内温度范围高于 25℃时，电加热器不工作；当车内温度为 5～25℃时，电加热器以第一级功率工作；当车内温度低于 5℃时，电加热器以全热模式工作。

第三节
空调系统与采暖系统的拆装

一、空调压缩机的拆装

① 确保断开点火开关，断开蓄电池负极。

② 如图 8-59 中箭头所示，用手指按下锁片，将插头拔出一部分，用一字螺丝刀压下图 8-59 中箭头 2 所示的锁片，将插头完全拔出，将高压插头从压缩机控制器上拔出。

③ 如图 8-60 所示，将插头的黄色部分往右拔出，如框内部分所示，然后用力将压缩机控制器的低压插头拔出。

图 8-59　将高压插头从压缩机控制器上拔出

图 8-60　将插头的黄色部分往右拔出

④ 用真空泵及空调歧管压力计抽空系统的制冷剂，用 10mm 的套筒松开压缩机上的进口空调管（图 8-61）和连接螺栓，请注意保护好管接头并用合适的堵头安装在所有管路上。

⑤ 用 10mm 的套筒松开压缩机出口空调管上的连接螺栓，并用相关堵头保护好接口，如图 8-62 所示。

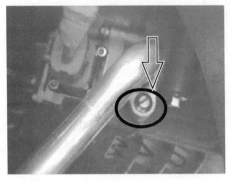

图 8-61　松开压缩机上的进口空调管

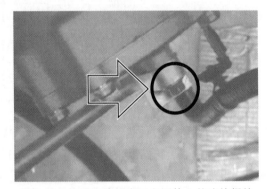

图 8-62　松开压缩机出口空调管上的连接螺栓

⑥ 用 10mm 的套筒松开压缩机上的 3 个固定螺栓，然后将压缩机从其支架上移开，如图 8-63 所示。

⑦ 用 10mm 的套筒松开 4 个螺栓，然后将压缩机支架从车上移开，如图 8-64 所示。

⑧ 安装以相反的顺序进行。

二、PTC 加热器的拆装

① 关闭点火开关。

② 断开低压蓄电池负极电缆。

③ 旋出螺母，如图 8-65 所示，拆开驾驶人右端的侧板。

图 8-63　松开压缩机上的 3 个固定螺栓

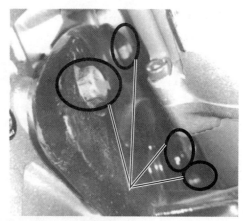

图 8-64　松开 4 个螺栓

④ 拔掉 PTC 加热器高压接插件。用手按住如图 8-66 所示的锁片，然后用手握住插头两端，用力将插头拔出，直至分离。

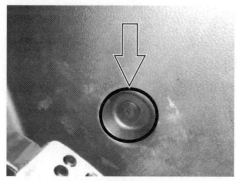

图 8-65　旋出螺母

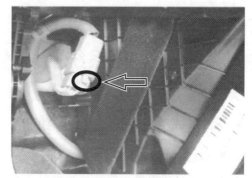

图 8-66　用手按住锁片

⑤ 用十字螺丝刀松开 PTC 加热器护板上的 3 个螺栓，将 PTC 加热器护板取下，拿掉护板。再用十字螺丝刀将 PTC 加热器固定板上的螺栓松开，并取下 PTC 加热器固定板，如图 8-67 所示。

⑥ 将副驾驶左侧的侧板上的螺栓用十字螺丝刀松开，然后撬下侧板，拔掉 PTC 加热器低压接插件，然后用 10mm 的套筒将接线松开，如图 8-68 所示。

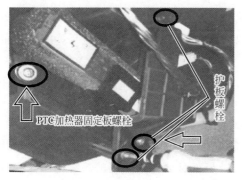

图 8-67　松开 PTC 加热器护板上的 3 个螺栓

图 8-68　拔掉 PTC 加热器低压接插件

⑦ 取出 PTC 加热器本体，如图 8-69 所示。

⑧ 安装以相反的步骤进行。

图 8-69 取出 PTC 加热器本体

第四节
空调系统与采暖系统故障诊断

一、暖风系统的检查与维护

1. 电路线束的检查与维护

① 检查电路线束及接插件连接处是否对插到位，有无松动、破损、腐蚀等问题，若未达到要求则修复或更换。

② 检查接插件线束波纹管有无破损，若有则修复或更换。

③ 检查接插件内插针是否有退针、弯曲等异常现象，如有则修复或更换。

2. 连接螺栓的检查

检查 PTC 加热器螺栓连接是否紧固，确认拧紧力矩是否符合要求，若不符合则进一步拧紧到《维修手册》上要求的力矩。

3. PTC 加热器绝缘性检查

打开空调 A/C 开关，按下内外循环按钮，转动制冷/制热旋钮，制热功能启动，空气通过 PTC 加热器加热后从仪表盘通风口输出。暖风功能打开，工作几分钟之后检查吹出的风有无焦煳味。

电动汽车的空调 PTC 加热器属于高压部件，需要检查 PTC 加热器正负极的绝缘电阻是否正常。

以某款电动汽车为例，检查方法如下。

在高低压断电及电容放电以后，根据高压控制盒高压附件接口的定义（图 8-70），用数字绝缘测试仪在 500V DC 下，测试 PTC DC 正负极与车身（外壳）间的绝缘电阻是否大于 500MΩ，若未达到则修复或更换。

检测 PTC 加热器正负极的绝缘性，如图 8-71 所示。

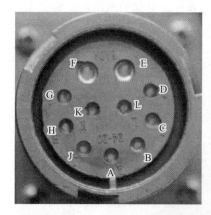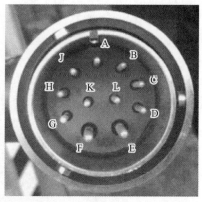

图 8-70　高压控制盒高压附件接口定义

A—DC/DC 转换器电源正极；B—PTC 加热器电源正极；C—压缩机电源正极；D—PTC 加热器-A 组负极；
E—充电机电源正极；F—充电机电源负极；G—DC/DC 转换器电源负极；H—压缩机电源负极；
J—PTC 加热器-B 组负极；K—空引；L—互锁信号线

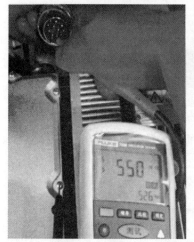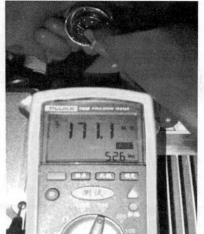

图 8-71　检测 PTC 加热器正负极的绝缘性

① 红表笔接 B 端子，黑表笔接车身搭铁的绝缘电阻。

② 红表笔接 D 端子，黑表笔接车身搭铁检测 PTC 加热器-A 组负极的绝缘电阻。

③ 红表笔接 J 端子，黑表笔接车身搭铁检测 PTC 加热器-B 组负极的绝缘电阻。

二、送风系统的检查与维护

1. 空调控制面板功能

检查时，点火开关转动到 ON 挡，按下 A/C 按钮。

① 扭转风量调节旋钮，检查风量是否和调节相符合。

② 按下内外循环按钮，观察空调能否进行内、外循环模式的切换。

③ 按 MODE 按钮，根据显示屏上的出风模式检查各出风口是否正常工作。

④ 分别按下前后挡风玻璃除霜按钮，检查出风口是否正常工作。

2. 空调滤芯的检查

空调滤芯通过过滤外界进入车厢内部的空气来提高空气的洁净度。检查空调滤芯是否过脏，风速是否正常。确保空调滤芯清洁，通风良好，无霉无菌，空调滤芯周边应密封良好（以某款车型空调滤芯更换步骤为例）。

① 空调滤芯在副驾驶人搁脚处上方位置，如图 8-72 所示。

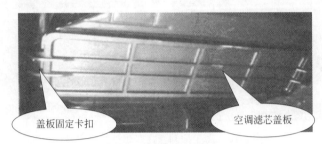

图 8-72　空调滤芯安装位置

② 打开空调滤芯盖板后方固定卡扣，取下空调滤芯盖板，如图 8-73 所示。

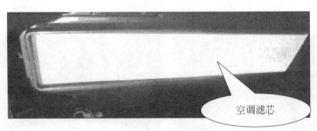

图 8-73　空调滤芯

③ 取出空调滤芯，用气枪高压空气喷嘴与滤芯保持 50mm 的距离，以 500kPa 气压吹大约 2min。如果空调滤芯过脏，则需要更换。

④ 安装空调滤芯时需要注意安装方向，如图 8-74 所示。

(a) 正面　　　　　　　　　　(b) 侧面　　　　　　　　　(c) 安装方向

图 8-74　空调滤芯正面、侧面、安装方向

3. 风道通风装置的检查

检查风道是否过脏或有异响情况，确保风道清洁、通风良好、无异响。

① 检查左侧与右侧风道通风装置的上下左右调节功能和清洁情况，如图 8-75 所示。

图 8-75　检查左侧与右侧风道通风装置

② 检查控制面板中央出风口的上下左右调节功能和清洁情况，如图 8-76 所示。

图 8-76　检查控制面板中央出风口装置

三、电动压缩机的常见故障

空调电动压缩机不能工作的故障有机械故障和电子控制系统方面的故障，其常见故障原因及排除方法如表 8-3 所示。

表 8-3　电动压缩机的常见故障原因及排除方法

故障	现象	原因及判断	检测及排除方法
驱动控制器不工作，压缩机不工作	压缩机无启动声音，电源电流无变化	①12V 控制电源未通入驱动控制器 ②控制电源电压不足或超压 ③接插件端子接触不良或松脱	①检查驱动控制器控制电源插头端子是否松脱 ②检查控制电源到驱动控制器之间的导线是否有断路 ③测量控制电源电压是否达到要求（对 12V DC 控制电源驱动控制器，控制电源至少大于 9V DC，不得高于 15V DC）
驱动控制器工作正常，压缩机工作不正常	压缩机发出异常声音	①电机缺相 ②冷凝器风机未正常工作，系统压差过大，电机负载过大	①检查驱动控制器与电机连接的三相插头及相关导线，保证其接触良好及导通 ②保证冷凝器风机正常工作，待系统压力平衡后再次启动

故障	现象	原因及判断	检测及排除方法
驱动控制器工作正常,压缩机不工作	压缩机无启动声音,电源电流无变化,各端口电压正常	驱动控制器未接收到空调系统的A/C开关信号	①检查A/C开关是否有故障 ②检查与A/C开关相连的导线是否断路 ③检查A/C开关连接方式是否正确[接地(低电平:0~0.8V)],开启压缩机,接高电平或悬空关闭压缩机
	压缩机无启动声音,电源电流无变化,高压端口电压不足或无供电	欠压保护启动	关闭整车主电源 ①检查驱动控制器主电源输入接口处的接插件端子是否松脱 ②检查主电源到驱动控制器之间的导线是否断路 ③检查控制主电源输入的继电器是否正常工作
驱动控制器自检正常,压缩机不工作	压缩机启动时有轻微抖动,电源电流有变化,随后降为0	①冷凝器风机未正常工作,系统压差过大,电机负载过大导致过流保护启动 ②由电机缺相导致过电流保护启动	①保证冷凝器风机正常工作,待系统压力平衡后再次启动 ②检查驱动控制器与电机连接的三相插头及相关导线,保证其接触良好及导通

1. 空调压缩机故障的判别

把点火开关旋至 ON 挡,打开空调 A/C 开关,风量开至最大,观察发现鼓风机工作正常,但无冷风,汽车仪表无高压绝缘性故障描述,进一步检查,发现空调压缩机不工作,初步断定为空调压缩机或其控制系统的问题,决定对空调压缩机及其控制线路进行诊断,查找故障原因,并排除故障。

压缩机维修诊断关系到高压危险,操作前一定要穿橡胶绝缘鞋,戴绝缘手套,严格按照高压电的操作规范操作。举升汽车,拆下空调压缩机低压连接器,识别压缩机低压连接器及高压线束,如图 8-77 所示。

图 8-77　空调压缩机低压连接器与高压连接器

2. 测量搭铁线、CAN 总线

点火开关处于 OFF 状态,断开空调压缩机低压连接器,分别测量搭铁线、CAN 总线。

(1) 搭铁线的测量　用万用表测量低压连接器 4 针与车身之间的电阻,如图 8-78 所示,其正常电阻应不超过 1Ω,如果电阻无穷大,则故障为搭铁线断路。若搭铁线有故障,则压缩机控制器无法控制压缩机工作。

(2) 空调压缩机 CAN 总线电阻的测量　用万用表测量低压连接器 5 针与 6 针之间的电阻,如图 8-79 所示,其电阻约为 60Ω,若电阻无穷大,则故障为断路;若电阻接近 0,则可能为 CAN-H 与 CAN-L 短路或与其连接的相关部件有短路现象。

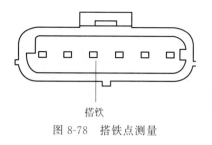

图 8-78　搭铁点测量

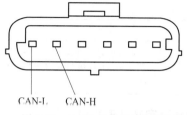

图 8-79　CAN 总线电阻测量

（3）空调压缩机 CAN 总线的搭铁短路测量　用万用表分别测量低压连接器 5 针与车身、6 针与车身之间的电阻，电阻值应为无穷大；若电阻接近 0，则故障为导线有搭铁现象。导线短路往往是由于导线绝缘胶老化、磨损导致内部金属直接与车身相通。

（4）空调压缩机高压互锁信号线的测量　用万用表测量空调压缩机低压接口内部 2 针与 3 针之间的电阻，如图 8-80 所示，电阻应小于 1Ω，如果电阻无穷大，则故障为线路断路。

（5）空调压缩机高压线 A、B 线电流的测量　连接空调压缩机低压连接器，把点火开关旋至 ON 挡，打开空调 A/C 开关，把风量开至最大，用数字钳形表分别测量 A、B 线的电流，如图 8-81 所示，电流应为 1～1.5A，若电流为 0，则检查动力电池高压线连接器以及高压控制盒高压线束连接器；如果连接器正常，则为空调压缩机内部控制器故障。

（6）12V 低压电源线测量　点火开关旋至 ON 挡，用万用表测量低压连接器 1 针的直流电压，如图 8-82 所示，电压应为 9～14V，如果测得电压为 0，则检查 FB11/7.5A 熔丝、空调继电器；若保险及继电器良好，那么检查低压连接器 1 针与 FB11/7.5A 熔丝之间有无断路。

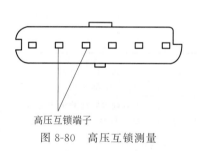

高压互锁端子

图 8-80　高压互锁测量

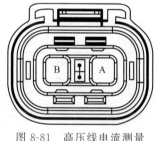

图 8-81　高压线电流测量

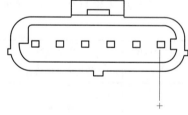

图 8-82　低压电源电压测量

四、PTC 加热器的常见故障

1. PTC 加热器常见故障处理（表 8-4）

表 8-4　PTC 加热器常见故障处理

故障	现象	原因及判断	检测及排除措施
PTC 加热器不工作	启动功能设置后风仍为凉风	·冷暖模式设置不正确 ·PTC 加热器本体断路 ·PTC 加热器控制回路断路 ·内部短路烧毁高压保险 ·PTC 加热器控制器故障损坏 ·PTC 加热器温度传感器损坏	·检查冷暖设置是否选择较暖方向 ·检查 PTC 加热器本体阻值 ·打开 PDU 观察指示灯情况及高压保险 ·测量 PTC 加热器温度传感器在某一温度下的阻值，如损坏则更换 ·更换 PTC 加热器或 PDU

故障	现象	原因及判断	检测及排除措施
PTC 加热器过热	出风温度异常升高或空调出风口有塑料焦煳味	·PTC 加热器控制模块内部 IG-BT 损坏(短路,不能断开) ·PTC 加热器温度传感器损坏	·断电更换相关部件 ·测量 PTC 加热器温度传感器在某一温度下的阻值,如损坏则更换

2. 故障码定义 (表 8-5)

表 8-5　故障码定义

序号	故障名称	故障码
1	模式风门电机开路	B132015
2	模式风门电机对电源短路	B132111
3	蒸发温度传感器开路或对电源短路	B131515
4	蒸发温度传感器对地短路	B131611
5	环境温度传感器开路或对电源短路	B131715
6	环境温度传感器对地短路	B131811
7	电源电压过压	U300317
8	电源电压欠压	U300316
9	与 PTC 加热器断开连接	U015500
10	与 EAS 断开连接	U012200

五、压缩机及控制器系统的常见故障

1. 空调压缩机检查 (表 8-6)

表 8-6　空调压缩机检查

检查次序	作业内容	技术要求	备注
1	压缩机清洁度检查	目视确认压缩机外表无灰尘、水渍	若有则清理
2	压缩机碰伤检查	目视确认压缩机外观无碰伤或磨损痕迹	若有则需听压缩机运转声音是否有异常,有异常则修复或更换
3	接插件线束波纹检查	目视确认接插件线束波纹管无破损	若有则修复或更换
4	高压接插件接插检查	确认高压接插件接插牢固、无松脱	若未达要求则修复或更换
5	安装螺栓力矩检测	确认空调压缩机支架上所有安装螺栓的拧紧力矩是否在 20N·m 以上	若有未达标的螺栓则需进一步拧紧到 20N·m 以上

2. 空调压缩机控制器的检测 (表 8-7)

表 8-7　空调压缩机控制器的检测

检查次序	作业内容	技术要求	备注
1	绝缘电阻检测	确认在 500V DC 下,控制器高压端子与外壳间的绝缘电阻大于 5MΩ	若未达到则修复或更换
2	高压接插件电阻检测	在高低压断电及电容放电以后,拔下母端高压接插件,确认压缩机侧公端高压接插件正负极之间的电阻,正常值为 1.7~2MΩ	若未达到则修复或更换

3. 空调常见故障（表8-8）

表8-8　空调常见故障

序号	故障描述	故障原因	解决措施
1	空调内部电压故障	内部电路故障,AD采集电压小于1.58V或大于1.71V时,输出该故障信号	更换压缩机
2	空调内部功率管故障	部分或全部功率管出现短路,功率管发生故障时,控制器输出电流很大,会使硬件触发过流保护,硬件自动封锁输出	更换压缩机
3	空调过压故障	当软件检测到电源输入端电压大于420V时,输出该故障信号	可恢复
4	空调欠压故障	当软件检测到电源输入端电压小于220V时,输出该故障信号	可恢复 更换高压保险 插好高压接插件 更换高压线束
5	空调过流保护	输出电流大于硬件设定值时,硬件封锁输出并拉低相应输出信号	产生过流后立即停机保护,30s后再次启动,连续5次过流后,停机保护;重新上电后故障码清除,重新检测

4. 空调系统压力过高故障（表8-9）

表8-9　空调系统压力过高故障

步骤	检查项目	检查结果		
		正常	有故障	解决措施
1	检查制冷剂是否过量	进行第2步	制冷剂过量	调整制冷剂量至标准值
2	检查压力开关是否损坏	进行第3步	压力开关损坏	更换压力开关
3	检查制冷剂循环管路是否变形或折弯	进行第4步	制冷剂循环管路变形或弯折	维修或更换问题管路
4	检查膨胀阀是否堵塞或失效	进行第5步	膨胀阀堵塞或失效	更换膨胀阀
5	检查压缩机是否损坏	进行第6步	压缩机损坏	更换压缩机
6	正确检修操作后,检查故障是否出现	诊断结束	故障未消失	从其他症状查找故障原因

5. 空调系统压力过低故障（表8-10）

表8-10　空调系统压力过低故障

步骤	检查项目	检查结果		
		正常	有故障	解决措施
1	检查空调管路是否有泄漏	进行第2步	空调管路有泄漏	维修或更换问题管路
2	检查制冷剂是否不足	进行第3步	制冷剂不足	加注制冷剂量至标准值
3	检查压力开关是否损坏	进行第4步	压力开关损坏	更换压力开关
4	检查膨胀阀是否堵塞或失效	进行第5步	膨胀阀堵塞或失效	更换膨胀阀
5	检查压缩机是否损坏	进行第6步	压缩机损坏	更换压缩机
6	正确检修操作后,检查故障是否出现	诊断结束	故障未消失	从其他症状查找故障原因

6. 空调不制冷故障 （表 8-11）

表 8-11 空调不制冷故障

步骤	检查项目	检查结果		
		正常	有故障	解决措施
1	检查空调控制器是否损坏	进行第 2 步	空调控制器损坏	更换空调控制器
2	检查熔丝是否熔断	进行第 3 步	熔丝熔断	更换熔丝
3	检查制冷系统压力是否不足	进行第 4 步	制冷系统压力不足	检查管路泄漏,必要时补充制冷剂
4	检查膨胀阀否堵塞或失效	进行第 5 步	膨胀阀堵塞或失效	更换膨胀阀
5	检查压缩机是否损坏	进行第 6 步	压缩机损坏	更换压缩机
6	检查鼓风电机运转是否正常	进行第 7 步	鼓风电机不运转	维修或更换鼓风电机
7	检查室外温度传感器、蒸发温度传感器是否正常	进行第 8 步	传感器失效短路	更换故障传感器
8	正确检修操作后,检查故障是否出现	诊断结束	故障未消失	从其他症状查找故障原因

7. 间断有冷气故障 （表 8-12）

表 8-12 间断有冷气故障

步骤	检查项目	检查结果		
		正常	有故障	解决措施
1	检查制冷剂循环回路是否有水分	进行第 2 步	制冷剂循环回路有水分	空调系统抽真空,更换干燥储液罐
2	检查膨胀阀是否损坏	进行第 3 步	膨胀阀损坏	更换膨胀阀
3	检查空调系统电路是否接触不良	进行第 4 步	空调系统电路接触不良	维修检查问题电路
4	正确检修操作后,检查故障是否出现	诊断结束	故障未消失	从其他症状查找故障原因

8. 制冷剂不足故障 （表 8-13）

表 8-13 制冷剂不足故障

步骤	检查项目	检查结果		
		正常	有故障	解决措施
1	检查空调系统电路是否接触不良	进行第 2 步	空调系统电路接触不良	维修检查问题电路
2	检查冷冻油是否过多	进行第 3 步	冷冻油过多	按比例更换制冷剂、冷冻油
3	检查制冷剂是否不足	进行第 4 步	制冷剂不足	加注制冷剂量至标准值
4	检查膨胀阀是否损坏	进行第 5 步	膨胀阀损坏	更换膨胀阀
5	正确检修操作后,检查故障是否出现	诊断结束	故障未消失	从其他症状查找故障原因

9. 冷空气输入过低故障（表8-14）

表8-14　冷空气输入过低故障

步骤	检查项目	检查结果		
		正常	有故障	解决措施
1	检查空调出气口是否有异物	进行第2步	出气口有异物	清洁或维修出气口
2	检查空调进气口是否堵塞或空气滤芯脏	进行第3步	进气口堵塞；空气滤芯脏	清洁或维修进气口或更换空气滤芯
3	检查鼓风机是否有故障	进行第4步	鼓风机有故障	更换鼓风机
4	检查空调系统是否漏气	进行第5步	空调系统漏气	维修漏气故障
5	检查蒸发器是否阻塞	进行第6步	蒸发器阻塞	清洁或维修蒸发器
6	正确检修操作后，检查故障是否出现	诊断结束	故障未消失	从其他症状查找故障原因

10. 仅有高速时才有冷气故障（表8-15）

表8-15　仅有高速时才有冷气故障

步骤	检查项目	检查结果		
		正常	有故障	解决措施
1	检查制冷剂循环回路内是否有空气	进行第2步	制冷剂循环回路内有空气	空调系统抽真空
2	检查制冷剂是否不足	进行第3步	制冷剂不足	加注制冷剂量至标准值
3	检查空调压缩机是否损坏	进行第4步	压缩机损坏	更换压缩机
4	检查冷凝器是否阻塞	进行第5步	冷凝器阻塞	清洁或更换冷凝器
5	正确维修操作后，检查故障是否出现	诊断结束	故障未消失	从其他症状查找故障原因

第九章
转向系统与制动系统

第一节
转向系统

电子助力转向系统（EPS）由扭矩传感器、电子控制单元（ECU）和助力电机共同组成。电子控制单元根据各传感器输出的信号计算所需的转向助力，并通过功率放大模块控制助力电机的转动，电机的输出经过减速机构减速增扭后驱动齿轮齿条机构产生相应的转向助力。

目前电子助力转向系统按助力作用位置分为管柱助力式（C-EPS）、齿轮助力式（P-EPS）和齿条助力式（R-EPS）。

一、转向系统的部件

① 目前1.3t以内的中小型纯电动汽车多采用P-EPS，这种转向助力系统在传统汽车上也有应用，主要由机械转向部分和电控系统组成，如图9-1所示。

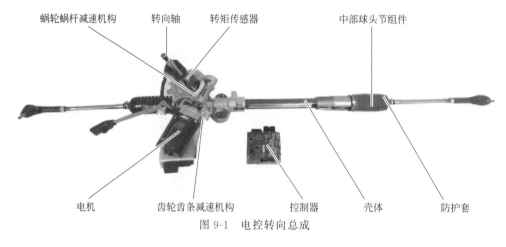

图 9-1　电控转向总成

电机总成由一个蜗杆、一个蜗轮和一个直流电机组成。当蜗杆与安装在转向器输出轴上的蜗轮啮合时，它降低电机速度并把电机输出力矩传递到输出轴，如图9-2所示。

② 扭矩传感器由两个带孔圆环、线圈、线圈盒及电路板组成。它获得方向盘上操作力大小和方向的信号，并把它们转换为电信号，传递到EPS控制盒。其性能参数如表9-1所示。

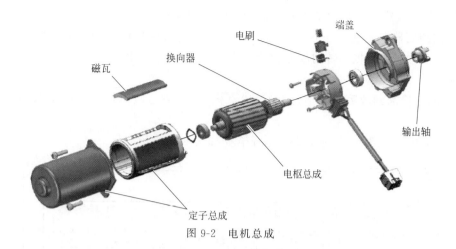

图 9-2　电机总成

表 9-1　转向系统部件性能参数

性能	参数	性能	参数
适用的载荷/kg	＜890	储存环境温度/℃	−40～120
齿条行程/mm	±71.5	控制器额定电压(DC)/V	12
线传动比	44.15	控制器工作电压范围/V	9～16
蜗轮蜗杆传动比	1：18	控制器工作电流范围/A	0～90
电机额定电流范围/A	52	传感器额定电压(DC)/V	5
电机额定转矩/(N·m)	2.36	传感器类型	非接触式
电机额定电压(DC)/V	12	助力电机功率/W	360
工作环境温度/℃	−30～100		

二、转向系统的控制策略

EPS 电气原理如图 9-3 所示。

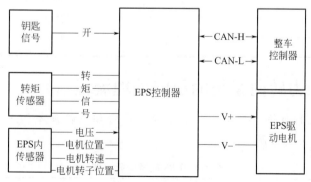

图 9-3　EPS 电气原理

①　当整车处于停车下电状态时，EPS 不工作（EPS 不进行自检、不与 VCU 通信，EPS 驱动电机不工作）；当钥匙开关处于 ON 挡时，ON 挡继电器吸合后 EPS 开始工作。

②　EPS 正常工作时，EPS 根据接收来自 VCU 的车速信号、唤醒信号及来自转矩传感器的转矩信号和 EPS 助力电机的电机位置、电机转速、电机转子位置、电流、电压信号等

进行综合判断，以控制 EPS 助力电机的转矩、转速和方向。

③ 转向控制器在上电 200ms 内完成自检，上电 200ms 后可以与 CAN 总线交互信息，上电 300ms 后输出 470 帧（转向故障和转向状态上报帧），上电 1200ms 后输出 471 帧（版本信息帧）。

④ 当 EPS 检测到故障时，通过 CAN 总线向 VCU 发送故障信息，并采取相应的处理措施。

转向系统端子如图 9-4 所示，部分端子含义如表 9-2 所示。

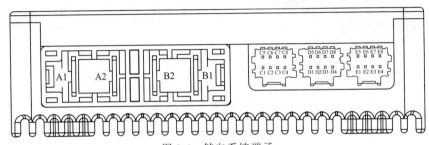

图 9-4　转向系统端子

表 9-2　转向系统部分端子含义

端子	端子用途定义	颜色
A1	电源正	红
A2	电源负	黑
B1	电机正	黑
B2	电机负	红
C2	辅路 T_2	绿
C5	主路 T_1	黑
C6	接地 GND	—
C7	电源＋12VA	红
C8	电源 TSV5	—
D5	CAN-H	黄
D6	CAN-L	白
D8	点火 IG	绿

三、电子助力转向系统的故障处理流程

EPS 故障处理流程如图 9-5 所示。主要诊断步骤和故障现象如表 9-3 及表 9-4 所示。EPS 部分端子含义如图 9-6 所示。

表 9-3　EPS 故障诊断步骤

步骤	操作	是	否
1	主熔丝和线路熔丝是否完好	进入第 2 步	主熔丝和线路熔丝断
2	·打开点火开关 ·检查终端"D8"和控制盒体接地之间的电压 ·是否为电池电压	进入第 3 步	整车信号线断开或短路

步骤	操作	是	否
3	· 检查终端"A1"和控制盒体接地之间的电压 · 是否为电池电压	进入第4步	整车电源线断开或短路
4	整车无助力是否可以行驶	进入第5步	CAN通信不畅
5	插头与EPS控制盒之间连接是否牢靠	如果上述各项都正常,则更换一个新的EPS控制盒,重新检查	接地不良

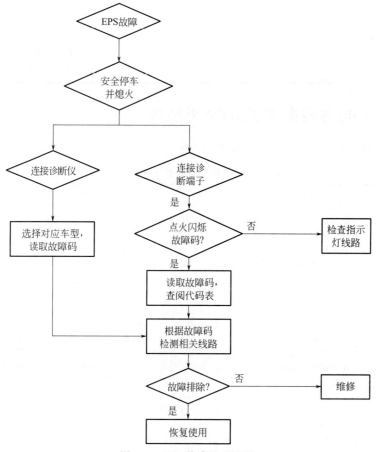

图9-5 EPS故障处理流程

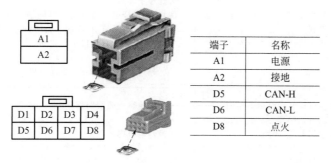

端子	名称
A1	电源
A2	接地
D5	CAN-H
D6	CAN-L
D8	点火

图9-6 EPS部分端子含义

表 9-4　故障现象

故障现象	可能的原因	修理方法
转向沉重	接插件未插好	插好插头
	线束接触不良或破损	更换线束
	方向盘安装不正确(扭曲)	正确安装方向盘
	转矩传感器性能不良	更换转矩传感器
	转向器故障	更换转向器
	车速传感器性能不良	更换车速传感器
	主熔丝和线路熔丝烧坏	更换熔丝
	EPS 控制器故障	更换 EPS 控制器
在直行时车总是偏向一侧	转矩传感器性能不良	更换转矩传感器
转向力不平顺	转矩传感器性能不良	更换转矩传感器

四、电子助力转向系统的常见故障

电子助力转向系统的常见故障如表 9-5 所示。

表 9-5　电子助力转向系统的常见故障

故障现象	可能的原因	修理方法
转向沉重	·接插件未插好 ·线束接触不良或破损 ·方向盘安装不正确(扭曲) ·转矩传感器性能不良 ·转向器故障	·插好插头 ·更换线束 ·正确安装方向盘 ·更换转矩传感器 ·更换转向器
跑偏	·转矩传感器性能不良 ·两侧胎压不均等 ·轮胎纹路磨损异常 ·前轮前束值异常	·检查转矩传感器主信号是否偏移,将万用表一端接传感器插头主路线,另一端接地线。检查传感器主路电压是否为(2.50±0.01)V(当方向盘置于中间位置时),方向盘先向左转动,然后向右转至极限,信号电压应该在 1.5～3.5V 之间连续变化,若电压不在正常范围内或在范围内电压过渡不平稳,则更换转向器 ·补充胎压至两侧相等 ·前后对调车轮 ·调整前束值
转向力矩不平顺	转矩传感器性能不响应	更换电机,电机螺钉紧固力矩为 25N·m
转向器异响	·转向器制造过程中,齿轮轴压装不到位 ·转向管柱与整车存在干涉点	·更换电机,电机螺钉紧固力矩为 25N·m ·处理干涉点 注意:为保证电机转轴与蜗杆同轴,使电机处于较好的工作状态,在紧固电机螺钉前,先用手将螺钉旋到位。右手转动方向盘,左手握住电机,感觉电机是否摆动 若不摆动,紧固螺钉;若摆动,用手调整电机位置,直到不摆动时,紧固螺钉;若调整不好,更换电机后再重复上述操作
转向无助力	·主熔丝和线路熔丝熔断 ·EPS 控制器点火信号端子与地线之间断路/短路 ·电机电源电路断路/短路 ·CAN 线通信不畅	·更换主熔丝或线路熔丝 ·检修线路 ·检修电机电源电路 ·检查插头与 EPS 控制器之间连接是否牢靠 以上步骤都处理完成后故障还未消失,则更换控制器

五、电子助力转向系统故障码诊断

① 电子助力转向系统（EPS）故障码诊断清单如表9-6所示。

表9-6　EPS故障码诊断清单

故障码	定义	故障码	含义
U007300	CAN 总线离线	C143A1C	EPS 电机电压异常
U1F9200	EMS ENGINE SPEED AND TORQUE 报文丢失	C143B1D	EPS 电机电流异常
U300317	电源电压过高	C143C04	EPS 电机驱动电路失效
U300316	电源电压过低	C143D1D	EPS 电机实际电流和目标电流差异过大
C142A1C	转矩传感器电源电压异常	C144A04	ECU 继电器失效
C142B29	转矩副信号超出设计范围	C144C04	控制器信号调理电路失效
C142C29	转矩主信号超出设计范围	C145D27	车速信号变化太快
C142D29	转矩主副信号不匹配	U1F9A00	EMS ENGINE IDLE AND VSPEED 报文丢失

② EPS 故障检测如表9-7所示。

表9-7　EPS 故障检测

故障码	故障码定义	故障码触发条件	可能的故障原因
U007300	CAN 总线离线	点火开关置于 ON 挡，电源电压大于 9V、小于 16V，CAN 总线连续 2 次离线置为 Test Failed DTC and Confirmed DTC	• CAN 总线异常 • 控制单元故障
C144A04	ECU 继电器失效	点火开关置于 ON 挡，电源电压大于 9V、小于 16V，在 MCU 发出吸合指令前，继电器电压大于 5.5V，或者在 MCU 发出吸合指令后，继电器电压小于 5.5V，持续 1s 为 Test Failed DTC and Confirmed DTC	• 导线故障 • 继电器故障
U1F9200	EMS ENGINE SPEED AND TORQUE 报文丢失	点火开关置于 ON 挡，电源电压大于 9V、小于 16V，CAN BUS 未离线，EMS ID 号 0x1 A0 报文丢失，持续 500ms 为 Test Failed DTC and Confirmed DTC	• 导线故障 • 控制单元故障
U1F9A00	EMS ENGINE IDLE AND VSPEED 报文丢失	点火开关置于 ON 挡，电源电压大于 9V、小于 16V，CAN BUS 未离线，EMS ID 号 0x3A0 报文丢失，持续 500ms 为 Test Failed DTC and Confirmed DTC	• 导线故障 • 控制单元故障
C145D27	车速信号变化太快	点火开关置于 ON 挡，电源电压大于 9V、小于 16V，发动机转速大于 550r/min，车速信号由 50km/h 以上突变为 0，持续 5s 以上置为 Test Failed DTC and Confirmed DTC	• CAN 总线异常 • 控制单元故障

③ EPS 电机故障诊断如表9-8所示。

表9-8　EPS 电机故障诊断

故障码	故障码定义	故障码触发条件	可能的故障原因
C143A1C	EPS 电机电压异常	点火开关置于 ON 挡，电源电压大于 9V、小于 16V，MCU 发出助力指令，电机电压为 0，持续 200ms 置为 Test Failed DTC，持续 1s 置为 Confirmed DTC，IG ON，Battery Voltage	• 导线故障 • 电机故障 • 控制单元故障

故障码	故障码定义	故障码触发条件	可能的故障原因
C143B1D	EPS 电机电流异常	点火开关置于 ON 挡,电源电压大于 9V,小于 16V,MCU 发出助力指令,电机电流大于 70A,持续 200ms 置为 Test Failed DTC,持续 1s 置为 Confirmed DTC	· 导线故障 · 电机故障 · 控制单元故障
C143C04	EPS 电机驱动电路失效	点火开关置于 ON 挡,电源电压大于 9V,小于 16V,MCU 发出助力指令,但是电机没有驱动,持续 500ms 置为 Test Failed DTC and Confirmed DTC	· 导线故障 · 控制单元故障
C143D1D	EPS 电机实际电流和目标电流差异过大	点火开关置于 ON 挡,电源电压大于 9V,小于 16V,MCU 发出助力指令,实际电流和目标电流相差 10A 以上,持续 1s 置为 Test Failed DTC and Confirmed DTC	· 导线故障 · 电机故障 · 控制单元故障

④ 电源电压过高、过低故障诊断如表 9-9 所示。

表 9-9　电源电压过高、过低故障诊断

故障码	故障码定义	故障码检测条件	故障码触发条件	可能的故障原因
U300317	电源电压过高	电源电压大于 9V,小于 16V	点火开关置于 ON 挡,电源电压大于 16V,持续 500ms 置为 Test Failed DTC,持续 1s 置为 Confirmed DTC	· 导线故障 · 控制单元故障
U300316	电源电压过低	电流电压大于 9V,小于 16V	点火开关置于 ON 挡,电源电压小于 9V,持续 500ms 置为 Test Failed DTC,持续 1s 置为 Confirmed DTC	· 导线故障 · 控制单元故障

⑤ 电压、转矩信号故障如表 9-10 所示。

表 9-10　电压、转矩信号故障

故障码	故障码定义	故障码触发条件	可能的故障原因
C142A1C	转矩传感器电源电压异常	点火开关置于 ON 挡,电源电压大于 9V,小于 16V,传感器电源小于 4.5V 或大于 5.5V,持续 40ms 置为 Test Failed DTC,持续 200ms 置为 Confirmed DTC	· 导线故障 · 转矩传感器故障 · 控制单元故障
C142B29	转矩副信号超出设计范围	点火开关置于 ON 挡,电源电压大于 9V,小于 16V,传感器副信号大于 4.8V 或小于 0.2V,持续 40ms 置为 Test Failed DTC,持续 200ms 置为 Confirmed DTC	· 导线故障 · 转矩传感器故障 · 控制单元故障
C142D29	转矩主副信号不匹配	点火开关置于 ON 挡,电源电压大于 9V,小于 16V,传感器主信号和副信号相差 0.5V 以上,持续 40ms 置为 Test Failed DTC,持续 200ms 置为 Confirmed DTC	· 导线故障 · 转矩传感器故障 · 控制单元故障
C144C04	控制器信号调理电路失效	点火开关置于 ON 挡,电源电压大于 9V、小于 16V,转矩信号调理电路输出关系错误,持续 40ms 置为 Test Failed DTC,持续 200ms 置为 Confirmed DTC	· 导线故障 · 转矩传感器故障 · 控制单元故障
C142C29	转矩主信号超出设计范围	点火开关置于 ON 挡,电源电压大于 9V、小于 16V,传感器主信号大于 4.8V 或小于 0.2V,持续 40ms 置为 Test Failed DTC,持续 200ms 置为 Confirmed DTC	· 导线故障 · 转矩传感器故障 · 控制单元故障

第二节
制动系统

一、制动系统的组成

新能源汽车的制动系统基本是在传统汽车的基础上进行改造升级的，行车制动系统和驻车制动与传统能源车辆基本没有本质上的区别。一般的电动汽车制动系统与传统汽车制动系统类似，如图 9-7 所示，主要由制动器、制动压力调节装置、电动真空助力系统等部分组成。

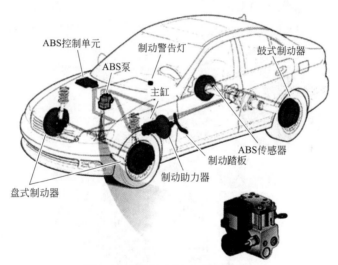

图 9-7 电动汽车制动系统的组成

1. 制动器

制动器是产生阻碍车辆运动或运动趋势的力（制动力）的部件。目前汽车所用的摩擦制动器可分为鼓式和盘式两大类。鼓式摩擦副中的旋转元件为制动鼓，工作面为圆柱面；盘式的旋转元件为圆盘状的制动盘，工作面为圆盘端面。电动汽车所用的制动器主要有前盘后鼓和前后均为盘式制动器两种形式。盘式制动器效率比鼓式制动器高，但价格比较贵。现在使用的盘式制动器主要为浮动钳盘式制动器，如图 9-8 所示，制动钳体是浮动的，制动液压缸一般为单侧的，且与液压缸同侧的制动块总成是活动的，而另一侧制动块总成固定在钳体上。鼓式制动器用在后轮上的情况比较多，兼驻车制动的功能。内张型鼓式制动是利用制动鼓的圆柱内表面与制动蹄摩擦片的外表面作为一对摩擦表面在制动鼓上产生摩擦力矩，如图 9-9 所示。

2. 制动压力调节装置

现代汽车所用的制动压力调节装置主要是 ABS（防抱死制动系统），在汽车制动时，它自动控制制动器制动力的大小，使车轮不被抱死，处于边滚边滑（滑移率在 20% 左右）的状态，以保证车轮与地面的附着力在最大值。ABS 通常由电动泵（电机）、低压蓄油器、电磁阀、控制单元（ECU）等组成，如图 9-10 所示。

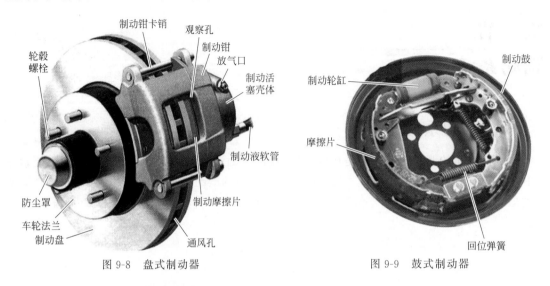

图 9-8 盘式制动器　　　　　　　　　　图 9-9 鼓式制动器

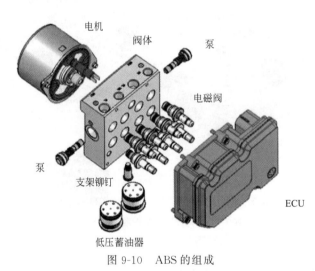

图 9-10 ABS 的组成

3. 电动真空助力系统

轿车上广泛装用真空助力器作为制动助力器，利用发动机进气歧管处的真空度来帮助驾驶人操纵制动踏板。纯电动汽车的真空由一套专用的真空装置提供，主要由电动真空泵和真空储存罐组成。

① 电动真空助力系统的工作过程。以某车型为例，当驾驶人启动汽车时，12V 电源接通，电子控制装置系统模块开始自检，如果真空罐内的真空度小于设定值 50kPa，真空压力传感器输出相应电压值至控制器，此时控制器控制电动真空泵开始工作；当真空度达到设定值后，真空压力传感器输出相应电压值至控制器，此时控制器控制真空泵停止工作；当真空罐内的真空度因制动消耗，真空度小于设定值（50kPa）时，电动真空泵再次开始工作，如此循环。如图 9-11 所示为电动真空助力系统工作过程简图。

② 电动真空泵的工作原理。电动真空泵根据真空传感器反馈给整车控制器的真空度信号，整车控制器确定真空泵的启动和停止时间。当真空度低于 50kPa 时，整车控制器使真

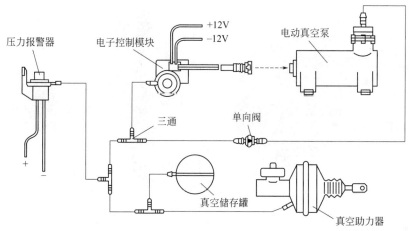

图 9-11 电动真空助力系统工作过程简图

空泵启动；当真空度高于 75kPa 时，整车控制器使真空泵停止；当真空度低于 34kPa 时，整车控制器报警。

如图 9-12 所示为电动真空泵工作原理，电动真空泵的供电电压 12V 由蓄电池经过 30A 低压熔丝（SB6）之后到整车控制器 4 针，经过其内部控制电路后到真空泵正极，真空泵负极直接与蓄电池负极相接。真空泵是否启动受整车控制器控制，其控制依据是真空压力传感器输入的信号电压的大小。当满足真空泵启动条件后，整车控制器 3 针输出 12V 电压，给真空泵供电，真空泵即开始工作。

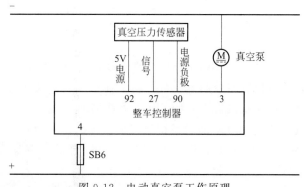

图 9-12 电动真空泵工作原理

真空压力传感器与整车控制器的连接关系是：传感器的供电和搭铁由整车控制器完成，分别接入整车控制器的 92 针和 90 针，信号电压由传感器输入整车控制器（27 针）。

③ 对于由传统车型改装成的纯电动汽车或燃料电池汽车，发动机总成被拆除后，制动系统由于没有真空动力源而丧失真空助力功能，仅由人力所产生的制动力无法满足行车制动的需要，因此需要对制动系统真空助力装置进行改进，而改进的核心问题是产生足够压力的真空源，这就需要为制动系统增加电动真空泵，如图 9-13 所示。真空制动系统工作原理如图 9-14 所示。

电动真空助力系统的工作过程为：当驾驶人发动汽车时，12V 电源接通，电子控制系统模块开始自检，如果真空罐内的真空度小于设定值，真空压力传感器输出相应电压值至控

图 9-13　真空泵及真空罐

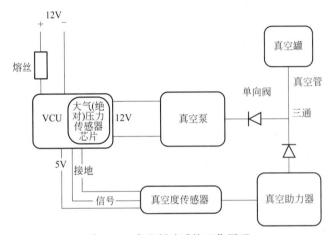

图 9-14　真空制动系统工作原理

制器，此时控制器控制电动真空泵开始工作；当真空度达到设定值后，真空压力传感器输出相应电压值至控制器，此时控制器控制真空泵停止工作；当真空罐内的真空度因制动消耗，真空度小于设定值时，电动真空泵再次开始工作，如此循环。

目前北汽新能源汽车的电动真空助力系统已经发展到第二代，与第一代相比，第二代主要有以下几点改进：一是增加了一个大气压力传感器，集成在控制器内部，使真空泵能够在不同海拔都能正常工作；二是将真空度传感器集成到真空助力器的单向阀上，如图9-15所示，减少了线束长度；三是采用了塑料材质的真空罐，减轻了重量。根据真空压力传感器特性曲线（图9-16），可知传感器随着管路中真空度的变化，输出电压也成比例地发生变化，整车控制器将根据此电压变化判断真空源是否符合系统要求。

二、电机制动馈能控制

电机制动馈能控制策略及方法是各新能源主机厂整车控制系统的核心内容之一。如图9-17所示是北汽新能

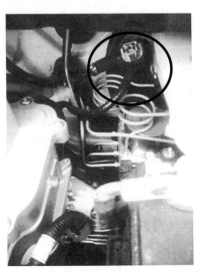

图 9-15　真空压力传感器位置

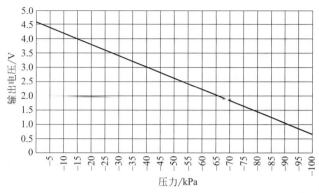

图 9-16 真空压力传感器特性曲线

源汽车装配的旋钮式换挡手柄，其中 E 挡就是电机馈能制动的选择位置，能根据用户不同需求改善能量回收强度及制动性能，妥善使用能量回收系统，可增加续航 5％～15％。车辆前进挡分两种：一种是 D 挡；另一种是 E 挡（经济模式）。E 挡行驶过程中，松开加速踏板时，车辆自动回收能量。回收强度可通过换挡旋钮左上方"E＋"和"E－"进行选择，如图 9-18 所示，在仪表中会进行相应的显示。

图 9-17 北汽新能源汽车装配的旋钮式换挡手柄

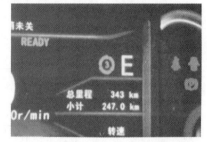

图 9-18 仪表显示的电机制动馈能模式

电机制动馈能控制开关的电路原理及端子如图 9-19 和图 9-20 所示，挡位传感器的真值判断表如表 9-11 所示，根据电路图或表中数据，可以对开关的信号进行故障分析及判断。

表 9-11 挡位传感器的真值判断

序号	功能定义	电压/V			电流/mA
		最小	正常	最大	
B1	电源供电	6.50	12.00	19.00	500.00
B2	相位信号 1	—	4.45/0.28	—	1.00
B3	相位信号 2	—	4.45/0.28	—	1.00
B4	相位信号 3	—	4.45/0.28	—	1.00
B5	相位信号 4	—	4.45/0.28	—	1.00
B6	电源地端	—	—	—	500.00
B7	背光灯电源	0	12.00	—	50.00
B8	备用	—	—	—	—
B9	背光灯地端	—	—	—	50.00

序号	功能定义	电压/V			电流/mA
		最小	正常	最大	
B10	方向盘换挡拨片接插件1针 （未采用）	—	—	—	—
B11	方向盘换挡拨片接插件2针 （未采用）	—	—	—	—
B12	备用	—	—	—	—

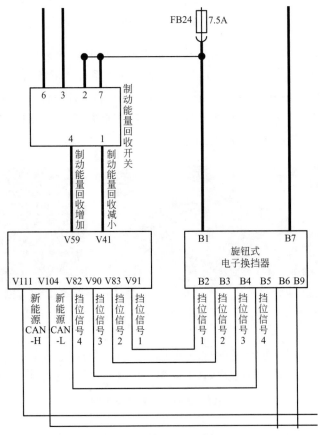

图 9-19　馈能开关的电路原理

在产生足够制动力矩的同时，通过电机发电模式，在制动的同时能回收的能量越多越好。但是，制动力矩的大小受到诸多因素的制约，因此为保证可靠的制动效能，电动汽车必须保留传统的机械摩擦制动系统，并与馈能制动组成混合制动结构。这种混合制动系统可以按照两种制动系统工作的方式，分为串联和并联两种类型。

1. 串联制动

串联制动系统动力分配原理如图9-21所示。串联制动的特点是电机馈能时的制动力达到其最大值时，机械

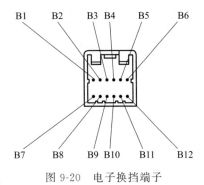

图 9-20　电子换挡端子

摩擦制动系统才参与工作，以满足车辆的制动需求。串联制动需要与车辆的 ABS 集成控制，它能够对单个车轮的液压制动力进行单独调整，并可以保证使用再生制动的轮胎与路面附着（滑移率）所能允许的最大极限。很显然，由于充分利用了再生制动，因此串联制动将获得最大的能量回收率。但是，串联制动结构复杂，成本高，需要集成的控制系统。

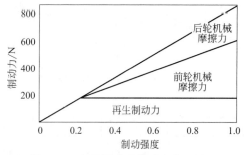

图 9-21　串联制动系统动力分配原理

串联制动系统的控制过程如图 9-22 所示。根据驾驶人的制动命令，考虑到为保持车辆的稳定制动而要求的前后轮制动力平衡，制动控制器分别计算需要由电机和液压制动系统提供的制动力，并给液压制动系统和电机控制器发出指令。电机能够提供的制动力矩是电机转速的函数，该力矩反馈回制动控制器。如果没有达到需求的制动力矩，则需要由液压制动系统予以弥补。由此可见，在串联制动中，通过电机制动和液压制动之间的协调控制，可以最大化地利用电机的制动力矩，其能量回收率高。

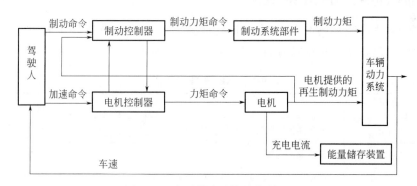

图 9-22　串联制动系统的控制过程

2. 并联制动

并联制动的原理如图 9-23 所示。与串联制动不同，并联制动按一个固定的比例分配再生制动力和机械摩擦制动力。由于没有充分发挥电机馈能制动力的作用，因此其回收的能量没有串联制动高。但并联制动对传统机械摩擦制动系统的改动少，结构简单，只需增加一些控制功能即可，成本低。并联制动系统的控制原理如图 9-24 所示。根据驾驶人的命令，电机控制器确定需要加在液压制动基础上的电机制动力矩，其大小由液压主缸压力确定。同样，电机制动力矩是电机转速的函数，因此能够加在液压制动基础上的电机制动力矩要根据汽车的静态制动力分配关系、电机转矩特性、驾驶人的感觉和轮胎与路面附着极限综合确定。很明显，由于缺乏主动制动控制功能，在电机制动和液压制动系统之间不能进行协调控制。因此，并联制动对电机制动力矩使用不充分，能量回收率低。

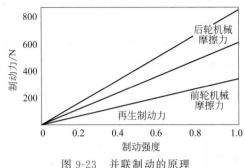

图 9-23 并联制动的原理

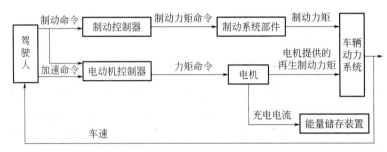

图 9-24 并联制动系统的控制原理

三、制动系统的常见故障

（1）行车制动系统　与传统燃油车相同部分故障的排除方法基本相同，在此仅提供ABS 故障码作为故障诊断与排除时的参考，如表 9-12 所示。

表 9-12　ABS 故障码及含义

序号	故障码	含　义
1	C0031	左前轮速传感器线路故障（信号故障）
2	C0032	左前轮速传感器线路故障
3	C0034	右前轮速传感器线路故障（信号故障）
4	C0035	右前轮速传感器线路故障
5	C0037	左后轮速传感器线路故障（信号故障）
6	C0038	左后轮速传感器线路故障
7	C003A	右后轮速传感器线路故障（信号故障）
8	C003B	右后轮速传感器线路故障
9	C0010	左前 ABS 进油口电磁阀或者 1 号电机线路故障
10	C0011	左前 ABS 出油口电磁阀或者 2 号电机线路故障
11	C0014	右前 ABS 进油口电磁阀或者 1 号电机线路故障
12	C0015	右前 ABS 出油口电磁阀或者 2 号电机线路故障
13	C0018	左后 ABS 进油口电磁阀或者 1 号电机线路故障

序号	故障码	含　义
14	C0019	左后 ABS 出油口电磁阀或者 2 号电机线路故障
15	C001C	右后 ABS 进油口电磁阀或者 1 号电机线路故障
16	C001D	右后 ABS 出油口电磁阀或者 2 号电机线路故障
17	C0020	泵电机控制故障
18	C0121	阀继电器线路故障
19	C0245	轮速传感器频率错误
20	C0800	01 高压故障过压 02 低压故障欠压
21	C1001	CAN 硬件故障
22	U1000	CAN 总线关闭故障

（2）电动真空泵　电动真空泵常见故障及排除方法如表 9-13 所示。

表 9-13　电动真空泵常见故障及排除方法

故障现象	检查方法与处理措施
连接电源后电机不转	检查保险是否熔断 如果熔断，则故障的可能原因是：线路短路，控制器损坏，电机烧毁（短路） 如果未熔断，则故障的可能原因是：蓄电池亏电，线路断路，控制器损坏
接通电源后，真空度抽至上限设定值时电机仍不停转	·开关触头短路常开 ·电子延时模块损坏，应更换
压力开关不能正常开启和断开	·压力开关触头污损、锈蚀，接触不良，应清洁触头或更换压力开关 ·连接线折断或插头连接处脱焊，应更换连接线 ·管路密封性不好，检查管路密封性，必要时更换
设备的机壳带电	·电源线接错，壳体与电源的正极连接，应纠正错误的连接 ·电源插座的地线未真实与地连接，应把电源插座中的地线连接好
真空泵喷油	部分新车的真空泵在工作时会出现从排气孔带出润滑油的现象，此为真空泵自身缺陷，工作一段时间后可消除

（3）真空助力制动系统　北汽电动汽车真空助力制动系统可能的故障原因包括真空压力传感器故障、SB06 熔丝故障、真空管路有泄漏、真空泵线路故障、真空泵本身故障、真空助力制动系统控制单元 VCU 自身或线路故障。下面介绍具体的诊断方法。

① 故障码及数据流的读取。真空助力制动系统出现故障时通常会报故障码，并点亮故障警示灯，如图 9-25 所示。因此首先应观察仪表显示故障信息，并连接诊断仪读取故障码及数据流，如真空泵的使能状态、真空泵的工作电流及真空系统压力值，如图 9-26 所示，初步判断可能的故障原因。

② 真空泵和控制器的功能检测。车辆静止状态下打开钥匙开关（ON 挡），踩制动踏板 1~3 次后观察真空泵的状态，并据此判断制动系统的工作状态是否正常。

制动系统正常工作时，真空泵会保持真空压力在 50~70kPa 之间，由于制动踏板踩下后会造成真空管路的真空度降低（绝对压力提高），当接收到真空压力传感器信号，系统判断压力不在保持压力范围内，会自动启动真空泵，此时可听到真空泵运转的"嗡嗡"声，并

图 9-25　故障信息及故障灯

图 9-26　读取车辆的故障信息

在 3s 左右后真空度到达设定值时停止运转；如若不然，则可初步判断系统工作不正常。制动真空泵运转 5min 后（反复踩踏制动踏板至真空泵连续运转几次），检查真空泵有无异响和异味，真空泵控制器插头及连接线是否变形发热。如果真空泵出现异响或异味，有可能是真空泵内部严重磨损造成的。

③ 真空管路密封性检测。在制动真空泵工作时，检查连接软管有无漏气现象，检查各气管连接处有无破损或泄漏。制动软管不能扭曲，在最大转向角度时，制动软管不得接触到汽车零件。

④ 相关线路检查。

a.查找真空助力制动系统工作电路及原理图，分析工作原理，如电源、接地、控制单元、传感器及真空泵电路。根据图 9-27，检查驾驶舱内熔丝盒上的 SB06 熔丝（30A），它是真空泵的主供电熔丝，如图 9-28 所示。

b.测量真空助力制动系统控制单元 VCU 插接器的 92 号端子电压，如图 9-29 所示，该端子为真空压力传感器提供电源，据此判断传感器的供电情况。

c.测量真空助力制动系统控制单元 VCU 插接器的 50 号（搭铁）和 27 号（信号）端子电压，如图 9-30 所示，判断传感器信号线的导通和搭铁是否正常。

d.测量电动真空泵的接线端子，如图 9-31 所示，判断真空泵的供电及搭铁是否正常，并检查真空泵搭铁点的搭铁性能。需特别注意的是，真空泵电机的电源电压为 14V 左右，而不是传统能源车辆的 12V。

⑤ 完工后的常规检查。故障排除后，一定要对制动系统进行常规检查。除对制动盘片

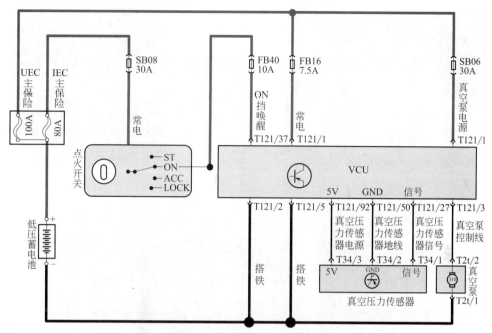

图 9-27 真空助力制动系统电路

图 9-28　SB06 熔丝位置

等进行检查外，对于新能源汽车还需要重点检查真空助力制动管路及相关接插件，如图 9-32 所示。车辆故障排除后，仪表板中的"READY"指示灯点亮表示车辆完全恢复正常，如图 9-33 所示。

图 9-29　VCU 插接器的 92 号端子

图 9-30　VCU 插接器的 50 号和 27 号端子

图 9-31　测量电动真空泵的接线端子

图 9-32　检查真空助力制动管路及相关接插件

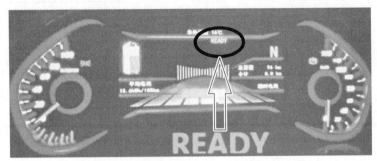

图 9-33　仪表板显示"READY"

四、电动真空泵及真空开关的检测

1. 电动真空泵检测

① 钥匙置于 ON 挡，一人踩刹车踏板，另一人使用万用表电压挡检查电动真空泵的供电插头针脚 2 是否有 12V 输出。若没有，则检查前舱电气保险 SB06 是否熔断。若未熔断，则使用万用表检查电动真空泵的供电插头针脚 1 是否接地，针脚 2 与 VCU 的针脚 3 是否导通，若未接地或未导通则需维修线束，电动真空泵端子检测如图 9-34 所示。

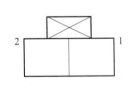

图 9-34　电动真空泵端子检测

② 若线束均导通，则使用导线将电动真空泵的供电线与蓄电池两极连接，并检查真空泵是否正常工作。若真空泵不能工作，则返回厂家维修或更换新零件。

2. 真空压力开关检测

① 钥匙置于 ON 挡，检测真空压力开关插头针脚 3 是否有 5V 电压。若无，则检查 VCU 插头端针脚 92 是否有 5V 电源输出；若无电压输出，则更换 VCU。若有，则检查真空压力开关插头针脚 2 是否接地。若不接地，则维修线束，如图 9-35 所示。

② 钥匙置于 ON 挡，连续踩下刹车踏板，观察真空压力开关针脚 2 是否有电压变化，变化范围应在 0.5~4.5V 之间。若无电压变化，则更换真空压力开关。

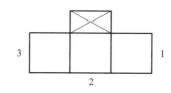

图 9-35　真空压力开关检测

第十章
冷却系统

第一节
冷却系统的结构与工作原理

电动汽车的冷却系统功能要求与传统汽车的基本相同，但是两者之间结构、原理的差异导致了其热源及散热方式的不同。

纯电动汽车关键零部件——电池、电机、电机控制器及充电机的效率不能达到100%，在能量转化过程中产生大量的热量，这些热量如果不能够及时地散发出去，将导致车辆限扭运行甚至导致零件的损坏。电动汽车冷却系统的功用是将电机、电机控制器及充电机产生的热量及时散发出去，保证其在要求的温度范围内稳定高效地工作。

一、冷却系统的结构

纯电动汽车的冷却系统比较简单，由散热器、储液罐、电动水泵、电机水道、电机控制器水道、PDU水道及水管组成，主要是给大功率用电设备和大功率开关元器件散热，加注的冷却液类型与传统汽车一样。电动水泵位置如图10-1所示。

二、电动汽车冷却系统的工作原理

冷却系统由两个体系构成：冷却水回路和冷却风流道。冷却水在流经电机控制器（MCU）、充电机和电机等热源时，热源通过热传导将热量传递给冷却液，高温冷却液通过电动水泵提供的动力流经散热器时将热量通过热传导传递给散热器芯体，冷却空气通过热对流将热量带走，完成换热过程，如图10-2所示。膨胀水箱在冷却系统中起提高冷却液沸点和提供冷却液加注口两大作用。

电动汽车在使用过程中，由于各电气系统中功率的损耗会产生大量的热量，为了维持正常工作，需要将电气系统的温度维持在一定的范围之内，因此设计了冷却系统来对这些易于发热的系统进行冷却，降低工作温度。

在电动汽车系统中，主要发热部件有驱动电机、电机控制器和PEU，PEU中的主要发热组件为OBC和DC/DC转换器。

冷却液经过水泵加压后流经电机控制器→PEU→驱动电机→散热器，经过散热后的冷却液再次进入水泵，并以此方式不断循环带走系统中多余的热量。冷却系统工作原理如图10-3所示。

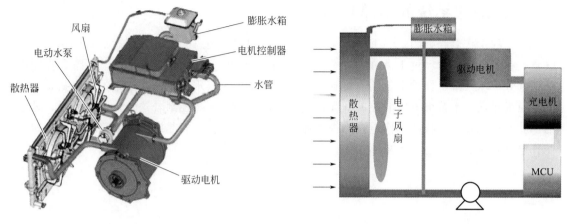

图 10-1　电动水泵位置　　　　　　　　　　图 10-2　冷却系工作过程

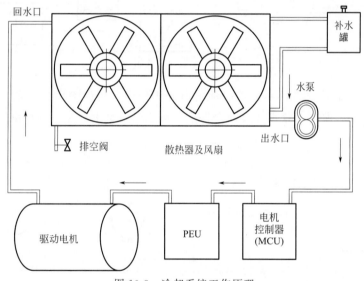

图 10-3　冷却系统工作原理

　　水泵及风扇的开启与停止都由 VCU 控制，MCU 温度（实际上指 MCU 中 IGBT 的温度）、驱动电机的温度及 PEU 的温度（实际上指 PEU 中充电机的温度）都被采集并送到 VCU 内，VCU 据此判断部件的冷却需求。只有当某一系统有冷却需求时，它才会开启。

　　散热器的后方安装了两个电子风扇，系统会根据温度的情况来决定是否开启风扇，并且根据冷却需求选择低速挡还是高速挡。

　　这是一个开式冷却系统，在散热器旁边配置了一个冷却系统补水罐，有以下 4 个功能。

　　① 冷却系统的气泡可以通过散热器上方的排气管排到补水罐。

　　② 当温度升高，冷却液膨胀时，系统内多余的冷却液可以排到此罐。

　　③ 当温度降低时，补水罐内的冷却液可以通过底部补充到系统中。

　　④ 当系统的冷却液不足时，通过此补水罐的口来添加冷却液，确保冷却液面位于补水罐中的上刻度线与下刻度线之间。

　　在散热器的下方还配有一排空阀，用于冷却液的更换和维护保养时使用。

三、冷却系统的电路原理图

水泵的工作电路如图 10-4 所示。蓄电池的电源正极经过 100A 的主保险后，到达前舱电气盒，在前舱电气盒经过 15A 的保险后进入水泵继电器，然后被分成了工作电路和控制电路两部分。水泵继电器的主电路连接到水泵的电机正极端，水泵的负极端通过车身搭铁与蓄电池负极相连。水泵继电器的控制针脚被接到 VCU，VCU 将控制着这个针脚的通断，若是通的状态，则水泵电机的工作电路亦被接通，水泵开始工作。若是断的状态，则水泵电机的工作电路处于断路状态，水泵不工作。

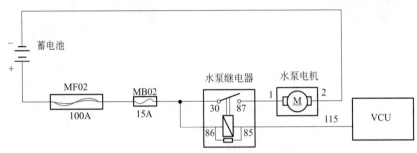

图 10-4　水泵的工作电路

风扇控制电路如图 10-5 所示。蓄电池的电源正极经过主保险后进入前舱电气盒，在前舱电气盒内电路分为两路，分别经过两个保险后进入风扇继电器 1 和风扇继电器 2。

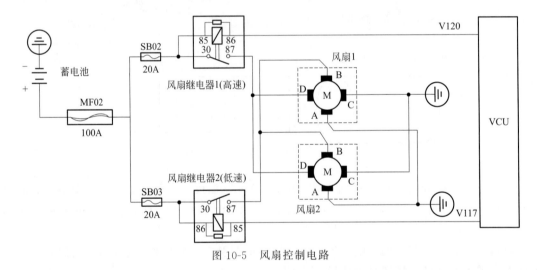

图 10-5　风扇控制电路

在风扇继电器中电路继续被分成两路：一路为工作电路，工作电路经继电器后，进入风扇电机，然后经车身搭铁后与蓄电池的负极形成回路；另一路为控制电路，控制电路经继电器后进入 VCU，VCU 将根据温度的情况控制其通断。风扇继电器 1 和 2 的原理一样，只是一个控制风扇高速运转，另一个控制风扇低速运转。

四、冷却系统的主要部件

（1）水泵　本车采用离心式电动水泵，如图 10-6 所示。

检测方法：用两根导线直接将蓄电池正负极与水泵正负极连接进行测试时（针脚 1 为

正，针脚 2 为负），因为水泵有正负极性要求，在蓄电池端的两根导线要对调测试一次，对调后，水泵的转向将改变，以免误判。

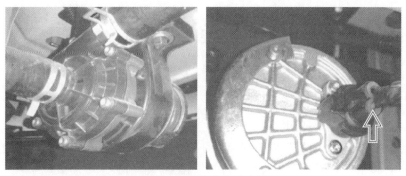

图 10-6　离心式电动水泵

（2）散热器及风扇总成　散热器中的冷却液自左向右后自上向下流动，冷却液在散热器内蜿蜒曲折地流动，通过两种方式把 MCU、PEU 和电机的热量散发到大气中，如图 10-7 所示。

散热器风扇置于散热器后面，目前多采用电动风扇，如图 10-8 所示为两速电机风扇。

图 10-7　散热器

图 10-8　两速电机风扇

（3）补水罐　在系统中设置了一个膨胀管，随着温度升高会产生气泡，它能将气泡产生的气体排出系统，如图 10-9 所示。

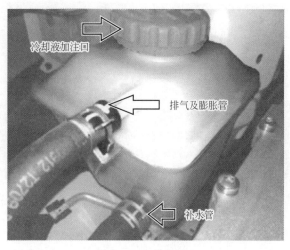

图 10-9　补水罐

第二节
冷却系统的拆装与故障检修

一、电动水泵的拆装

① 关闭点火开关及所有用电器。

② 将合适的冷却液收集容器置于排空阀下面，然后逆时针方向旋松散热器排空阀，如图 10-10 所示，排空冷却液。为了快速将冷却液排空，应将补水罐的盖打开。

③ 断开水泵电机插头，如图 10-11 所示，用手按住锁片，然后用力往外拔，直到分离。

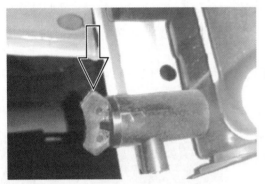 

图 10-10　逆时针方向旋松散热器排空阀　　　　图 10-11　断开水泵电机插头

④ 用锂鱼钳夹住进水管和出水管的弹性软管夹箍后，将弹性软管夹箍移到软管的其他部位，然后用力将软管拔出，如果不易拔出，可用一字螺丝刀撬动软管后再拔，如图 10-12 所示。

⑤ 用 10mm 的套筒将水泵的两个固定螺栓拆下，如图 10-13 所示，然后可将水泵移出。

图 10-12　拆卸夹箍　　　　　　　　　　图 10-13　拆卸水泵螺栓

⑥ 用 10mm 的套筒将水泵固定支架的 2 个螺栓拆下，然后将水泵支架取下即可，如图 10-14 所示。

⑦ 安装以相反的顺序进行，同时注意水泵的插头分正负极，所以在安装前应先确认好。

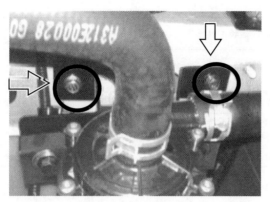

图 10-14　拆下水泵支架

二、冷却系统的常见故障

1. 冷却系统常见的故障码（表 10-1）

表 10-1　冷却系统常见的故障码

编号	故障名称	故障码	维修提示
1	低速风扇继电器驱动电路开路	P100A13	• 检查风扇插件和线束 • 更换风扇继电器
2	低速风扇继电器通道对电源短路	P100A12	• 检查风扇插件和线束 • 更换风扇继电器
3	低速风扇继电器对地短路	P100A11	• 检查风扇插件和线束 • 更换 VCU
4	水泵继电器驱动通道开路	P100C13	• 检查水泵插件和线束 • 更供水泵继电器
5	水泵继电器驱动通道对电源短路	P100C12	• 检查水泵插件和线束 • 更换水泵继电器
6	水泵继电器驱动通道对地短路	P100C11	• 检查水泵插件和线束 • 更换 VCU
7	高速风扇继电器通道开路	P100D13	• 检查风扇插件和线束 • 更换风扇继电器
8	高速风扇继电器驱动通道对电源短路	P100D12	• 检查风扇插件和线束 • 更换风扇继电器

2. 冷却系统常见的无故障码故障诊断（表 10-2）

表 10-2　冷却系统常见的无故障码故障诊断

故障现象	故障分析	处理措施
水泵工作有异响（嗡嗡声）	首先分析车辆是在行驶中还是静止状态出现异响。若以上两种情况均有，则检查散热器内防冻液是否充足，若不充足，补充后再进行试车，如还是存在异响，可能为水泵出现故障	补充防冻液；若补充后，水泵声音仍然很大，则更换水泵

故障现象	故障分析	处理措施
仪表报出驱动电机过热	水泵不工作/运转不顺畅	检查水泵电路部分,更换相应器件(熔丝、继电器、线束);更换水泵
	水道堵塞	更换相关管路
	冷却系统缺液	补充冷却液
	散热器外部过脏	清理散热器表面脏污(如杨絮、蚊虫等杂物)
	散热器散热效果不佳,如散热器翅片发生变形、通风量降低等	更换散热器
	电子风扇不转	检查电子风扇供电电路

3. 广汽传祺 GE3 EV 电动水泵不能工作故障（表 10-3）

表 10-3　广汽传祺 GE3 EV 电动水泵不能工作故障

步骤	检查项目	检查结果		
		正常	有故障	解决措施
1	检查电动水泵外观是否有变形、损坏	进行第 2 步	电动水泵外观有变形或者损坏	更换电动水泵
2	检查电动水泵插头接触是否良好,线束是否导通	进行第 3 步	电动水泵插头接触不良或线束断路	重新拔插并清洁电动水泵插头或更换故障部件
3	检查电动水泵熔丝是否良好	进行第 4 步	电动水泵熔丝已熔断	更换电动水泵熔丝
4	检查电动水泵继电器是否良好	进行第 5 步	电动水泵继电器有故障	更换电动水泵继电器
5	用诊断仪检测电动水泵是否有故障	进行第 6 步	电动水泵有故障	更换电动水泵
6	用诊断仪对温控系统控制单元进行功能测试	进行第 7 步	温控系统控制单元故障	更换温控系统控制单元
7	正确操作后,检查故障是否出现	诊断结束	故障未消失	从其他症状查找故障原因

4. 北汽 EV U2C0387 EWP 与 MCU 通信丢失、U2C0088 EWP BUS OFF 故障

故障码定义及可能原因如表 10-4 所示。

表 10-4　故障码定义及可能原因

故障码	故障码定义	可能的故障原因
U2C0387	EWP 与 MCU 通信丢失	·CAN 通信线故障 ·MCU 节点可能异常 ·控制器故障
U2C0088	EWP BUS OFF	·CAN 通信线故障 ·终端电阻故障 ·控制器故障

(1) 故障码检测步骤

注意：在进行下列步骤之前，应确认蓄电池电压为正常电压。

① 关闭启动/停止按键及所有用电器。

② 将诊断仪 BDS 连接至车辆诊断接口上。

③ 打开启动/停止按键至 RUN 挡。

④ 用诊断仪读取和清除故障码。

(2) 诊断步骤

① 启动/停止按键置于 OFF 状态时，断开电动水泵连接插头（P01）T10w，检查电动水泵插头（P01）T10w 是否有裂痕和异常，针脚是否腐蚀、生锈。

是：清洁插头及针脚。

否：进行第②步。

② 检查前舱电气盒熔丝 EF21(20A) 是否熔断。

是：更换熔丝。

否：进行第③步。

③ 启动/停止按键置于 RUN 状态时，测量电动水泵插头（P01）T10w/1 针脚与车身接地之间电压是否为蓄电池电压，如图 10-15 所示。

是：进行第④步。

否：维修故障导线。

④ 测量电动水泵插头（P01）T10w/5 针脚与车身接地之间导线是否导通，如图 10-16 所示。

是：进行第⑤步。

否：维修故障导线。

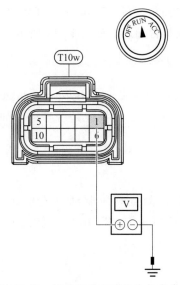

图 10-15　测量电动水泵插头与车身
接地之间电压

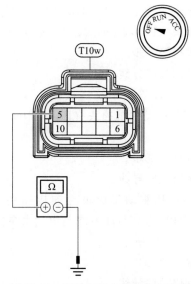

图 10-16　测量电动水泵插头与车身
之间导线是否导通

⑤ 断开蓄电池负极电缆，测量电动水泵插头（P01）T10w/6 与 T10w/7 针脚之间电阻

是否正常，如图 10-17 所示。参考阻值约为 60Ω。

是：进行第⑥步。

否：进行第⑦步。

⑥ 测量电动水泵插头（P01）T10w/6、T10w/7 针脚与车身接地之间是否出现短路情况，如图 10-18 所示。

是：维修故障导线。

否：进行第⑦步。

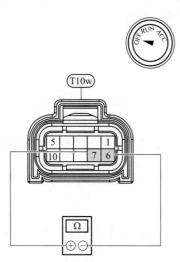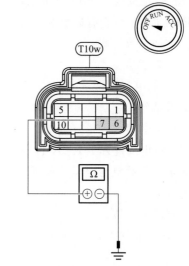

图 10-17　测量 T10w/6 与 T10w/7
针脚之间电阻

图 10-18　测量 T10w/6、T10w/7 针脚与车身
接地之间是否出现短路

⑦ 断开网关连接插头（I45）T40a，测量网关连接插头（I45）T40a/19、T40a/20 针脚与电动水泵插头（P01）T10w/6、T10w/7 针脚之间导线是否导通，如图 10-19 所示。

是：进行第⑧步。

否：维修故障导线。

⑧ 断开电池管理系统连接插头（U19）T28，测量电池管理系统插头（U19）T28/P、T28/R 针脚与电动水泵插头（P01）T10w/6、T10w/7 针脚之间导线是否导通，如图 10-20 所示。

是：进行第⑨步。

否：维修故障导线。

⑨ 断开高压驱动集成单元连接插头（U22）T48，测量高压驱动集成单元连接插头（U22）T48/H2、T48/H1 针脚与电动水泵插头（P01）T10w/6、T10w/7 针脚之间导线是否导通，如图 10-21 所示。

是：进行第⑩步。

否：维修故障导线。

⑩ 检查高压驱动集成单元（PEU）供电及接地是否正常。

是：进行第⑪步。

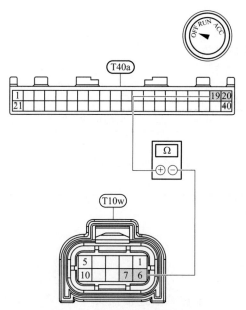

图 10-19　测量网关连接插头与
电动水泵插头之间的导通性

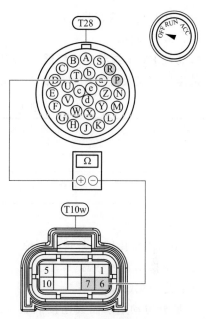

图 10-20　测量电池管理系统插头与
电动水泵插头之间的导通性

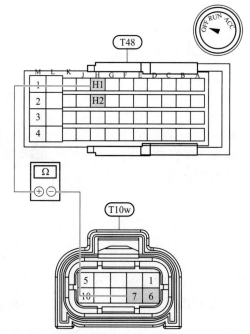

图 10-21　测量高压驱动集成单元连接插头与电动水泵插头之间的导通性

否：维修故障导线。

⑪ 检修或更换 PEU，重新进行诊断，读取故障码，确认故障码及症状是否存在。

是：进行第⑫步。

否：故障排除。

⑫ 更换电动水泵，重新进行诊断，读取故障码，确认故障码及症状是否存在。

是：从其他症状查找原因。

否：故障排除。

5. 北汽 EV 水泵温度传感器 1、2 对地/电源短路故障

故障码定义及可能原因如表 10-5 所示。

表 10-5　故障码定义及可能原因

故障码	故障码定义	可能的故障原因
P18471C	水泵温度传感器 1 对地/电源短路故障	·传感器损坏
P18481C	水泵温度传感器 2 对地/电源短路故障	·传感器线束对地或电源短路 ·控制器损坏

诊断步骤如下。

① 检查水温传感器是否有裂痕、损坏。

是：更换水温传感器。

否：进行第②步。

② 断开电动水泵插头连接插头（P01）T10w、水温传感器连接插头（P02）T2at，检查电动水泵插头（P01）T10w、水温传感器插头（P02）T2at 是否有裂痕和异常，针脚是否腐蚀、生锈。

是：清洁插头及针脚。

否：进行第③步。

③ 检查水温传感器本体（P02）T2at/1 与 T2at/2 之间针脚阻值是否随着温度升高而变小。

是：进行第④步。

否：进行第⑨步。

④ 测量电动水泵插头（P01）T10w/4、T10w/10 针脚与水温传感器插头（P02）T2at/1、T2at/2 针脚之间导线是否出现断路情况，如图 10-22 所示。

是：进行第⑤步。

否：维修故障导线。

⑤ 断开蓄电池负极电缆。

⑥ 测量水温传感器插头（P02）T2at/1、T2at/2 针脚与蓄电池正极之间是否出现短路情况，如图 10-23 所示。

是：维修故障导线。

否：进行第⑦步。

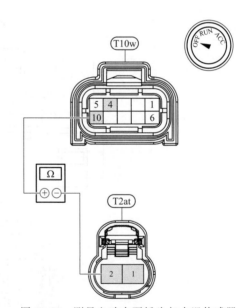

图 10-22　测量电动水泵插头与水温传感器插头之间是否出现断路

⑦ 测量水温传感器插头（P02）T2at/1、T2at/2 针脚与车身接地之间是否出现短路情况，如图 10-24 所示。

是：维修故障导线。

否：进行第⑧步。

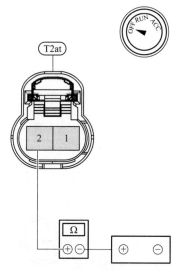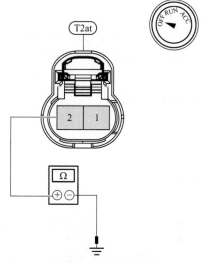

图 10-23　测量水温传感器插头与蓄电池　　　图 10-24　测量水温传感器插头与车身
　　　　正极之间是否出现短路　　　　　　　　　接地之间是否出现短路

⑧ 检查电动水泵供电及接地是否正常。

是：进行第⑨步。

否：维修故障导线。

⑨ 更换水温传感器，重新进行诊断，读取故障码，确认故障码及症状是否存在。

是：进行第⑩步。

否：故障排除。

⑩ 更换电动水泵，重新进行诊断，读取故障码，确认故障码及症状是否存在。

是：从其他症状查找原因。

否：故障排除。

6. 北汽 EV 水泵电机过流、开路故障

故障码定义及可能原因如表 10-6 所示。

表 10-6　故障码定义及可能原因

故障码	故障码定义	可能的故障原因
P184219	水泵电机过流故障	·电压过高 ·线束短路 ·电动水泵故障
P184313	水泵电机开路故障	·线束短路 ·电动水泵故障

诊断步骤如下。

① 启动/停止按键置于 OFF 状态时，断开电动水泵连接插头（P01）T10w，检查电动水泵插头（P01）T10w 是否有裂痕和异常，针脚是否腐蚀、生锈。

是：清洁插头及针脚。

否：进行第②步。

② 检查前舱电气盒熔丝 EF21(20A) 是否熔断。

是：更换熔丝。

否：进行第③步。

③ 启动/停止按键置于 RUN 状态时，测量电动水泵插头（P01）T10w/1 针脚与车身接地之间电压是否为蓄电池电压，如图 10-25 所示。

是：进行第④步。

否：维修故障导线。

④ 测量电动水泵插头（P01）T10w/5 针脚与车身接地之间导线是否导通，如图 10-26 所示。

是：进行第⑤步。

否：维修故障导线。

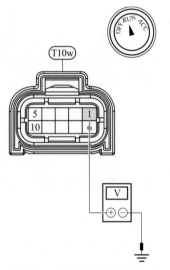 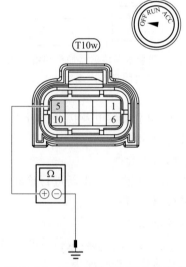

图 10-25　测量电动水泵插头与
车身接地之间电压

图 10-26　测量电动水泵插头与车身
接地之间导线是否导通

⑤ 更换电动水泵，重新进行诊断，读取故障码，确认故障码及症状是否存在。

是：从其他症状查找原因。

否：故障排除。